팀십
teamship

팀십

가짜 팀을 진짜 팀으로 바꾸는 40가지 아이디어

초판 1쇄 인쇄 2023년 4월 3일
초판 1쇄 발행 2023년 4월 14일

지은이 박태현

기획 이유림
편집 권정현
마케팅 총괄 임동건
마케팅 안보라
경영지원 임정혁, 이순미

펴낸이 최익성
펴낸곳 플랜비디자인

디자인 박은진

출판등록 제2016-000001호
주소 경기도 화성시 영천동 283-1 A동 3210호

전화 031-8050-0508
팩스 02-2179-8994
이메일 planbdesigncompany@gmail.com

ISBN 979-11-6832-048-2 (03320)

가짜 팀을 진짜 팀으로 바꾸는
40가지 아이디어

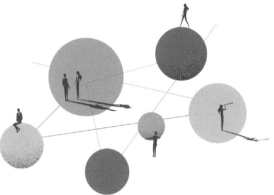

팀십
teamship

박태현 지음

팀을 팀답게 만드는
팀십 Teamship

블랙스완의 시대, 지금 우리는 팀의 힘이 필요하다

세상이 점점 복잡해지고 있다. 어지러워 구토가 나올 지경이다. 실화같지 않은 일이 눈앞의 실화로 벌어지고 있다. 각종 매체에 소위 전문가라는 사람들이 이런저런 생각을 떠들어대지만 도움은커녕 들을수록 머릿속이 복잡해질 뿐이다. 그들의 생각이 정답이라는 보장도 없고 기대도 없다. 사회 자체가 혼란의 불구덩이 속에 빠져 있다 해도 과언이 아니다.

이러한 세상을 표현하는 방법이 여러 가지가 있는데, 나는 블랙스완이라는 개념이 마음에 든다. 쉽게 이해할 수 있는 직관적인 표현이라서 그렇다. 참고로 블랙스완은 미욕 뉴욕대 교수인 나심 니콜라

스 탈레브 Talab, N.N 가 그의 저서 〈블랙 스완〉에서 최초로 제시한 개념이다. 스완은 우리나라 말로 '백조', 즉 '하얀색 새'라는 뜻이다. 그렇다면 블랙스완은 '검정색 하얀색 새'라는 의미인데, 앞뒤가 안맞는 황당한 말이 아닐 수 없다. 그래서 블랙스완은 기존의 논리로는 설명이 안되는 현상, 즉 단 한번도 경험해 보지 못한 특이한 현상을 말한다. 우리 모두가 아주 진하고 고통스럽게 경험했던 코로나 팬데믹이 블랙스완의 대표적인 예일 것이다. 물론 과거에도 블랙스완이 종종 나타나곤 했다. 하지만 어쩌다 하나씩이었고 그나마 적응할 만했다. 그런데 요즘은 어떤가? 시도 때도 없이 정신 못차릴 정도로 떼로 몰아닥친다. 감당 못할 크기와 각양각색의 다채로운 형태로 말이다. 요즘 우리는 수많은 블랙스완과 함께 살아가고 있다. 그래서 이 시대를 '블랙스완의 시대'라고 정의해도 틀린 말이 아닐 것이다.

블랙스완의 시대를 현명하게 살아가는 방법은 무엇일까? 이 질문에 대한 답변은 크게 두 가지다. 첫째는 변화에 대한 촉과 순발력이 좋아야 한다는 점이다. 변화를 예측할 수 없는 세상에서는 이것저것 따지기보다는 눈앞의 변화를 정확하게 인식하고 그 속에서 신속하게 움직이는 것이다. 변화에 대한 촉과 순발력을 키우는 방법은 다음의 질문을 스스로에게 끊임없이 던져보는 것이다.

"당신의 일에서 무엇이 중요해지고 있는가?"

변화라는 것은 중요한 것이 바뀐다는 의미다. 과거에 중요했던 것이 앞으로는 전혀 중요하지 않은 것이 될 수 있고, 과거에는 하나도 중요하지 않았던 것이 새롭게 중요해지는 것이 된다. 중요한 것을 빠르게 찾고 받아들이는 것, 변화 속에서 현명하게 살아가는 법이다.

블랙스완의 시대에서 보다 현명하게 살아가는 또 하나의 방법은 팀의 힘을 활용하는 것이다. 블랙스완이 등장할 때마다 우리는 자연스레 취약해질 수밖에 없다. 아무도 답을 알지 못하기 때문이다. 취약해지는 만큼 함께 힘을 모으는 노력을 해야 한다. 황동혁 감독의 '오징어 게임'에서 유명한 줄다리기 신이 등장한다. 주인공 성기훈의 팀은 젊은 남성 위주의 다른 팀들과는 달리 노인과 여성들이 다수 포함된 팀이었다. 객관적인 전력상 무조건 질 수밖에 없는 상황이었다. 하지만 이 팀은 강력한 무기 하나를 가지고 있었다. 그것은 팀원 전체가 "이대로는 안돼!"라는 취약성을 함께 느끼고 있었다는 점이다. 취약성을 공감하고 있는 상황이었기에, 팀의 힘을 믿을 수밖에 없었고 그 과정에서 새로운 아이디어를 과감하게 선택할 수 있었다. 취약한 상황에서는 개인의 힘을 넘어선 팀의 힘을 따라야 한다. 따라서 블랙스완의 시대는 한마디로 팀의 힘이 더욱 요구되는 시대라 할 수 있다.

팀을 보다 팀답게 만드는 팀십^{Teamship}

팀이라는 말은 우리가 늘상 사용하는 말이다. 하지만 생각 이상의 숭고한 의미를 가지고 있다. 영어로 '팀TEAM'은 다음과 같은 말로 풀어 사용되기도 한다. Together Everyone Achieves More. '모두가 함께 힘을 모아 더 높은 성과에 도전하는 것'으로 해석이 된다. 단순히 팀이라는 명칭을 사용한다 해서 팀이라고 말할 수 있는 것은 아니다. 전혀 팀답지 못한 가짜 팀들이 많기 때문이다. 상기의 팀의 의미를 통해 현재 당신이 몸담고 있는 팀을 살펴볼 것을 권한다. 팀다운 진짜 팀인지, 팀답지 않은 가짜 팀인지 감을 잡을 수 있을 것이다.

팀을 보다 팀답게 만들려면 무엇을 해야 할까? 평범한 팀이 비범한 팀으로 성장하려면 무엇이 필요할까? 나는 이 질문에 대해 '팀십Teamship'이라는 말로 답변하고자 한다. 평소 리더십이나 팔로워십은 우리가 많이 사용하는 용어다. 팀십은 리더십과 팔로워십을 통합한 개념이라 할 수 있다. 리더십과 팔로워십이 추구하는 것은 무엇인가? 결국 팀의 성공이다. 팀의 성공을 위해 리더십도 필요하고 팔로워십도 필요한 것이다. 팀의 성공과 관련이 없는 리더십이나 팔로워십은 존재할 수 없다. 리더십과 팔로워십은 팀의 성공이라는 같은 방향성을 갖는다. 리더라고 리더십만 발휘하려고 해서는 안되고, 팔로워라고 해서 팔로워의 역할에만 국한되어서도 안된다. 팀의 성공을 위해서라면 어떤 역할을 수행하는지는 중요하지 않다. 상황에 따라 리더가 팔로워가 될 수도 있고, 팔로워가 리더가 될 수도 있어야 한다. 이렇게 자신에게 주어진 역할이 무엇이든 상관없이 팀의 성공을 우선시하고, 팀을 보다 팀답게 만드는 모든 노력을 팀십이라고 한다.

팀십은 두 가지 차원으로 나눠 설명할 수 있다. 하나는 팀원 개인 차원이며, 다른 하나는 팀 차원이다. 팀원 개인 차원의 팀십은 '팀의 성공을 우선하는 마음과 행동'이다. 가령 팀을 위해 동료의 의견을 잘 듣기로 결심하고 행동한다면 이것이 바로 팀십이다. 어려움에 빠진 동료를 돕기로 했다면 이것 또한 팀십이다. 자신에게 맡겨진 일을 기한 내에 성공적으로 해냈다면 이 역시도 팀십인 것이다. 팀에 소속된 사람은 스스로 팀의 일원이라는 인식을 가져야 한다. 자신이 팀의 성공을 위해 존재해야 함을 알아야 한다. 자신의 작은 행동이 다른 동료들과 팀의 성패에 영향을 미치는 것임을 알아야 한다. 팀에 존재하는 시간만큼은 팀을 위해 최선을 다해야 한다. 스스로 "우리 팀을 위해 나는 무엇을 해야 할까?"라는 질문을 던지고 답을 찾아 행동으로 옮길 수 있어야 한다. 팀원 모두가 이 같은 팀십을 발휘한다면 팀의 발전과 성장은 자연스레 뒤따를 것이다.

다음으로 팀 차원의 팀십은 '팀의 약속을 만들고 실천하는 것'을 말한다. 여기서 팀의 약속은 크게는 팀의 미션이나 목표, 핵심 가치 등에 해당된다. 작게는 일상 생활 속에서 소소하게 팀원들이 함께 실천해야 하는 행동을 말한다.

가벼운 예로 2019년도에 등장한 코로나 팬데믹으로 인해 인류는 전에 없는 고통을 경험하게 되었다. 조직 사회 또한 극심한 혼란에 빠질 수밖에 없었다. 모여서 함께 일해야 하는데 모이는 것 자체가 금기시되는 상황이었기 때문이다. 이런 상황에서 많은 조직들이 어쩔 수 없이 재택근무와 같은 비대면 업무 환경을 선택할 수밖에 없었다. 그런데 중요한 것은 같은 재택근무를 선택하고도 그것의 결과는 조직마다 완전히 다르게 나타났다는 점이다. 재택근무를 통해 오히려 생산성이 높아졌다는 조직도 있었고, 생소한 근무 방식에 대한 혼란과 어려움을 지속적으로 호소하는 조직도 있었다. 하다못해 화상회의 하나를 할 때도 어떤 식으로 해야 할지 어려움을 느낀다는 사람들도 숱하게 보아왔다.

이러한 차이를 만드는 가장 대표적인 것은 바로 약속의 유무다. 탁월한 팀은 혼란스러운 상황일수록 약속을 만드는 일에 능하다. 어떤 상황에서든 팀이 보다 팀답게 일할 수 있도록 팀 차원에 필요한 약속을 빠르게 만들고 그것을 팀원들이 이심전심으로 함께 실천한다. 이것이 바로 팀 차원에서 이뤄지는 팀십이다.

혹시 이런 의문을 가질지 모른다.

"팀워크라는 말을 평소 자주 사용하는데 굳이 팀십이라는 생소한 표현을 쓰는 이유는 무엇인가요? 팀워크와 팀십은 어떤 차이점이 있나요?"

팀워크와 팀십은 엇비슷한 용어처럼 보인다. 굳이 팀워크가 아니

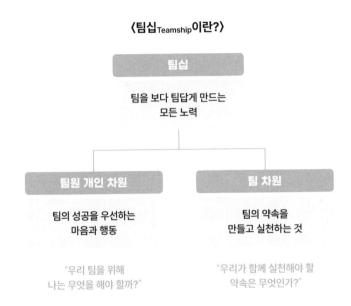

〈팀십Teamship이란?〉

팀십

팀을 보다 팀답게 만드는
모든 노력

팀원 개인 차원

팀의 성공을 우선하는
마음과 행동

"우리 팀을 위해
나는 무엇을 해야 할까?"

팀 차원

팀의 약속을
만들고 실천하는 것

"우리가 함께 실천해야 할
약속은 무엇인가?"

라 팀십이라는 말을 강조하는 이유는 한 가지다. 팀워크를 자기 일이 아닌 것처럼 여기는 사람들이 생각보다 많기 때문이다. 가령 "우리 팀은 팀워크가 안좋아"라고 불평하는 사람은 많아도 "우리 팀의 팀워크를 위해 나는 무엇을 해야 할까?"와 같은 고민을 하는 사람은 그리 많지 않다. 팀워크를 팀장이나 팀워크 담당자의 몫으로만 여기고 팀워크를 위해 스스로 뭔가를 하려는 사람은 별로 없다. 남 일이라고 생각하고 강 건너 불구경 하듯 생각하는 팀워크가 결코 저절로 좋아질 리가 없다. 팀원 개개인의 팀의 성공을 우선하는 마음과 행동을 통해, 그리고 팀원들이 다함께 약속을 만들고 실천할 때 팀워크 수준이 높아진다. 팀워크는 팀십을 통해 결과적으로 나타나는 개념으로 받아들이면 보다 이해하기 쉬울 것이다.

팀원 모두가 팀의 성공을 위한 의지를 다지고 함께 팀십을 발휘할 때, 팀은 보다 팀다워질 것이며 하이 퍼포먼스 팀으로 나아가게 될 것이다. 이 책을 통해 당신의 팀이 팀십을 강화할 수 있는 구체적인 실천 아이디어를 얻을 수 있기를 바란다.

2023년 3월
박태현

차례

2장 솔직한 소통

3장 일취월장하는 팀원

4장 팀 사기를 높이는 긍정 에너지

5장 성과를 촉진하는 wow 아이디어

"

팀은 관계의 질이 아니라
한 방향 정렬의 여부에 의해 성패가 결정된다.

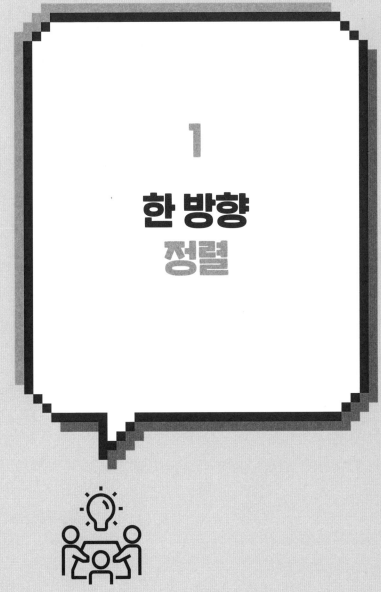

1

한 방향
정렬

적과의 동침, 오월동주吳越同舟를 다시 생각하다

한 방향 목표

서양 속담에 '손가락 하나로는 조약돌도 집을 수 없다'는 말이 있다. 아무리 뛰어난 사람일지라도 혼자서 이룰 수 있는 성과는 한계가 있다는 의미다. 에디슨이나 스티브 잡스와 같은 위대한 혁신가들도 결코 혼자 일하지 않았다. 그들이 거둔 대부분의 성과는 같은 뜻을 가지고 혼연일체로 함께 일했던 팀이 있었기 때문에 가능했던 것이다. 이 세상에 존재하는 대부분의 위대한 성과는 모두 팀의 작품이라 해도 과언이 아니다.

팀이 되려면 무엇보다 '한 방향 목표'를 가져야 한다. 함께 이루고자 하는 것이 같아야 한다. 하지만 이는 말처럼 쉽지 않다. 팀에는 팀원의 숫자만큼 서로 다른 세계관이 존재하기 때문이다. 서로 다른 사람들이 함께 모여 일한다는 자체만으로도 팀은 거대한 스트레스 덩어리가 아닐 수 없다. 팀원 간 서로 부딪히고 충돌하는 과정은 필연적이다. 만약에 마냥 평온한 팀이 있다면 그것은 갈등과 혼란이 없어서가 아니라 모두가 그것을 피하거나 모른 척하는 상황이라고 보는 것이 보다 정확한 표현일 것이다. 한 방향 목표로 뭉친 팀은 내부의 다양한 갈등과 혼란을 슬기롭게 해결할 수 있을 뿐더러 오히려 이를 팀 시너지의 원천으로 삼는다.

오월동주吳越同舟라는 고사성어가 있다. 이 말은 중국 춘추전국시대에 국경을 인접하고 서로를 원수처럼 여겼던 오나라와 월나라 사이에서 유래된 이야기다. 오나라 왕인 합려는 월나라를 공격하다 월나라 왕인 구천에게 대패를 하고 만다. 전쟁에서 맞은 화살의 후유증으로 목숨마저 잃고 마는데, 죽기 전 자신의 아들인 부차에게 반드시 원수를 갚아달라는 유언을 남긴다. 부차는 가시가 많은 마른 장작 위에서 잠을 자며 아버지의 목숨을 앗아간 월나라 구천에 대한 증오심을 잃지 않으려 한다.

부차는 이렇게 이를 갈며 복수의 때가 오기만을 기다렸다. 월나라의 구천이 이를 모를 리가 없었다. 그래서 아예 선수를 쳐 오나라를 공격했는데 오히려 크게 패배하였고 설상가상으로 부차에게 포로로 잡히는 처지가 되고 말았다. 드디어 부차가 아버지의 원수를 갚는 순간이었다.

월나라의 왕인 구천은 부차에게 하인이 되겠다고 맹세를 하며 일단 죽을 뻔한 고비를 넘긴다. 그리고 부차의 하인으로서 2년 동안 온갖 치욕적인 시중을 들며 목숨을 연명한다. 이후 갖은 수를 다쓰며 겨우 목숨을 부지한 채 월나라에 돌아온 구천은 자신에게 치욕을 안겨준 오나라 왕인 부차에 대한 복수를 다짐한다.

부차와 구천의 상황이 바뀐 것이다. 구천은 매일 같이 쓰디쓴 곰의 쓸개를 핥으며 부차에 대한 복수를 다짐한다. 그리고 억척스럽게 국력을 키웠다. 이윽고 구천은 재차 군사를 일으켜 오나라를 공격하였고 끝내 전쟁에서 승리를 거둔다. 오나라 왕인 부차는 패장이 되어 스스로 목숨을 끊고 만다. 마른 가시 장작 위에서 잠을 자고 곰쓸개를 핥으며 복수를 다짐한다는 '와신상담臥薪嘗膽'이라는 고사성어가 이 두 나라 사이에서 나왔다는 사실을 잘 알 것이다.

오나라와 월나라는 거듭되는 전쟁통에 백성들 역시 사이가 좋을리가 없었다. 그런데 두 나라 사이에는 바다와 강이 맞붙어 있어 물길을 이용하려면 두 나라 사람들이 같은 배를 타야만 하는 일이 자주 발생했다. 오월동주는 서로를 원수로 여기는 이들마저도 풍랑을 만나면 좌우의 손이 함께하듯 힘을 모았다는 말이다.

오월동주라는 말만큼 팀의 의미를 잘 설명해 주는 말이 있을까?

팀이 되기 위한 가장 중요한 조건은 다름 아닌 '한 방향 목표'다. 방향이 같으면 오월동주와 같이 원수지간에도 팀이 되어 함께 일할 수 있다. 반면 제아무리 가까운 사람과 함께 일을 해도 방향이 같지 않으면 팀이 되기 어렵다. 사업을 하는 사람들에게 전해지는 철칙이 한 가지 있다. 그것은 가까운 지인과는 절대 동업하지 말라는 말이다. 지인과 동업을 하면 꼭 사이가 나빠지고 결과가 좋지 않다는 것이다. 서로를 너무 잘 알기에 함께 사업을 하면 잘될 것 같은 느낌이 들겠지만 어디까지나 느낌일 뿐이다. 막상 사업을 같이 해보면 서로 뜻이 다르다는 것을 확인하게 되고 이는 서로에 대한 실망감, 심하게는 배신감으로 이어질 수도 있다.

팀은 관계의 질이 아니라 한 방향 목표의 존재 여부에 따라 성패가 결정된다. 같은 배를 탔는데 서로 목적지가 다르다고 생각해 보라. 어떤 일이 발생하겠는가? 바로 내전이 일어난다. 전쟁 가운데 가장 위험한 전쟁은 내전이다. 내전에서는 누구도 승자가 될 수 없다. 내전은 함께 패배하는 전쟁이다.

필자가 거주하는 아파트 단지에서 발생했던 일이다. 아파트 바로 옆 공터에 새로운 아파트 단지가 건설되는 상황이었다. 대개 이런 경우 아파트를 짓는 건설사에서 기존 주민들에게 소정의 피해 보상을 한다. 3년에 가까운 공사 기간 동안 분진이나 소음이 발생하게 되고 공사 관련 중장비 차량들이 무수히 왕복하는 상황에서 주민들의 피해가 발생하기 때문이다. 공사 기간 내내 발생할 수 있는 민원을 줄이기 위해서라도 빠르게 피해보상을 마무리하는 편이 건설사 입장에서는 속 편한 일이기도 하다. 그런데 황당하게도 아파트가 완공되고 심지어 입주까지 끝난 상황인데 여태 피해 보상이 이뤄지지 않고 있다.

그 이유는 어이없게도 주민들 간 내전이 발생했기 때문이다. 신규 아파트 건설 현장과 좀 더 가까운 위치에 있던 아파트 동들과 그외 나머지 동들 사이에 입장 차이가 발생했던 것이다. 건설 현장과 가까운 동들은 자신들이 피해보상을 더 많이 받아야 한다는 입장이었고, 나머지 동들은 차별없이 동일한 보상을 받아야 한다는 입장이었다. 한 배를 타야 할 사람들이 서로 입장이 달랐던 것이다. 그럼에도 불구하고 같은 편끼리 이를 스스로 해결할 뜻은 없었던 모양이다. 내내 감정 싸움만 하다가 시간을 허비해 버리고 급기야 주민들이 비대위(비상 대책 위원회)와 입대위(입주민 대책 위원회)로 갈려 언제 끝날지 모르는 법정 다툼까지 하게 되었다. 모양새가 이렇게 되니 득을 보는 이는 피해 보상의 주체인 건설사밖에 없었다. 협상 대상이 자기들끼리 편을 나누고 다투고 있으니 협상에 진지하게 임할 이유가 전혀 없었던 것이다. 결국 주민들은 분열된 상황에서 협상 파워도 떨어져 피해 보상은 제대로 받지도 못하고 주민들끼리만 반목이 생겨버린 우스꽝스러운 꼴이 되었다.

흔히 사용하는 말로 '한 배를 탄다'는 말이 있다. 하지만 같은 배를 탔다고 해서 자동적으로 팀이 될 수 있는 건 아니다. 같은 배를 탔는데 목적지가 서로 다르다면 차라리 처음부터 같은 배를 타지 않는 편이 훨씬 나은 모습일 것이다. 진정한 팀의 모습이 되기 위해서는 무엇보다 우선하여 한 방향의 같은 뜻을 품으려는 노력을 해야 한다. 지향점이 같다면 원수지간의 관계와도 팀으로 일할 수 있다. 한 방향으로 뜻을 모을 수 없다면 제아무리 친한 관계라 할지라도 결코 팀이 될 수 없다. 호기로운 시작은 할 수 있을지 몰라도 모래성처럼 금세 분열되고 말 것이다.

진짜 팀 real team 은 Who가 아닌 What을 추구한다

팀원들이 회의만 하면 싸운다는 팀을 만난 적이 있다. 팀원들이 자기 주장이 강하고 서로 이기려고만 한다는 것이다. 그래서 회의만 하고 나면 팀 분위기가 냉랭해진다고 한다. 하도 싸워서 의사결정도 제때 이뤄지는 법이 없다고 한다.

팀이 이 같은 분위기라면 무엇을 해야 할까? 대개 이런 경우는 팀원들이 자존심 싸움을 하고 있다고 보면 된다. 다시 말해 공동의 목적이 아니라 팀원들이 서로 이기려고 하는 자존심 전쟁을 하고 있는 것이다. 자존심 전쟁을 극복하려면 무엇을 해야 할까? 한 방향 목표를 수시로 공유하고 확인하는 것만큼 좋은 방법은 없다. '위대함이 있는 곳에서는 사소함이 사라진다'는 말이 있다. 팀이 지향하는 한 방향 목표를 공유하고 거듭 확인하여 개인이 아닌 팀이 승리하는 게임을 선택할 수 있게 해야 한다.

회의를 진행하는 진행자의 역할이 무엇보다 중요하다. 회의 진행자는 회의 시작 전에 가장 먼저 팀원들에게 '한 방향 목표'를 분명히 주지시켜 주어야 한다. 좀 더 구체적으로 말하면 두 가지 사안에 대한 설명이 충분히 이뤄져야 한다. 하나는 '이 자리에 왜 모였는지'라는 회의의 목적에 관한 것이고, 다른 하나는 '이 시간을 통해 무엇을 얻고자 하는지'라는 회의의 목표에 관한 것이다. 이 두 가지 사안을 명확히 알려주고 잘 알고 있는지 체크도 해봐야 한다.

만약 이러한 한 방향 목표가 명확하지 않다면 차라리 회의를 미루는 편이 낫다. 아니면 이를 명확히 하는 작업부터 해야 할 것이다. 한 방향 목표와 더불어 의사결정의 기준 또한 사전에 정하고 합의하는 것이 좋다. 의사결정 기준이 명확할수록 팀원들은 어떤 생각이 더 나은 생각인지 판단할 수 있는 객관적인 시각을 갖게 된다. 자연스레 생고집을 부리는 일도 줄어들게 될 것이다.

진짜 팀은 Who가 아닌 What을 추구한다. 누구의 생각인지를 따지지 않는다. 내가 낸 의견이면 어떻고 동료가 낸 의견이면 어떤가? 팀장이 낸 의견이면 어떻고 말단 팀원이 낸 의견이면 어떤가? 팀이 함께 찾아야 하는 것은 오로지 하나, 팀의 성공에 도움이 되는 의견이다. 동료의 의견이나 후배의 의견이 더 좋다는 생각이 들면 기꺼이 자신의 생각을 접을 수도 있어야 한다. 누가 옳고 그른지, 누가 이기고 지는지를 따지는 일은, 수준 낮고 형편없는 팀에서나 일어나는 일이다. 자신의 것을 버리고 팀의 성공에 도움되는 의견을 선택하는 팀원이 팀십을 갖춘 팀원이고, 이런 팀원으로 구성된 팀을 우리는 진짜 팀이라고 부른다.

팀의 4가지 발달단계, 우리 팀의 현재 수준은?

아폴로 신드롬 ▶ 똑똑한 사람들이 모여 바보 같은 결과를 내는 현상

　메러디스 벨빈Meredith Belbin이라는 학자는 팀 경영의 고전으로 평가받는 자신의 저서 〈팀이란 무엇인가Management Teams〉에서 팀의 생산성에 관한 매우 인상적인 실험 한 가지를 소개했다. 그는 뛰어난 인재들이 모이면 뛰어난 성과를 낼 것이라는 가정을 테스트하고 싶었다. 뛰어난 사람들이 모이면 자연스레 높은 성과도 만들어질 거라는 통념은 누구나 가질 수 있는 것이다. 그래서 지능이 뛰어난 사람들을 모아 팀을 구성하고 경영 게임을 해보게 하였다. 참고로 이 팀에게는 '아폴로Team Apollo'라는 자부심이 느껴지는 이름을 붙여주었다.

그런데 아폴로 팀의 성과는 뜻밖으로 매우 실망스러운 수준이었다. 평범한 지능 수준의 사람들이 모인 팀들과의 경쟁에서 꼴찌 수준을 면치 못했다. 여러 해를 통해 반복되는 실험에서도 아폴로 팀은 고전을 거듭했다. 전체 25개의 아폴로 팀 가운데 우승한 팀은 고작 3개 팀에 불과했다.

이 실험의 결과로 '아폴로 신드롬The Apollo Syndrome'이라는 말이 탄생하게 되었다. '아폴로 신드롬'은 쉽게 말해 '똑똑한 사람들이 모여 바보 같은 결과를 내는 현상'을 뜻한다. 왜 이런 현상이 발생하는 것일까? 뛰어난 인재들로 구성된 집단은 비생산적 논쟁에 과도한 시간을 소모하는 경향이 있었다. 서로 자기주장이 강하여 의사결정 과정에서 합의에 이르기도 어려웠다. 심지어 문제 상황을 인식하고도 논쟁을 회피하려는 경향도 많았다. 개개인의 역량은 탁월하지만 팀으로는 형편없는 모습으로 움직였던 것이다. 이와 같은 사례는 우리 주변에서도 쉽게 찾아볼 수 있다. 스포츠에서 리그 최고 수준의 스타 플레이어로 구성된 팀임에도 불구하고 성적은 결코 기대 수준에 못미치는 팀들을 보았을 것이다. 당신의 팀도 아폴로 신드롬의 예외가 될 수 없다. 스스로 잘났다고 생각하는 사람이 많이 모일수록 그 팀은 더더욱 아폴로 신드롬에 빠질 가능성이 높아진다.

우리나라는 1990년 후반부터 팀제가 본격적으로 도입되면서 이제 대부분의 조직 명칭 뒤에는 팀이라는 용어가 자연스레 붙는다. 그러나 조직 명칭이 팀이라고 해서 모두 팀인 것이 아니다. 팀이라는 명칭을 사용한다고 해서 팀답게 일한다고 볼 수 없으며 팀 답지 않은 팀들이 훨씬 더 많은 것이 현실이다.

1965년, 조직 심리학자인 브루스 터크만Bruce Tuckman은 대개의 팀이 일반적으로 경험하는 팀의 발달단계를 자신의 이름을 따서 '터크만 모델Tuckman Model'로 소개했다. 그는 이 모델에서 팀의 발달단계를 다음의 4단계로 제시한다.

첫 번째 단계는 형성기Forming이다. 일명 탐색기라고도 하는 이 단계는 팀에서 모호한 것이 많은 단계라 할 수 있다. 대표적으로 팀의 방향인 팀의 미션이나 목표가 모호하거나 공감대가 채 형성되지 않은 상태다. 팀원 개개인의 책임과 역할 역시 불분명하고 함께 일하는 방법이나 절차도 제대로 정립되어 있지 않다. 팀원 간의 관계에서도 서로 서먹하거나 조심스러운 모습을 보인다. 이렇듯 팀의 방향이나 일하는 방법과 절차가 명확하지 않으니 팀원 간의 관계가 제아무리 높아도 높은 성과를 기대할 수 없는 단계라 하겠다.

형성기를 극복하고 나면 팀은 혼돈기Storming의 단계로 넘어가게 된다. 일명 갈등기라고도 하는 이 단계는 팀원 간의 상호작용이 본격화되는 단계이다. 그런데 문제는 그것이 생산적이지 않을 수 있다는 점이다. 서로가 가진 생각과 일하는 방식 등의 차이로 갈등과 혼란이 빈번하게 발생한다. 그래서 의사결정이 제때 되는 법이 없어 일이 지연되는 경우가 많다. 결과적으로 팀원 간 갈등으로 번질 수도 있고, 팀 성과가 좋지 않으니 팀장의 리더십에 불만이 커지는 일도 발생한다. 혼돈기는 팀의 발달 단계상 2단계로 형성기보다는 높은 단계이지만 팀의 성과는 오히려 형성기보다도 낮을 가능성이 높다. 히딩크 감독이 2002년 월드컵 당시 대한민국 국가대표 축구팀을 맡은 초기는 혼돈기의 매우 좋은 예가 되겠다. 히딩크 감독의 별명이 '오대영(5:0)'이었다는 것은 널리 알려진 이야기다. 그가 팀을 맡고 나서 황당하게도 대표팀 성적이 이전보다 더 나빠진 것이다. 번번이 큰 점수 차이로 패배했던 당시 히딩크 호는 혼돈기를 겪고 있었을 것이다. 다른 감독이었다면 성적 부진의 책임을 지고 경질되었겠지만 그는 운이 따랐는지 감독직을 계속 유지하면서 혼돈기를 슬기롭게 극복할 수 있었다. 팀은 피할 수 없는 혼돈기를 어떤 식으로 극복하느냐가 승부처라 해도 과언이 아닐 것이다.

혼돈기를 극복한 팀은 규범기Norming의 단계로 넘어간다. 조직의 방향이 명확해지고 공감대가 형성된다. 팀에서 발생하는 이런저런 일과 혼란스러운 상황에서 팀원들이 함께 지켜야 할 약속이 만들어지고 이행된다. 비로소 함께 일하는 방식이 자리를 잡는 단계이다. 연인으로 비유하자면 마음이 안 맞아 심하게 싸우고 헤어졌지만 재회를 하여 서로를 보다 잘 이해하고 더 깊어진 사랑을 나누는 단계라 볼 수 있다. 어려운 일이 발생할 때 서로 아이디어를 더하고 함께 일하는 협력과 협업이 가능해진다. 규범기는 공동의 성과와 시너지를 본격적으로 기대할 수 있는 단계다. 규범기부터 본격적으로 팀다운 팀의 모습을 갖춘 상태라 할 수 있다.

마지막 단계는 성취기Performing이다. 팀원들이 기존의 성과에 만족하지 않고 더 높은 성과를 창출하기 위해 움직이는 모습을 보인다. 팀원 모두가 각자 어떤 일을 수행해야 하는지 잘 안다. 새로운 이슈가 생길 때도 '네 일, 내 일'을 따지기 보다는 함께 해결하는 성숙한 모습을 보인다. 대화와 토론이 일상적으로 이뤄지며 서로에 대한 신뢰 수준도 높다. 팀과 팀원이 함께 발전하는 이상적인 하이 퍼포먼스를 기대할 수 있는 단계다.

이와 같이 팀의 발단단계를 알아보았다. 당신이 몸담고 있는 팀은 어느 단계에 해당될 것 같은가? 다음 표의 팀의 발달단계별 세부 내용을 읽어보고 판단해 보자.

〈팀 발달단계별 세부 특징〉

단계	세부 특징
형성기	• 팀의 방향성(미션과 목표)이 명확하지 않다. • 팀원들이 서로 서먹하고 조심스러운 태도를 보인다. • 공동의 이슈가 논의되지 않고 방치되는 경향이 있다. • 각자 자기 일 중심으로 일한다. 동료의 일에는 별 관심이 없다.
혼돈기	• 서로 자신의 생각이 옳다고 주장하는 가운데, 갈등 상황에서 의견 차이가 좁혀지지 않는다. • 팀 분위기가 전체적으로 산만하다. • 동료나 조직에 대한 불만이나 뒷담화가 늘어난다. • 의사결정이 늦어져 일이 지연되는 경우가 많다.

규범기	• 팀의 방향성에 대한 공감대가 형성되고 이를 중심으로 팀의 결속을 도모한다. • 대화/토론을 통해 갈등을 해결한다. • 어려운 일이 생길 때 협력과 협업이 가능하다. • 팀이 보다 생산적으로 일할 수 있는 방법을 찾는다.
성취기	• 기존의 성과에 만족하지 않고 더 높은 수준의 성과에 도전한다. • 누군가의 지시가 없어도 팀 구성원이 각자 해야 할 일을 찾아 움직인다. • 대화와 토론이 일상적으로 이루어진다. 서로에 대한 신뢰 수준이 높다. • 함께 일하면서 동료간 서로 배우고 역량의 성장이 이루어진다.

팀의 발달 단계에 대한 이해를 돕기 위해 가정家庭을 예로 들어본다. 가정은 전형적인 팀의 형태를 가진 조직이라 할 수 있다. 행복이라는 공동의 목적을 추구한다. 서로 다른 두 사람이 만나 결혼식을 올리고 가정을 꾸리는 결혼 초기 단계는 팀의 형성기라고 보면 된다. 서로를 사랑했기에 결혼에 이른 것이지만 그것은 어디까지나 따로 살던 연애시절의 이야기일 뿐이다. 사랑만으로 살기에는 현실의 벽은 너무 높다. 막상 현실을 함께 살아보니 지향점도 서로 다르고 생각의 차이가 많다는 것을 확인하게 된다. 사랑의 힘이 남아 있다면 차이가 있더라도 참고 살아가겠지만 그렇지 않은 가정은 곧바로 혼돈기Storming의 단계로 넘어가게 된다. 혼돈기 단계에서는 이런저런 일에 대한 의견차이로 티격태격 다투는 일들이 자주 발생한다. 자녀 양육 문제, 부모님 문제, 각자의 선호나 생활 습관 등에 있어 생각의 차이가 본격적으로 드러난다. 이러한 혼돈기를 현명하게 넘어갈 수 있어야 한다. 혼돈기를 제대로 극복하지 못한다면 가정은 팀이 아닌

남보다 못한 관계가 될 수도 있다.

당신의 팀은 상호 비평이 자유로운가?

'팀 발달단계'에서 가장 중요한 단계는 바로 혼돈기다. 진정한 팀
의 모습으로 바로 설 수 있느냐 없느냐를 결정하는 단계다. 사실상
모든 팀이 공통적으로 경험하는 최대의 고비라 할 수 있다. 혼돈기
에서 헤매는 조직을 주위에서 흔하게 찾아볼 수 있다. 혼돈기를 이
겨내지 못하면 팀은 늘 갈등 또는 혼란 상태이거나, 서로 신경 끄고
각자도생하는 모습이 되기 쉽다. 결과적으로 본격적인 시너지를 기
대할 수 있는 규범기의 단계로 넘어가지 못한다.

팀에서 매우 흔하게 발견되는 흥미로운 현상 한 가지를 소개한다.
그것은 팀의 발달단계가 낮은 팀이라고 해서 마냥 안 좋은 팀 분위
기를 갖는 것은 아니라는 점이다. 언뜻 보기에는 별다른 문제가 없
는 팀처럼 보인다. 맨날 싸우고 있을 듯한데 심지어 매우 평화로워
보이기까지 하다. 팀원 간의 관계도 원만해 보이고 일도 잘 진행되
는 것처럼 보인다. 그런데 실상 팀은 이런 상태가 더 위험하다. 문제
가 없는 것이 아니라 문제를 외면하는 상황이기 때문이다. 혼돈기에
서 형성기로 역주행하는 결과라고 보면 된다. 쉽게 말해 "좋은 게 좋
은 거다"는 식의 태도가 팀 분위기를 지배한다. 팀원들은 자신과 직

접적으로 연관된 것이 아니라면 굳이 나서지 않는다. 혼돈기에서 형성기로 회귀하는 팀을 만나 이야기해 보면 스스로를 평균 이상의 우수한 팀이라 자부하는 경우가 많다. 그러나 이는 완전한 허상이다. 이런 팀은 겉으로만 팀처럼 보인다는 의미에서 '가짜 팀Pseudo Team'이라고 정의한다.

가짜 팀의 증상

- 일이 아닌 개인사 중심의 대화를 나눈다.
- 표면적으로 팀 구성원 간 관계가 좋다.
- 서로의 일에 간섭하지 않는다.
- 서로를 불편하게 하는 말은 하지 않는다(논쟁이 없다).
- 스스로 평균 수준 이상의 팀이라고 생각한다.

당신의 팀이 어떤 발달단계에 속하는지 보다 정확히 알고 싶다면 다음의 질문에 답을 해보자.

"당신의 팀은 상호 비평이 자유로운가?"

이 질문에 대해 자신 있게 "예"라고 답할 수 있다면 팀의 수준이 규범기 이상의 수준 높은 팀이라고 믿어도 된다. 그러나 비평이 거의 없거나, 비평을 주고받았을 때 팀원 간 감정 상하는 일이 생기거나 서로 외면하는 일이 생긴다면 형성기 또는 혼돈기 상태에 있다고 보면 될 것이다.

터크만의 팀의 발달단계는 네 단계이지만, 이를 상관관계가 높은 것끼리 서로 묶어 두 단계로 다시 구성할 수 있다. 형성기와 혼돈기를 묶고, 규범기와 성취기를 묶는 것이다. 형성기와 혼돈기는 대개 하나로 왔다갔다하며 움직이는 경우가 많고, 규범기는 시간이 지나면 성취기로 가는 경우가 많기 때문에 이렇게 두 단계로 조직 발달단계를 설명해도 무리가 없을 것이다. 편의상 줄여서 '형성혼돈기'와 '규범성취기'라고 명명하도록 하자. 내가 이렇게 팀의 발달단계를 두 단계로 구분하는 이유는 형성혼돈기와 규범성취기를 결정짓는 대표적인 특징 한 가지를 강조하기 위함이다. 바로 '솔직한 소통'이다. '솔직한 소통'이란, 팀의 성공을 위해 도움이 된다고 생각하는 의견이라면 누구의 눈치도 보지 않고 자유롭게 말할 수 있는 소통을 의미한다. 솔직한 소통이 가능한 조직은 탁월한 조직이 될 가능성이 매우 높은 조직이라고 봐도 틀림이 없다.

팀 효과성 진단 및 피드백

다음의 팀 진단 도구는 팀이 얼마나 효과적으로 기능하는지 가볍게 알기 위해 만들어진 것이다. 현재 당신의 팀을 생각하며 아래의 질문에 솔직하게 답을 하기 바란다. 팀원들과 함께 해본다면 보다 객관적인 결과를 얻을 수 있을 것이다. 각각의 문장에 해당되는 점수를 체크하고 전체 점수를 더하여 합계 점수를 내면 된다.

〈팀 효과성 진단 문항〉

번호	구분	그렇지 않다				그렇다
1	우리 팀의 미션은 명확하다.	1	2	3	4	5
2	우리 팀은 중요한 일을 수행한다.	1	2	3	4	5
3	우리 팀은 의사결정이 빠르다.	1	2	3	4	5
4	우리 팀원들은 자유롭게 자기 생각을 말한다.	1	2	3	4	5
5	우리 팀원들은 자기완결적으로 일한다.	1	2	3	4	5
6	우리 팀은 일을 통해 배우는 것이 많다.	1	2	3	4	5
7	우리 팀은 서로 칭찬과 격려를 많이 해준다.	1	2	3	4	5
8	우리 팀원들은 서로 잘 돕는다.	1	2	3	4	5
9	우리 팀은 뭔가가 결정되면 일사불란하게 움직인다.	1	2	3	4	5
10	우리 팀은 변화와 혁신을 추구한다.	1	2	3	4	5

합계 점수: (   )점

그리고 다음의 표에서 각 점수에 해당되는 팀 수준에 대한 피드백을 받아보자.

다음의 표는 각 합계 점수 범위에 해당하는 팀의 현재 상황과 주의를 기울여야 하는 점을 간략하게 기술한 것이다. 앞에서 구한 '합계 점수'에 해당되는 내용을 참고하기 바란다.

〈팀 효과성 진단 결과 피드백〉

점수	팀의 수준	내용
44점 이상	매우 우수	매우 탁월한 팀이다. 높은 수준의 팀 성과를 창출할 것이며, 팀 분위기도 활기차다. 팀원들의 팀에 대한 만족도가 높으며, 주도적으로 일하는 팀원들이 많다. 팀원들이 협력적으로 일하는 등 팀워크 수준도 높다. 팀이 가진 강점을 확인하고 지속적으로 유지할 수 있다면 꾸준히 발전할 수 있을 것이다.
39~43점	우수	점수가 특히 낮은 문항을 살펴본다. 그리고 그것의 원인이 무엇이고 그것을 해소하기 위한 아이디어를 찾아보자.
35~38점	보통	
31~34점	미흡	
30점 이하	매우 미흡	위기 상황이다. 현재 팀의 모습에 아무도 만족하지 못하는 상태다. 팀 차원에서 스스로 해결할 수 없는 구조적인 문제가 있거나 심각한 리더십의 문제가 있을 수도 있다. 팀원 간 신뢰 수준이 바닥이며 심각한 내부 갈등이 존재하는 상황일 수 있다. 팀의 성공을 위해 노력하는 팀원보다는 떠나고자 하는 팀원이 많다.

상기의 '팀 효과성 진단 결과 피드백'은 팀의 현재 수준을 보다 객관적인 시각으로 이해하는 데 도움이 될 것이다. 중요한 것은 '이것을 가지고 무엇을 하느냐'일 것이다. 팀 효과성 진단 도구를 참고자료 삼아 '팀 효과성 향상 워크숍'을 팀원들과 함께 해볼 것을 제안한다. 워크숍의 진행 순서는 다음과 같다.

〈팀 효과성 향상 워크숍 프로세스〉

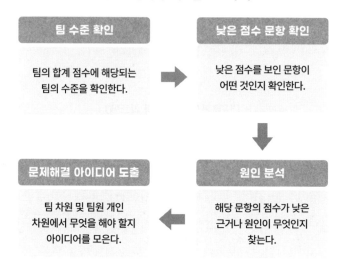

팀 수준 확인

팀의 합계 점수에 해당되는
팀의 수준을 확인한다.

낮은 점수 문항 확인

낮은 점수를 보인 문항이
어떤 것인지 확인한다.

문제해결 아이디어 도출

팀 차원 및 팀원 개인
차원에서 무엇을 해야 할지
아이디어를 모은다.

원인 분석

해당 문항의 점수가 낮은
근거나 원인이 무엇인지
찾는다.

'팀 효과성 워크숍'을 팀 차원에서 해본다면 팀원 전체가 팀의 현재 수준과 개선 방향에 대한 공감대를 형성할 수 있을 것이다. 나아가 보다 효과를 발휘하는 팀이 되기 위한 아이디어를 찾고 결심을 다지는 소중한 기회가 될 것이다.

팀의 초심,
팀의 미션

팀의 미션은 고객으로부터 나온다

이사 후 전입신고를 하기 위해 동사무소를 찾았다. 동사무소는 지역 내 주민들의 민원이나 행정 업무를 처리해 주는 공공기관이다. 한마디로 주민을 고객으로 둔 팀이라 할 수 있다. 그러나 불운하게도 내가 찾은 곳은 이러한 기대와는 거리가 먼 곳이었다. 그곳의 직원은 고객을 위해 응당 해야 하는 일을 마치 선심 쓰듯 했다. 얼굴에는 무관심과 짜증이 배어 있어 궁금한 것이 있어도 말 한마디 건네기가 어려웠다. 한 직원의 문제라 볼 수도 있겠지만 이것은 분명 팀의 문제였다. 그 동사무소는 고객에 대한 불친절한 행동이 허용되는 팀이었던 것이다. 고객의 입장에서 이러한 상황은 황당함을 넘어선다. 우리 사회가 선진화되면서 줄어들고 있긴 하지만 우리는 종종 이와 같은 수준 낮은 팀을 경험하곤 한다. 이러한 곳들의 한결 같은 공통점은 고객이 아니라 '자기 편의'를 중심에 놓는다는 것이다. '고 객 지향'이 아니라 '고객 지양'이며 '고객 만족'이 아니라 '자기 편의 적 고객 만족'인 것이다.

이 세상에 존재하는 모든 팀은 존재 이유, 즉 미션을 가지고 있다. 그리고 그 미션은 고객으로부터 나온다. 다시 말하면 팀의 미션은 '고객과 고객에게 기여하는 것'에 대한 명확한 답변이다. 만약 팀이 주어진 미션을 다하지 않는다면 그것으로 존재 가치를 잃게 된다. 왜냐하면 고객이 더 이상 찾지 않을 것이기 때문이다.

2006년 초겨울, 프로야구팀인 SK와이번스에서 전화가 왔다. 프로 야구 시즌이 끝난 지 얼마 되지 않은 시점이었다. SK와이번스의 변 화 프로그램을 마련해 달라는 요청이었다. 요청 주제는 요즘에는 익 숙하지만 당시에는 매우 낯설었던 '스포테인먼트Sportainment'였다. 스 포츠단 조직에 대한 경험이 없던 터라 잠시 주저했지만, 스포테인먼 트가 어차피 모두에게 생소한 것이라면 야구를 좋아하는 내가 다른 사람보다는 좀 더 나을 것이라는 믿음으로 수락하기로 했다. 그리고 스포테인먼트에 관한 자료를 수집했다. 자료 수집은 크게 어렵지 않 았다. 스포츠가 발달한 미국이나 일본 등에서는 이미 스포테인먼트 가 오래 전에 뿌리를 내리고 있었기 때문이었다. 스포테인먼트는 스 포츠Sports와 엔터테인먼트Entertainment의 합성어로 쉽게 말하면 '고객에게 즐거움을 주는 스포츠'를 말한다. 고객에게 즐거움을 줄 수 있는 스포츠와 스포츠 환경을 마련하자는 것이다.

당시 우리나라 프로야구는 최악의 상황을 맞고 있었다. 과거 국민 스포츠의 영화를 누렸지만 언젠가부터 관중들의 숫자가 급격히 줄어들고 있었다. 텅 빈 관중석을 두고 선수들은 아무도 관심을 갖지 않는 그들만의 승부를 하고 있었다. 게다가 선수단에 지급하는 연봉 총액은 해마다 늘어 프로야구단의 적자는 매년 눈덩이같이 불어나고 있었다. 이래저래 앞이 안 보이는 최악의 상황이었고 이를 헤쳐 나갈 마땅한 방법도 찾지 못하고 있었다. 이때 돌파구로서 제시된 개념이 고객에게 즐거움을 주는 스포츠, 즉 스포테인먼트였던 것이다. 이는 결국 초심으로 돌아가자는 이야기였다. 고객의 사랑을 받는 프로야구가 되기 위한 유일한 방법은 고객에게 돌아가는 것이었다.

이후 스포테인먼트로 무장한 SK와이번스 프로야구단에 조금씩 변화가 일어나기 시작했다. 지금 생각해 보면 이는 마치 변심한 애인의 마음을 돌리려는 듯이 절박한 마음에서 출발한 변화였다. 한번은 선수들이 경기 중 더그아웃에서 폭탄머리 가발을 쓰고 있는 장면이 TV 화면에 포착되었다. 팬들의 관심을 끌기 위한 행동이라고 했다. 연습할 때 머리핀을 꽂고 배트를 돌리는 선수가 있었는가 하면, 인형 탈을 쓰고 팬들을 맞이하는 선수들도 있었다. 경기가 끝난 후에는 선수들이 직접 응원석에 올라가 팬들과 함께 어깨동무를 하고 노래를 부르며 뒤풀이를 했다. 2007년 문학경기장이 처음으로 만원 관객을 이루던 날, 당시 수석 코치였던 이만수 코치는 팬들과 함께 엉덩이가 불룩 나온 우스꽝스런 팬티를 입고 운동장을 돌며 팬들에게 즐거움을 선사했다. 이러한 스포테인먼트를 위한 다양한 아이디어들은 다른 구단으로 빠르게 확산되었고, 그 결과로 야구장을 찾는 팬들의 숫자도 서서히 늘어나기 시작했다. 자신들이 중심이 되는 야구에서 팬에게 즐거움을 주는 야구로 바뀐 것이다.

우리 팀의 고객은 누구인가?

앞에서 언급한 바와 같이 팀이 존재하는 방식은 크게 두 가지로 나누어 생각해 볼 수 있다. 하나는 '고객 중심'이며 다른 하나는 '자기 편의'이다. 고객 중심의 팀은 모든 일의 초점이 고객에게 맞춰져 있다. 그리고 고객의 시각으로 지속적인 자기반성을 한다. 반면 '자기 편의'의 팀은 고객이 아니라 스스로의 이익이나 세 확산을 위한 고민을 한다. 고객이 아닌 자신들의 이익과 편의를 위한 방식을 선택하는 것이다.

소프트웨어 개발자로부터 들은 이야기다. 소프트웨어 개발자는 저마다 분야는 다르겠지만 결국 유저프랜들리User-Friendly한 소프트웨어 개발을 목표로 해야 한다. 사용자의 만족도가 높아야 우수한 소프트웨어인 것이다. 그런데 막상 일을 하면 자기 편의적으로 '유지

보수'하기 좋은 소프트웨어를 개발하는 경향이 있다고 한다. 겉으로 는 유저프랜들리한 소프트웨어 개발을 표방하지만 현실은 이와 반 대의 모습으로 일하는 것이다.

한 사람이 갖는 가장 강력하면서 순수한 마음은 초심이다. 팀도 마찬가지다. 팀의 가장 강력하면서 순수한 마음은 바로 팀의 초심이 다. 팀의 초심은, 팀이 존재하는 이유인 팀의 미션에 있다. 무슨 일을 해야 할지 그리고 그것을 어떻게 해야 할지 잘 모른다면 고객이 원 하는 것에 초점을 맞추는 것이 최선의 방식이다. 혹시 현재 일하는 모습이 과연 고객을 지향하고 있는지 자기 편의적으로 일하고 있는 지 살펴볼 필요가 있다. 팀장과 팀원들이 함께 모여 머리를 맞대고 다음의 두 가지 질문에 답을 내려 보자.

"우리 팀의 고객은 누구인가?"

"그들을 위해 우리는 무엇을 해야 하는가?"

〈고객 중심 팀 vs. 자기 중심 팀〉

구분	고객 중심 팀	자기 중심 팀
목표	고객 만족	자기 생존 / 세 확산
일 수행 방법	• 고객 만족을 위한 창의적인 아이디어 도출 • 고객 관점의 자기반성 및 변화 추구 • 장기적 성과 추구	• 자기 편의적 업무 수행 • 획일적인 일 수행방식 고수 • 단기 성과 추구

팀의 미션을 말할 때 자주 받는 두 가지의 질문이 있다.

• 팀의 미션은 회사에서 이미 주어져 존재하는 것 아닌가요?
• 팀의 미션은 팀장이 만들어 제시하는 것이 좋은가요? 아니면 팀원들과
  함께 만드는 것이 좋은가요?

나는 이 질문에 대해 다음과 같이 답을 한다.

"팀의 미션은 이미 존재하는 것입니다. 팀은 미션과 함께 탄생하기 때문입니다. 그런데 문제는 이미 존재하는 팀의 미션에 대한 이해가 낮은 팀원들이 많다는 점입니다. 심지어는 팀장도 팀의 미션이 무엇인지 정확히 설명을 하지 못하는 경우도 종종 보아왔습니다. 미션은 너무 당연한 것이기에 자칫 아무도 신경쓰지 않는 것으로 전락할 가능성이 높습니다. 따라서 팀의 미션은 이미 존재하는 것이지만 모호한 형태로 존재한다고 생각하는 편이 좋겠습니다. 내용 자체가 모호해서 다른 내용으로 해석될 가능성이 있거나 명확한 내용이라 할지라도 팀원들이 모르거나 관심을 두지 않는 것이라면 모호한 형태라 볼 수 있습니다. 뭔가를 새롭게 시작하는 스타트업이라면 미션을 만드는 작업이 반드시 이뤄져야 할 것입니다. 이미 존재하는 조직이라면 모호한 형태의 미션을 내용 측면에서 또는 팀원들의 인식 측면에서 보다 명확한 형태로 바꿔주는 노력을 지속적으로 해야 할

것입니다."

우리 팀을 수식하는 표현 한마디!

우리의 선조들은 예부터 자신의 이름과 함께 호를 가지고 있었다. 호는 자신이 거처하는 장소, 지향하는 뜻, 좋아하는 물건의 이름이나 상징을 따서 지었다. 그래서 호는 한 사람이 지향하는 인생을 이해하는 데 큰 도움이 됐다. 사회적으로 큰 영향을 미친 사람일수록 호가 많은데, 추사 김정희의 경우 무려 오백 개가 넘었다고 한다.

이 세상에 존재하는 모든 팀에는 주로 그 팀이 수행하는 미션을 표현하는 팀 명칭이 있다. 인사팀, 기획팀, 전략팀, 마케팅팀, 생산팀, 품질관리팀, 프로모션팀, 연구개발팀, 공무팀 등과 같이 팀 명칭을 들으면 대략적으로 그 팀이 수행하는 일의 종류나 성격을 파악할 수 있다. 그런데 문제는 대개의 팀 명칭이 지나치게 자기중심적이며, 전혀 고객 지향적이지 않다는 점이다. 먼저 팀 명칭이 너무나 따분하고 건조하다. 매우 사무적인 표현이어서 그 곳에서 일하는 사람들의 어떤 열망이나 뜻도 담고 있지 않다. 더구나 그곳으로부터 서비스를 제공받는 고객의 마음을 건드리지도 못한다. 가장 안 좋은 것은 동일한 미션을 수행하는 다른 회사 또는 경쟁사의 같은 부서와도 똑같은 명칭을 사용한다는 점이다. 같은 명칭을 사용하는 다른 회사의 해당 팀과 자리를 바꿔 일해도 전혀 문제가 없어 보인다.

TV 광고 등을 보면 재미있는 사실 하나를 발견할 수 있다. 거의 모든 기업이 자신들의 회사명 앞에 고객이나 대중에게 어필할 수 있는 감성적인 표현을 사용한다는 점이다. 마치 약속이라도 한 듯이 자신들이 지향하는 철학이나 가치 등을 나타내는 멋지고 다양한 표현들을 사용하고 있다. 하나의 일관된 표현을 통해 기업 이미지를 구축하고 그에 맞는 상품이나 서비스를 지속적으로 제공하고자 노력한다. 단순한 회사명만으로 자신들의 가치를 제대로 알리기에는 많이 부족하다는 것을 이미 알고 있는 것이다.

나는 팀에도 이와 같은 노력이 필요하다고 믿는다. 그저 회사에서 주어져 사용하는 명칭이 아니라 팀원 전체의 열망과 고객 관점을 담은 팀 명칭이 필요하다는 것이다. 예를 들면 '총무팀'이라는 명칭을 가진 팀이 있다. 여기에 이 팀원들의 일하는 자세와 의지, 그리고 고객 관점을 표현하는 어구가 있다면 어떤 것이 있을까? 예를 들어 "찾아가는 서비스"라는 말을 붙여보면 어떨까? 물론 이는 단순히 귀에 듣기 좋은 말이어서는 안 될 것이다. 팀원들의 열망이 담겨 있고 함께 실천을 약속하는 핵심적인 활동이나 상징 문구이어야 할 것이다. 그래서 누군가가 당신의 팀이 어떤 팀인지를 물어본다면 이렇게 대답하면 된다.

"찾아가는 서비스, 총무팀입니다."

자, 이제 당신의 팀을 가장 잘 상징하는 표현을 생각해 보자. 앞에서 소개한 고객관점의 팀 미션을 가장 잘 표현하는 내용이면 가장 이상적일 것이다. 가급적 세 단어 이하의 매력적인 문구로 결정하기를 바란다. 팀원들의 입에 짝짝 달라붙고 마음을 움직이며 스스로 행동하지 않을 수 없는 표현으로 말이다.

팀의 법,
팀 그라운드 룰

집단 ADHD 증후군

낙지는 대표적인 연체동물이다. 몸이 유연하고 탄력적이어서 제
아무리 작은 구멍이라도 쉽게 통과할 수 있다. 몸의 길이를 늘이고
부피를 줄이는 방식을 사용한다. 그런데 묘하게도 낙지는 구멍이 숭
숭 뚫려 있는 통발로 잡는다. 구멍이 많아 쉽게 빠져나갈 만도 한데
일단 통발 속에 들어간 낙지는 절대 밖으로 빠져나오지 못한다. 그
이유는 무엇일까? 통발의 구멍이 촘촘해서? 아니다. 낙지는 통발의
구멍 크기 정도는 충분히 통과할 수 있다. 정답은 구멍이 여기저기
에 너무 많기 때문이다. 낙지의 여덟 개의 다리는 각각 신경조직을
가지고 있어 서로 제각기 움직인다. 각각의 다리가 서로 빠져나가려

고 하다 보니까 결국은 몸체가 빠져나갈 수 없는 것이다.

팀이 제대로 기능하려면 우선 한 방향이 되어야 한다. 팀이 한 방향이 된다는 것은 앞에서 소개한 팀의 미션을 우선적으로 명확히 하고 공유하는 노력을 해야 한다. 미션과 함께 팀이 달성해야 할 비전이나 목표에 대한 공감대 역시 형성되어야 할 것이다. 그리고 한 가지 더하고 싶은 것은 '팀의 그라운드 룰Team Ground Rules'이다. 팀의 그라운드 룰은 팀의 성공을 위해 '팀원들이 함께 준수하는 행동 약속'을 의미한다.

팀 분위기가 아주 산만한 팀을 만난 적이 있다. 이 팀과의 첫 만남은 매우 실망스러웠다. 오전 아홉 시에 '팀워크 강화'라는 주제를 가지고 워크숍을 시작하기로 했는데 제 시간에 나타난 팀원들이 절반도 되지 않았다. 계획된 시간을 훌쩍 넘겨 시작한 워크숍은 상식을 벗어난 수준이었다. 전화하거나 딴짓하는 사람, 수시로 들락날락하는 사람, 토론 중에 주위는 아랑곳하지 않고 전화통화를 하는 사람, 노트북을 켜놓고 일을 하는 사람, 주제에 벗어난 엉뚱한 이야기를 일삼는 사람, 동료의 진지한 이야기를 무시하거나 농으로 받는 사람…. 워크숍 분위기가 너무 산만해서 집단으로 ADHD 증후군(주의력결핍 과잉행동 장애)에 걸려있는 게 아닌가 하는 생각이 들 정도였다.

하나를 보면 열을 아는 법이다. 이 팀은 평소 일할 때도 이와 다르지 않은 모습일 것이다. 어디에 있든 무엇을 하든 팀원들이 함께 모여 상호작용하는 모습을 관찰하면 평소의 모습을 예측할 수 있다.

이 팀의 더 큰 문제는 이런 산만한 모습에 대해 아무런 문제의식이 없었다는 점이다. 두 시간 정도 이 팀을 관찰한 나는 더 이상 준비된 워크숍을 진행하는 것이 의미가 없다고 판단했다. 보다 솔직해질 필요가 있었다.

"죄송합니다만 제가 준비한 것이 여러분께는 전혀 도움이 되지 않겠어요. 이만 워크숍을 마치겠습니다."

그리고는 곧장 물품을 정리해 그 공간을 빠져나왔다. 당시 그 팀원들의 표정을 아직도 잊지 못한다. 산만했던 분위기는 순간 고요해졌다. 나는 그 팀의 팀원들이 스스로 안고 있는 문제에 직면하기를 바랐다. 그 팀이 나에 대해 어떻게 생각하든 그것은 중요한 문제가 아니었다. 얼마 후 그 팀의 팀장으로부터 연락이 왔다. 나는 그와 깊은 대화를 나눴고 그 팀에 필요한 것을 제안했다.

그것은 '팀의 그라운드 룰'을 정하는 것이었다. 오랜 전통을 가진 팀은 굳이 명시하지 않아도 알게 모르게 팀원들의 몸에 배어 있는 행동 규칙들이 존재한다. 그러나 신생 팀이거나 내부 변화가 많은 팀은 내부 규칙이 약하다. 팀원들은 각자 자기 편하고 스스로 옳다고 생각하는 방식으로 일하고 행동할 가능성이 높다. 그 결과로 팀의 결집을 기대하기 어려운 형태로 산만해지는 것이다. 나아가 악화가 양화를 구축한다고 백해무익한 부정적인 행동들이 팀의 주류 행동으로 자리 잡게 될 가능성이 높아진다. 누구로부터도 견제받지 않기 때문이다.

그 팀과 다시 만나는 자리는 많이 어색했다. 나는 우선 무례하게 보일 수 있었던 나의 행동에 대해 정식으로 사과했다. 그리고 내가 느꼈던 점을 있는 그대로 설명했다. 지금 생각해 보면 당시 그 팀과 나의 관계 역시 하나의 팀의 모습으로 완성되어가는 과정이 아니었나 싶다. '따로따로'의 형성기 단계에서 갈등에 직면하는 혼돈기 단계를 거친 것이다. 우리는 서로를 이해할 수 있게 됐고 보다 진솔한 대화를 나눌 수 있었다. 팀원들은 머리를 맞대고 팀에서 자신들이 지켜야 할 그라운드 룰을 정했다. 대부분이 팀의 산만한 분위기와 관련된 내용이었다.

팀이 달성해야 하는 것은 경영상의 목표만이 아니다. 함께 효과적으로 일하고 생활하기 위한 목표도 필요하다. 이것이 없으면 팀이 제대로 기능하고 있는지 그렇지 않은지조차 판단할 수 없다. 지향점이 없으면 나아질 것도 없는 것이다. 팀의 그라운드 룰에는 고객에 대한 태도, 일하는 방식, 윤리 덕목 등 팀원들이 보다 나은 팀을 위해 꼭 지켜야 하는 모든 내용을 담을 수 있다.

팀의 그라운드 룰과 관련하여 우리나라에서 매우 유명한 사례 한 가지가 있다. 그것은 '배달의 민족'으로 더 유명한 '우아한형제들'의 '송파구에서 일을 더 잘하는 11가지 방법 - 몽촌토성역 편'이다. 내용은 다음과 같다.

송파구에서 일을 더 잘하는 11가지 방법 - 몽촌토성역 편

1. 12시 1분은 12시가 아니다.

2. 실행은 수직적, 문화는 수평적.

3. 잡담을 많이 나누는 것이 경쟁력이다.

4. 쓰레기는 먼저 본 사람이 줍는다.

5. 휴가나 퇴근 시 눈치 주는 농담을 하지 않는다.

6. 보고는 팩트에 기반한다.

7. 일의 목적, 기간, 결과, 공유자를 고민하여 일한다.

8. 책임은 실행한 사람이 아닌 결정한 사람이 진다.

9. 가족에게 부끄러운 일은 하지 않는다.

10. 모든 일의 궁극적인 목적은 '고객창출'과 '고객만족'이다.

11. 이끌거나, 따르거나, 떠나거나!

'우아한형제들'은 회사 설립 초기부터 이 같은 회사의 그라운드 룰을 만들어 구성원들과 공유하고 실천을 독려해 왔다. 구성원들의 다양한 배경으로 인해 발생하는 비생산적인 갈등을 최소화하고 조직이 일사불란하게 움직일 수 있도록 하기 위함이었다. '송파구에서 일을 더 잘하는 11가지 방법'이 탁월하게 보이는 이유는 내용 자체가 직관적이고 피부에 와닿는 구체적인 내용으로 구성되어 있기 때문이다. 내용이 구체적인 만큼 실행에 옮겨질 가능성이 높은 것이다.

또한 이 회사는 그라운드룰을 만드는 데 그치지 않고 이를 늘 강조하는 활동을 게을리하지 않는다. 대표적으로 직원들의 눈에 잘 띄는 곳에 포스트 형식으로 붙여놓고 직원들이 이를 자주 접할 수 있게 한다. 생각해 보자. 회사에서 직원들의 눈에 가장 잘 띄는 곳은 어디겠는가? 일반적인 회사에서는 사무실이나 회의실 벽면을 이용하는 경향이 있는데, 이 회사는 모든 층의 엘리베이터 근처 벽면을 활용한다. 엘리베이터는 직원들이 회사에서 가장 많이 사용하는 공간이기 때문이다. 매일 같이 그것도 매우 빈번하게, 보지 않을래야 않을 수 없는 것이다. 이 외에도 회사 정문 현관이라든지 사내 곳곳에 문장의 일부 내용을 프린트하여 새겨 놓았다. 또한 신규 직원의 입사 프로그램에서 가장 중요하게 다루는 교육 내용이기도 하다. 그 결과이어서 그런지 이 회사는 다른 회사의 벤치마킹의 대상이 될 만한 기업문화와 기업문화를 만드는 노하우를 갖게 되었다.

팀 그라운드 룰

팀의 그라운드 룰을 만들고 실행할 때에는 몇 가지 중요한 고려사항이 있다.

먼저, 팀의 색깔이 분명히 드러나게 만드는 것이 좋다. 팀의 미션과 사업 특성, 조직 문화의 지향점 등을 고려하여 팀의 냄새가 진하게 풍기는 내용일수록 좋다.

둘째, 모든 팀원이 함께 참여하여 만드는 것이 좋다. 통상 팀의 그라운드 룰을 정할 때 팀장의 생각이 크게 반영되는 경우가 많은데, 그럴 경우 내용의 좋고 나쁨을 떠나 팀원들이 그것에 대해 거부감을 갖기 쉽다. 팀장이 자신들을 통제하는 목적으로 만든 것으로 오해할 여지가 있기 때문이다. 모든 팀원의 의견을 수렴하여 만든 것이라면 그것이 실행으로 옮겨질 가능성도 높을 것이다.

셋째, 내용의 가짓수는 적을수록 좋다. 기억할 수 없다면 행동으로 옮겨지지 않는다. 우선순위가 높은 핵심 행동을 중심으로 구성하는 것이 좋다.

넷째, 명확하고 구체적인 내용을 담아야 한다. 그래서 자의적인 해석이나 오해의 소지가 없도록 해야 한다. 헷갈리는 내용일수록 실행력은 떨어진다고 보면 된다.

다섯째, 정해진 그라운드 룰은 예외 없이 엄격하게 적용해야 한다. 융통성이나 예외적인 허용이 있어서는 안 된다. 만약 예외가 발생하는 사안이 있다면 내용을 수정하거나 보완해야 할 것이다. 앞에서 소개한 '우아한형제들'의 '송파구에서 일을 더 잘하는 11가지 방법'은 세 번째 버전이다. 경영 환경의 변화에 따라 내용을 지속적으로 수정·보완하는 것이다. 늘 내용의 신선함을 유지하여 조직 내에서 살아 숨쉬게 하는 것이다.

마지막으로, 그라운드 룰은 주기적으로 강조되어야 한다. 즉, 팀원들이 주기적으로 모여 그라운드 룰이 잘 지켜지고 있는지 확인하는 시간을 가져야 한다. 그렇지 않으면 처음 만들 때와는 달리 아무도 신경쓰지 않을 것이다. 팀원들이 늘 상기할 수 있도록 해야 한다.

이제 팀원들과 함께 고민해 보도록 하자. 보다 나은 성과, 보다 효과적인 팀이 되기 위해 팀에 어떤 행동들이 많아지면 좋겠는가? 팀원들이 함께 머리를 맞대고 팀의 그라운드 룰을 만들어보자.

팀 그라운드 룰을 만들 때 고려사항

- 팀의 색깔이 분명하게 드러나게 한다.
- 모든 팀원이 함께 참여하여 만든다.
- 내용의 가짓수는 적을수록 좋다.
- 명확하고 구체적인 내용을 담아야 한다.
- 예외 없이 엄격하게 적용해야 한다.
- 주기적으로 강조되어야 한다.

팀 문화를 병들게 하는 좀비, 바늘 행동

너무 사소해서 지적할 수 없는!

팀을 관찰하다 보면 많은 팀에서 공통적으로 발견되는 묘한 특성한 가지가 있다. 아마 이 글을 읽는 당신의 팀에서도 이런 일이 존재할 가능성이 크다. 그것은 팀원 누군가의 문제 행동 대한 견제가 이뤄지지 않는다는 점이다. 예를 들어본다.

팀 빌딩 프로그램을 진행하고 있는 상황이었다. 팀원 한 명이 뻣딱한 자세로 앉아 계속해서 동료의 의견을 조롱하는 말을 일삼고 있었다. "그 정도밖에 안돼?", "수준을 알겠다" 등과 같은 말이었다. 제삼자적 관점에서 보았을 때 그 팀원의 행동은 분명 문제가 있었다. 동료의 토론 의지를 꺾는 행동이기 때문이다. 그 팀원의 문제 행동으로 인해 팀 전체가 부정적인 영향을 받고 있는 상황이었다. 그러나 참으로 묘하게도 팀원 가운데 아무도 그의 행동에 문제 제기를 하지 않았다. 심지어 그의 부정적인 행동에 동조하며 따라 하는 팀원도 있을 정도였다. 심지어 팀장 조차도 아무런 조치를 취하지 않았다. 상황이 이렇다 보니 토론의 결과는 뻔했다. 오랫동안 토론을 진행했지만 내용은 한 사람이 정리한 것만도 못한 수준이었다. 정예 멤버의 팀이 오합지졸로 전락하는 광경은 매우 놀라운 것이었다. 누가 봐도 그 팀의 가장 큰 문제는 바로 그 팀원의 나쁜 행동이었다. 그리고 그보다도 더 큰 문제는 그러한 나쁜 행동을 방치하는 팀 분위기였다.

"왜 아무도 문제되는 행동을 견제하지 않는가?"

이 질문은 조직개발 전문가로서 내가 오랫동안 가졌던 가장 큰 의문 가운데 하나였다. 최근에서야 나는 이 질문에 대한 답변을 내릴 수 있었다. 그것은 바로 '사소한 행동'이기 때문이다. 크게 문제가 되는 행동이라면 어떤 식으로든 동료나 팀장으로부터 견제받을 것이다. 가령 성희롱, 횡령, 갑질 등과 같은 사회적으로 지탄받을 행동에 대해서는 오늘 날의 조직은 절대 가만히 두지 않는다. 회사 차원에서도 이를 이른 시간 내에 적발하여 징계 등의 적절한 조치를 취하기 마련이다. 요즘과 같이 비밀이 없는 투명한 세상에서 비윤리적인 행동은 점차 사라지게 될 것이며, 그렇기에 눈에 띄는 비윤리적인 행동이 조직 문화에 미치는 부정적인 영향은 점차 줄어들 수밖에 없다.

문제는 '사소한 행동'이다. 사소한 행동은 윤리적으로는 크게 문제가 되지 않는 행동을 말한다. 사회적으로 지탄받을 성격의 행동도 아니다. 너무 사소한 나머지 오히려 주변의 지적이나 견제가 이루어지지 않는다. 예를 들어 은근히 사람을 무시하는 말투를 사용하는 사람이 있다고 하자. 그의 말투는 늘 주변 사람들을 힘들게 하지만, 그렇다고 해서 그의 말투에 대해 뭐라 지적하기가 애매하다. "말투를 좀 고쳤으면 좋겠어요"와 같은 말을 그에게 전할 수도 있지만 쉽지 않다.

나는 이런 행동을 '바늘 행동'이라고 정의한다. 한번 찔리면 따끔하고 마는 행동이고 한두 번은 참을 수도 있는 행동이다. 하지만 지속될 때는 견딜 수 없는 고통을 준다. 한번 찌른 자리를 계속 찔러댈 것이기 때문이다. 우리는 조직에서 하루 여덟 시간 이상 함께 일한다. 하루 종일 누군가가 바늘로 찔러댄다는 생각을 해보라. 견딜 수 없는 또는 미치게 하는 행동이 되는 것이다. 바늘 행동은 스스로는 전혀 문제의식을 느끼지 않는 행동이기도 하다. 심지어는 너무 사소해서 본인 스스로는 그런 행동을 하고 있다는 사실조차 모르고 있을 가능성도 있다. 본인도 자각을 못하고 주변의 견제도 받지 않으니 바늘 행동은 방치되기 십상인 것이다. 방치된 바늘 행동은 점점 강화되는 경향이 있다. 또한 주변 사람들을 전염시키기까지 한다. 인간인지라 다들 바늘 행동을 가지고 있는데 견제되지 않으면서 눈치볼 게 없는 상황이 되기 때문이다. 결과적으로 팀이 바늘 행동에 의해 망가지는 것이다.

나는 조직을 만날 때마나 그 조직의 바늘 행동을 찾는 일을 자주 한다. 시간도 그리 오래 걸리지 않는다. 구성원들의 의견을 들어보면 30분만 조사해 봐도 웬만한 바늘 행동은 다 찾아낼 수 있다. 최근 한 조직에서 구성원들을 통해 찾은 바늘 행동이다.

우리 조직의 바늘 행동(예시)

- 티나는 일만 하려고 한다.
- 간식 등 소통 자리에 자꾸 빠진다.
- 확실하지 않은 (사실과 다른) 소문을 확산시킨다.
- 누군가에 대한 험담을 한다.
- 일이 생겨도 '누군가 하겠지' 하고 뒷짐지고 있다.
- 업무에서 자꾸 선을 긋는다.
- 자꾸 안된다는 말만 한다.
- 혼자말로 누구에게 하는지 모르는 불평을 한다.
- 전화를 큰 소리로 받는다.
- 자판을 세게 치며 일한다.
- 내 편 네 편을 따진다.

- 의견을 말하지 않는다.
- 건성으로 듣는다.
- 꼭 조금씩 늦는다.
- 회의할 때 딴 짓을 한다.
- 회의할 때 한 숨을 자꾸 내쉰다.

당신의 바늘 행동은 무엇인가?

당신의 팀에서도 잠깐 조사해 보면 이와 같은 바늘 행동을 찾을 수 있다. 팀원들에게 바늘 행동의 취지를 설명해주고 다음과 같은 질문을 한다.

"우리 팀의 발전을 위해 스스로 고쳐야 할 바늘 행동이 있다면 무엇이 있을까요?"

질문 자체가 팀원 개개인에게 다소 공격적인 느낌이 들 수 있다. 하지만 바늘 행동의 취지를 잘 설명해준다면 받아들일 수 있을 것이다. 특히 팀장을 포함하여 시니어 계층이 스스로의 바늘 행동에 대해 먼저 이야기하는 시간을 갖는 등 솔선수범의 자세를 보인다면 더더욱 좋을 것이다. 팀원들이 저마다 스스로의 바늘 행동을 성찰해

보고 동료 팀원들과 공유하는 시간을 갖는다면 이 자체로 팀의 문화가 보다 바람직한 방향으로 발전할 수 있다. 팀원들의 숫자만큼 팀의 변화가 일어날 것이기 때문이다.

이와 같은 팀차원의 활동을 하지 않는다 해도 당신이 어떤 조직에 속해 있는 사람이라면 늘 스스로의 행동을 되돌아봐야 한다. 당신 스스로에게는 지극히 사소한 행동일 수 있지만 누군가에게는 상처를 주는 행동일 수 있기 때문이다. 보다 객관적인 시각으로 자신을 살펴보고 스스로의 바늘 행동을 찾아보자. 그리고 이를 줄이거나 제거하기 위해 노력하자. 이는 누구도 아닌 당신 스스로를 위한 일이다.

조직에 속해 있다는 것은 나 자신을 보다 객관적으로 볼 수 있는 기회를 얻는다는 것과 같은 의미라 할 수 있다. 혼자서는 절대 알지 못했던 자신의 모습을 발견할 수 있게 된다. 몰랐던 자신의 모습을 알게 되면서 변화와 성장이 이뤄지는 것이다.

모든 팀원들이 자신의 바늘 행동을 자각하고 개선하려는 자세를 보이는 팀이라면 더이상 바랄 게 없을 것이다. 팀의 성공을 위해 나 자신의 변화를 만드는 것, 그리고 나 자신의 변화를 통해 팀의 변화와 성공이 가능해지는 것, 이것이 다름 아닌 팀십이다.

팀 슬럼프 극복 방법, 훅보다 잽을 노려라!

팀 슬럼프

혹시 아무도 일하고 싶어하지 않거나 팀원들이 모두 떠나고 싶어 하는 팀에서 일해 본 적이 있는가? 다음의 팀원들 간의 대화를 보자!

"우리 팀에 몇 년만 있으면 딱 바보 되기 십상이야."

"우리 팀은 비전이 없어."

"우리 팀은 갈 데 없는 사람이나 오는 곳이지."

"우리 팀은 아무리 잘해도 인정받을 수 없어."

"우리 팀은 승진과는 거리가 먼 팀이야."

팀 내부에 이와 같은 자기비하적인 이야기들이 오가고 있다면 팀은 그것으로 끝이다. 나는 많은 팀들을 만나면서 팀에도 슬럼프가 있다는 사실을 알게 됐다. 이런 때에는 뭘 해도 안 되고 팀의 상태는 나빠져만 간다.

〈팀 슬럼프의 정의와 증상〉

구분	내용
정의	오랫동안 부진한 성과 등으로 인해 팀원들의 의욕과 자신감이 악화되는 현상
증상	• 팀이 외부로부터 관심이나 인정을 받지 못한다고 생각한다. • 스스로 팀을 비하하는 소리를 일삼는다. • 팀에 대한 애정이 없으며 팀을 떠나고 싶어하는 팀원이 많다.

팀 슬럼프는 크게 두 가지 유형이 있다. 먼저 '지지부진' 유형이다. 예를 들면 이렇다. 중요한 신규 사업을 추진하는 팀이 있었다. 이 팀은 CEO의 많은 관심을 받았고 초기 구성 인력도 매우 훌륭했다. 그런데 안타깝게도 오랫동안 이렇다 할 만한 사업성과를 내지 못했다. 시간이 갈수록 팀원들의 사기는 떨어졌고 더이상 비전이 없다고 생각한 팀원들이 하나둘씩 팀을 떠날 궁리를 하고 있었다.

또 다른 유형은 '콤플렉스' 유형이다. 이런 팀은 스스로 하찮은 일을 수행하고 있다고 생각한다. 팀원들은 팀에 대한 자존감이 낮아 무엇을 해도 회사에서 인정받을 수 없다는 느낌을 갖고 있다. 일을 해도 티가 나지 않으며 일이 잘못될 경우에는 반대로 크게 두드러지는 경향이 있다. 대체로 루틴한 지원성 업무 등을 담당하는 팀이나, 눈에 띄지 않는 사업을 담당하는 팀에서 주로 나타나는 현상이다.

팀 슬럼프의 극복 방법

따지고 보면 '팀 슬럼프'의 근본 원인은 팀 자체에 있다. 팀이 존재하는 이유는 결국 성과다. 인정받을 수 있는 성과를 만들어내지 못하는 팀은 존속하기가 어렵다. 앞에서 TEAM이라는 영어 단어의 의미에 대해 이미 설명한 바 있다. "Together Everyone Achieves More"라는 말에서 네 단어가 모두 중요하지만 여기서 특히 강조하고 싶은 단어는 바로 'More'이다.

이 단어의 의미는 두 가지로 해석될 수 있다. 하나는, 팀은 개인의 성과의 합보다 더 큰 성과를 만들어 내야 하는 곳이라는 의미다. 다른 하나는, 팀은 과거보다 현재에, 현재보다 미래에 더 많은 성과를 만들어내야 한다는 의미다. '팀 슬럼프'가 있다는 것은 팀이 상당 기간 동안 성과 창출 측면에서 정상적인 기능을 수행하지 못했다는 증거일 것이다. 관심과 인정을 받지 못한다고 자포자기할 것이 아니라 오히려 팀의 존재가치를 인정받고자 하는 특별하고 전략적인 노력을 해야 한다.

'팀 슬럼프'를 벗어날 수 있는 한 가지 방법을 소개한다. 그것은 지금 당장 얻을 수 있는 '작고 빠른 성공Quick Win'에 집중하는 것이다. '팀 슬럼프'에 빠진 팀에게는 한 가지 희소식이 있다. 팀이 오랫동안 인정받지 못거나 소외된 상태였기에 팀에 대한 외부의 기대 수준도 낮을 것이라는 점이다. 바꿔 말하면 작은 성과도 쉽게 돋보일 수 있다는 말이다. 섣불리 일의 가짓수를 늘리거나 일거에 전세를 뒤집을 수 있는 대박거리의 일로 승부하려 해서는 안 된다. 그렇게 하면 성공보다는 실패의 가능성이 높다. 그동안 인정받지 못해 왔으니 충분한 자원을 제공받을 수가 없으며 팀원들의 자신감도 떨어져 있을 것이기 때문이다. 슬럼프에 빠져 있는 팀에게는 힘만 들어가고 확률이 낮은 훅이 아니라 가볍지만 타격감이 느껴지는 잽이 필요하다.

팀의 현상을 객관적으로 알고 싶다고 조직 진단을 요청한 팀이 있었다. 이 팀의 상황은 매우 좋지 못했다. 신설 조직임에도 불구하고 달성해야 할 목표가 지나치게 높았다. 게다가 상위 조직으로부터도 충분한 인정이나 지원도 받지 못한 상태였다. 이 과정에서 팀원들은 서서히 지쳐 나갔고 다시 일어설 힘도 없어 보였다. 이 팀에게 가장 시급히 필요한 것은 '작은 성공'이었다. 나는 팀원들에게 팀에서 일하면서 가장 보람이 있었던 때가 언제인지 물어보았다. 그러자 이구동성으로 신규 고객을 유치할 때라고 말했다.

빙고! 이 팀에게 가장 필요한 것은 팀원들이 신규 고객을 유치하는 경험을 보다 자주 갖게 하는 것이었다. 그래서 팀의 에너지를 일단 '신규 고객 유치'라는 아이템에 집중하기로 했다. 어차피 안되는 이런저런 일에 팀의 자원을 낭비할 바에는 일단 되는 일에 팀의 역량을 집중하는 것이 훨씬 더 나은 선택이다. 그래서 뭔가 가시적인 성과를 만들어내면 그 과정에서 팀원들의 자신감도 높아지고 상위 조직에 팀의 존재감을 어필할 거리도 생긴다.

팀이 슬럼프에 빠졌을 때는 일단 팀의 활동 무대를 좁히는 '선택과 집중'의 전략이 필요하다. 그리고 좁혀진 전선에 내부의 역량을 집중적으로 투입해야 한다. 역량을 집중했을 때 성공을 거둘 수 있는 확률이 높아진다는 것은 상식이다. 이와 같은 과정으로 팀원들의 사기를 높이고 그것을 가지고 더 큰 목표에 도전할 수 있는 것이다.

한 가지 예를 더 들어보자. 어느 기업의 연수원에서 있었던 일이다. 연수원은 대표적인 지원 조직으로 '팀 콤플렉스'를 갖기 쉬운 조직이다. 연수원장이 새롭게 부임했다. 그는 연수원에 변화의 바람을 불러일으키고 싶었다. 그러나 초기에 그가 변화의 목표점으로 선택한 것은 교육 프로그램과 같은 시간이 오래 걸리는 일들이 아니었다. 그는 단기간에 과실을 얻을 수 있는 아이템을 선택했다. 그것은 연수원 내의 구내 식당이었다. 음식의 질을 높이는 것을 퀵윈 아이템으로 선정한 것이다. 음식 맛이 좋아야 연수원을 찾는 고객이 늘 것이고, 고객이 많이 찾아야 다른 변화도 도모할 수 있다는 것이 그의 논리였다. 교육 프로그램 등과 같은 본질을 건드리는 접근이 아니어서 그의 선택에 동의하지 않는 연수원 직원들도 많았다. 하지만 결과적으로 그의 선택은 옳았다. 식당 음식의 변화를 통해 얻어진 좋은 평판으로 점차 다른 영역에서도 변화의 동력을 얻을 수 있었다.

기초 체력이 약한 사람이 처음부터 에베레스트 산에 오를 수는 없다. 우선 가볍게 다녀올 수 있는 둘레길이나 동네 뒷산부터 시작해야 한다. 팀의 현재 상황이 좋지 않을수록 과욕은 절대 금물이다. 대신에 비록 작은 것이라도 확실히 눈에 띌 만한 변화를 선택하라. 그리고 선택한 것을 반드시 성공으로 연결시켜라. 성공을 거두는 것이 아니라 성공을 만들어낸다는 표현이 맞다. 하기에 따라 성공은 얼마든지 만들어낼 수 있다. 그 일에 팀의 모든 역량을 결집하면 되기 때문이다. 작은 성공은 팀에 여러 가지 긍정적인 효과를 가져다준다.

먼저 외부로부터 관심과 인정을 받을 수 있게 된다. 최소한 뭔가 그 팀에 변화가 시작됐다는 인식과 향후 행보에 대한 기대를 심어줄 수 있다. 그러다 보면 더 큰 관심과 지원도 요청할 수가 있는 것이다. 다음으로 팀원들은 자신감을 회복할 수가 있다. 성공체험을 통해 스스로 할 수 있다는 믿음을 갖게 된다. 그 과정에서 팀워크 또한 끈끈해질 것이다.

팀원 전체가 모여 '당장 거둘 수 있는 퀵윈 아이템'을 찾아보자. 작지만 눈에 잘 띄는 것일수록 좋다. 또한 쉬운 것일수록 좋다. 그리고 팀원 모두의 역량을 그곳에 집중하라. 이것이 바로 죽어가는 팀을 살리는 가장 효과적인 방법이다.

계획보다 실천이 백 배 중요한
팀 변화 액션 플랜

사람은 그가 속한 집단을 닮는다

예비군 훈련을 떠올리면 누구나 다 아는 이야기가 있다. 이상하게도 예비군복만 입으면 사람들이 평소와 달라진다는 것이다. 전투복의 단추 몇 개는 기본으로 풀어야 하고 상의는 벨트 밖으로 끄집어내 입어야 한다. 느슨하게 풀린 전투화에, 전투모는 머리가 아니라 뒷주머니와 한 몸이다. 세상에 대한 불만이 많아지고 자세와 태도도 불량해진다. 이런 모습이 워낙 흔하다 보니 예비군복을 반듯하게 차려 입은 사람은 왠지 고지식하고 말이 통하지 않는 사람처럼 보일 정도다.

심리학에서는 이를 '동조 이론Conformity Theory'으로 설명한다. '동조 이론'이란 집단의 압력이 개인의 태도와 행동을 무의식적으로 변화시킨다는 이론이다. 바꿔 말하면 사람의 태도와 행동은 그가 속한 사회 집단의 영향을 받아 닮게 된다는 말이다. '동조 이론'은 우리 사회 곳곳에서 찾아볼 수 있다. 예비군복을 입으면 예비군처럼 행동을 하게 되고, 택시를 타면 이상하게도 택시 기사와 한편이 된다. 가정에서는 자녀가 부모의 습관이나 모습을 그대로 닮아간다. 학창 시절 잘 통한다고 생각했던 친구인데 졸업후 우연히 만나보면 전혀 다른 사람이 돼 있다. 각자 몸담고 있는 회사의 문화에 동화된 결과다.

같은 회사라도 일의 성격에 따라 부서마다 팀 문화가 다르다. 돈을 만지는 팀과 사람을 대하는 팀의 문화가 다르고, 이것저것 새로운 아이디어를 찾는 신규사업팀과 사람을 만나 물건을 팔아야 하는 영업팀의 문화가 다르다. 오랜 시간을 두고 화석처럼 굳어진 팀의 문화는 시간이 흐르고 사람이 바뀌어도 잘 변하지 않는 경향이 있다. 개인이 집단을 닮아가는 동조의 덫을 깰 수 있는 방법은 딱 한 가지, 그것은 팀장을 포함하여 팀을 구성하는 모든 주체인 팀원들이 함께 모여 변화를 약속하고 실천하는 것 뿐이다.

요즘 들어 팀워크의 필요성을 인식하여 팀 변화를 위한 계획을 세우는 팀이 많아지고 있다. 이는 분명 과거와는 다른 모습이고 앞으로 이러한 팀은 점차 많아질 것이다. 팀 변화 계획에 담기는 내용을 살펴보면 대체로 다음의 7가지 카테고리로 정리된다.

- 소통 활성화
- 팀원 역량 강화
- 업무 효율화
- 팀 창의력 강화
- 팀원 간 신뢰 형성
- 협업 강화
- 고객 만족

실행 계획보다 점검 계획이 더 중요하다

위의 목록을 보면 어느 것 하나 중요하지 않은 것이 없다. 하지만 결론부터 말하면 이러한 변화 계획들은 대개 실패로 이어지는 경우가 많다. 작심삼일로 대변되는 새해 결심보다 못한 수준이다. 팀 변화 계획은 초기에는 팀원 모두가 이를 준수하기 위해 의식적인 노력을 한다. 어떤 팀에서는 팀원 모두에게 잘 보일 수 있는 장소에 액자와 같은 형태로 붙여놓기도 한다. 그러나 변화 계획은 시간과 사이가 아주 나쁘다. 시간이 지날수록 변화 계획은 실행력이 떨어져 나중에는 아무도 신경 쓰지 않는 심지어 있는지조차 모르는 주인 없는 계획이 되고 만다. 한마디로 '계획 따로, 실행 따로'다. 이러한 상황이 반복되다 보니 변화 계획이 시작부터 맥 빠지는 경우도 발생한다. 변화 계획 수립 시점부터 "저게 제대로 되겠어? 조금 하다가 말 겠지."와 같은 소극적인 생각으로, 별다른 기대를 하지 않는다. 시작 부터 김이 새는 것이다. 팀장도 예외는 아니다. 팀 변화 계획은 그저 팀원들이나 지키는 것으로 여기고 방관하는 팀장들도 꽤 많았다. 이러한 문제점을 해소하기 위해, 성공적인 '팀 변화 계획'을 수립하고 실천하기 위한 방법을 소개하고자 한다.

성공하는 팀 변화 계획은 크게 '현재 수준과 목표 수준', '실행 계획' 그리고 '점검 계획'의 세 가지의 요소로 구성된다. '현재 수준과 목표 수준'는 현재의 기준을 바탕으로 정한 기간 내에 얻을 수 있는 목표 수준을 말한다. '실행 계획'은 목표 이미지를 현실화하기 위한 세부 활동 계획이다. 여기에는 세부 실천 사항과 방법 그리고 책임 자가 포함돼 있어야 한다. 마지막으로 '점검 계획'은 목표에 비추어 실행 계획이 제대로 이행되고 있는지를 살피는 점검 활동 계획이다. 많은 팀의 변화 계획들을 보면 그것에 점검 계획이 빠져있는 것을 자주 목격한다. 그러니 뭔가 실행하겠다는 것은 있으나, 그것이 제대로 진행되고 있는지를 확인할 길이 없다. 종착지는 있는데 현재 어디쯤 와 있는지를 알 수 없는 여행처럼 말이다. 그래서 제대로 가고 있는지에 대한 확신이 없다. 점검 계획이 빠진 변화 계획은 어쩌면 '해도 그만, 하지 않아도 그만'이라는 것과 다름 아니다. 어찌보면 실행 계획보다도 중요한 것이 점검 계획이다. 점검 계획이 없는 실행 계획은 공염불일 뿐이다.

자! 이제 위에 소개한 변화 계획의 세 가지 구성요소를 가지고 변화 계획을 수립하는 실습을 해보자. 예를 들어 당신의 팀에서 '팀원 간 신뢰 형성'을 변화 계획의 주제로 삼았다고 가정하자. 그런데 여기에서 신뢰라는 개념은 사람에 따라 다르게 판단할 수 있는 주관적이고 상대적인 개념이다. 다시 말하면 변화 계획의 시작인 '현재의 수준과 목표 수준'을 측정할 방법이 여의치 않다는 말이다(사실 팀에서 세우는 변화 계획에는 수준을 측정할 방법을 찾기 어려운 주제들이 많다.). 이와 같이 측정이 어려운 주제는 팀원들의 느낌과 생각을 모으는 접근이 가장 효과적이다. 다만 팀원들의 생각을 점수로 환산하는 기법을 덧붙이면 이러한 워크숍을 진행하기가 매우 편할 것이다. 다음과 같이 팀원들에게 질문을 해보자.

"현재 팀원 간 신뢰도는 10점 만점 기준으로 몇 점 정도일까요? 그리고 그렇게 생각하는 이유는 무엇입니까?"

팀원들이 이 질문에 대해 각자 생각하는 점수와 이유를 말하도록 한다. 그리고 각자의 점수를 합산하여 평균을 내면 그것이 팀원 간 신뢰도 수준이 된다. 만약 평균 점수가 5점이라면 팀원 간 신뢰도는 정량적으로 5점이 되는 것이다. 그리고 각 팀원이 점수와 함께 언급한 이유를 들어보고 이를 정리하면 팀원 간 신뢰도 5점에 대한 정성적인 수준의 내용까지 얻을 수 있다.

이제 목표 수준을 정하는 단계로 넘어가면 된다. 그것은 '1개월 후 팀원 간 신뢰도 7점'과 같은 형태가 될 것이다. 다음으로는 실행 계획을 수립하는 단계다. 실행 계획은 현재 수준과 목표 수준 사이의 차이를 줄이는 단계다. 앞의 주제와 연결해서 생각하면 "어떻게 하면 팀원 간 신뢰도 7점짜리 팀이 될 수 있을까?"와 같은 질문에 대해 함께 생각해 보면 될 것이다. 이 질문에 대한 실행 계획으로 " 최소 주 1회 다른 팀원들을 돕는다"등과 같은 내용이 나올 것이다.

마지막으로 이러한 실행 계획이 제대로 지켜지고 있는지 확인할 점검 계획을 세워야 한다. 통상 주 1회 정도의 주기로 점검하면 될 것이다. 물론 점검 책임자도 정해야 한다. 점검 책임자는 실행 계획이 잘 실천되고 있는지 그렇지 않은지를 점검하는 사람이다. 동시에 점검 사항을 주기적으로 팀원들에게 공유하고 잘 실행할 수 있도록 동기부여 하는 사람이다.

〈변화 계획의 구성〉

변화 계획의 구성	내용
현재 수준과 목표 수준	• 현재 수준은 어떠한가? • 목표 수준은 어떠한가?
실행 계획	• 목표 수준을 달성하기 위해 무엇을 함께 실천할 것인가?
점검 계획	• 실행 계획인 제대로 이행되고 있는지 어떻게 확인할 것인가? • 누가 확인할 것인가?

부담없이 실천하는 한 달 프로젝트

변화 계획은 실행에 옮겨질 때만 의미가 있다. 실행하지 않을 거라면 차라리 처음부터 만들지 않는 것이 정신건강에 좋다. 그런데 많은 팀의 변화 계획을 살펴보면 욕심이 과한 경우가 많다. 내용이 너무 많고 거창해서 한숨부터 나오는 것도 있고, 실행 기간이 분기, 반기, 일 년 단위로 너무 길어 중간에 지쳐 제풀에 꺾여버릴 것이 빤한 경우도 있다. 이에 부담감 없이 실행력을 높일 수 있는 '한 달 프로젝트'를 제안한다. '한 달 프로젝트'는 1개월 단위의 실천 프로젝트다. 한 달 프로젝트에서 가장 중요한 것은 실천 과제의 숫자다. 딱 한 가지의 실천과제나 실천행동을 선택하는 것이다. 그리고 팀원 모두가 실천할 것을 약속하면 된다.

여러 개의 변화 과제나 행동을 동시에 추진하기에는 우리의 삶은 너무나 복잡하고 여유가 없다. 또한 인간은 본래 변화를 그리 선호하지 않는다. 여러가지 변화를 동시에 추진한다는 것은 곧 실패하겠다는 말과 다름 아니다. 기간이 한 달인 이유 역시 부담이 없기 때문이다. 한 달 정도는 마음먹기에 따라 쉽게 실천할 수 있는 기간이다.

"까짓 거 딱 한 달만 해봅시다. 어때요? 그 때 가서도 안 되면 할 수 없는 거구요"

팀에서 누군가 이와 같은 제안도 할 수 있지 않겠는가? 한 달 프로젝트를 성공리에 마치면 팀원들은 변화에 대한 성취감을 맛보게 된다. 동시에 또 다른 변화를 추진할 수 있는 자신감을 갖게 된다. 한편 한 달 프로젝트를 마친 후에 원래대로 회귀해 버린다면, 거기에는 분명 노력해도 안되는 다른 원인이 있을 것이다. 그것을 찾아야 한다.

기간을 한 달로 하는 또 다른 이유는 뭔가 변화되고 있다는 느낌을 늘 갖기 위함이다. 팀에서의 변화는 인식의 문제다. 변화하지 않고 있다고 생각하면 변화하지 않고 있는 것이며, 변화하고 있다고 생각하면 변화하고 있는 것이다. 늘 변화하고 있다는 느낌을 갖는 팀은 항상 변화를 추진하는 관성을 갖게 된다. 항상 변화하는 역동적인 팀이 되는 것이다.

이렇게 '한 달 프로젝트'를 실행하게 되면 당연히 팀의 변화 계획은 한 달 간격으로 하나씩 나와야 할 것이다. 한 달에 한 번씩 이렇게 질문해 보자.

"이번 달에는 무엇을 함께 실천해 볼까요?"

그리고 팀원들의 아이디어 가운데 하나를 골라 다음 한 달 동안 함께 실천하는 것이다. 이렇게 한 달에 하나씩 일 년을 지속하면 산술적으로 팀은 일 년에 무려 12가지의 변화를 만들 수 있다.

경계에 있는 일을 찾아
약속을 만들어라

방관자 효과 Bystander Effect

생명의 위험에 처한 사람을 본다면 당신은 어떻게 하겠는가? 아마 대부분은 경찰에 신고하거나 돕겠다고 대답할 것이다. 과연 그럴까? 다음은 미국 뉴욕의 어느 주택가에서 실제로 일어난 일이다. 1964년 3월 13일 새벽 3시경, 키티 제노비스Kitty Genovese라는 여인의 비명 소리가 밤하늘을 갈랐다.

"이 남자가 나를 찔렀어요. 도와주세요."

몇몇 집에서 불이 켜졌고 범인은 달아났다. 하지만 아무 일도 일어나지 않았다. 거리는 조용해졌고, 범인은 다시 나타나 여인을 칼로 찔렀다. 이때까지 그 여인을 위해 무언가를 한 사람은 아무도 없었다. 자리를 피했다가 세 번째로 나타난 범인은 아파트 복도로 비틀거리며 도망가는 여인을 따라가 또다시 찔렀다. 범인의 마지막 공격 후에야 한 주민이 경찰에 신고를 했다. 경찰은 즉시 도착했지만 여인은 병원으로 옮겨지는 과정에서 숨을 거두고 말았다. 이 끔찍한 밤, 비명 소리를 들은 아파트 주민은 모두 38명이었다. 하지만 이들 모두가 '누군가 신고를 하겠지' 생각하며 아무런 조처도 하지 않은 것이다. 이 사건과 관련된 사람들의 심리를 연구하는 과정에서 심리학자들은 이를 '방관자 효과Bystander Effect' 또는 피해자의 이름을 따서 '제노비스 증후군Genovese Syndrome'이라고 불렀다. 방관자 효과는 군중들이 어떤 문제에 봉착했을 때 '누군가가 하겠지' 하며 서로의 책임을 회피하다가 결국에는 아무런 조치도 취하지 않는 현상을 말한다.

"자자! 우리 다 함께 모여 한번 의논해 봅시다. 뭐 좋은 생각 없어요?"

해야 할 일이 생기면 먼저 회의부터 소집하는 팀이 많다. 팀의 일이니 팀원들이 다 같이 모여 이슈를 공유하고 아이디어도 함께 내고 함께 일을 추진하면 일의 성과가 높아질 것이라는 믿음에서다. 예전부터 그래 왔고 안 하는 것보다는 나을 것 같아서 일단 다 같이 모이고 본다. 그런데 이렇게 팀원들이 한자리에 모인다고 해서 일이 잘된다는 보장이 있을까? 오히려 어떤 일에 관여하는 사람들의 숫자가 많을수록 일이 더 안되는 일도 발생한다. 바로 위에서 언급한 방관자 효과 때문이다.

사람의 숫자가 늘어날수록 시너지는커녕 오히려 개개인이 태만해 지는 경향이 있다. 이를 심리학에서는 '사회적 태만Social Loafing'이라고 한다. 참가자들은 자신이 아니라도 일을 할 사람이 많다고 생각하여 굳이 나서려고 하지 않는다. 가뜩이나 제 코가 석자인 상황에서 적 극적으로 나섰다가 괜히 일을 추가로 떠맡게 될까 우려한다. 일이 복잡하거나 난이도가 높아서 성과를 기대할 수 없는 것일 경우에는 더더욱 그럴 것이다.

집단 토론의 효율이 생각보다 높지 않다고 말하는 연구들도 쉽게 찾아볼 수 있다. 토론 시 상호작용이 활발할 경우에는 문제가 없겠 지만, 자칫 직급이 높거나 경험이 많은 사람들에 의해 토론이 주도 될 가능성이 높다. 또한 서로 눈치를 보면서 말을 주저하게 되는 경 우도 있고, 사람이 많다 보니 말할 타이밍을 못잡는 일도 생길 것이 다. 자신이 왜 이 자리에 참석해야 하는지 의문을 갖는 사람도 있을 것이다. 깊이 있는 아이디어와 의무감으로 내뱉은 아이디어가 섞여 어느 것이 좋고 어느 것이 나쁜지 분간이 안 된다. 결과적으로 '탁월 한 아이디어'가 아니라 '모두를 만족시키는 적당한 아이디어'를 선 택하는 우를 범할 수 있다.

여럿이 함께 일하게 되면 그에 따른 기회비용 또한 증가한다. 일 단 모든 사람을 한자리에 불러 모으기가 쉽지 않다. 일정을 관리하 는 사람이 별도로 있어야 할 만큼 이 사람 저 사람의 상황을 고려해 야 한다. 특히 참가자들이 직급이 높거나 중요한 역할을 수행하는 사람이라면 더욱 그렇다. 이런저런 상황을 고려하는 가운데 성과 없이 시간만 흐를 것이다.

팀워크는 희생과 동의어가 아니다

이 세상에 팀워크의 중요성을 알지 못하는 사람은 없을 것이다. 그럼에도 불구하고 좋은 팀워크를 가진 조직은 흔치 않다. 팀워크를 말로만 강조하기 때문이다. 팀워크가 제대로 이뤄지기 위해서는 말로 강조하는 것은 물론이고 팀워크가 이뤄질 수 있도록 눈에 보이는 노력이 뒤따라야 한다. 사람들은 대개 팀워크라는 말을 자기 편의적이고 이기적인 관점에서 사용하는 경향이 있다. 즉, 상대를 위해 자신이 무언가를 해야 한다고 생각하기보다는 상대가 자신을 위해 무언가를 해주기를 원한다.

'착한 직장인 콤플렉스'라는 말이 있다. 동료나 상사의 요청을 거절하지 못하는 직장인에게 생기는 일종의 화병이다. 직장인의 약 70%가 이를 경험하고 있다고 한다. 주변의 이런저런 요청을 다 들어주는 과정에서 업무 과부하가 발생하고 이로 인한 짜증과 화가 유발되는 증상이다. '착한 직장인 콤플렉스'는 누군가의 요청을 거절하지 못하는 개인의 성격상의 문제로 생각하기 쉽다. 하지만 그보다는 팀워크라는 허울 좋은 말로 자기 책임을 다하지 않거나 동료의 공을 가로채는 사람이나, 그것이 가능한 조직의 상황에서 문제의 원인을 찾아야 한다.

팀워크는 희생과 동의어가 아니다. 팀워크라는 말로 동료의 희생을 강요하는 일이 생겨서는 안된다. 동료를 희생시키는 사람이 인정받는 일은 더더욱 있어서는 안된다.

팀워크의 승부처는 '경계에 있는 일'이다

조직의 팀워크 수준을 높이려면 무엇을 해야 할까? 팀워크 수준을 높이려면 무엇보다 팀워크가 필요한 상황을 먼저 정리해야 한다. 대개 팀워크가 필요한 상황은 '경계에 있는 일'이다. 쉽게 말하면 네 일도 아니고 내 일도 아닌 애매하고 모호한 상태의 일을 말한다. 서로 자기 일이 아니기 때문에 방치하거나 미룰 수 있는 일이 바로 팀워크가 필요한 상황인 것이다. 사실 누군가의 책임과 역할이 명확한 일에서 팀워크는 그리 필요하지 않을 수 있다. 책임과 역할이 명확할수록 그 일이 제대로 처리될 가능성이 높기 때문이다. '공동책임은 무책임'이라는 말이 있듯이 조직에서 발생하는 대부분의 문제와 기회는 책임과 역할이 명확하지 않은 상황이나 일에서 발생한다.

언뜻 생각하면 팀워크는 마음과 태도와 관련된 문제라고 생각할 수 있다. 하지만 자기 코가 석자인 사람이 과연 다른 사람과 함께 일할 수 있겠는가? 자기 일도 아닌 일에 나서서 괜한 책임만 뒤집어쓰고 싶어하는 사람이 있겠는가? 남 좋은 일에 자신을 희생하고자 하는 숭고한 뜻을 가진 사람이 얼마나 되겠는가? 팀워크는 조직 차원에서 접근해야 하는 구조적인 문제로 받아들여야 한다. 구조적인 문제라 하는 것은 사람이 아니라, 상황을 바꿔서 해결할 수 있는 문제라는 의미다. 좀 더 구체적으로 설명하면 팀워크는 다음의 두 가지의 질문에 대한 답으로 도모할 수 있어야 한다.

- 우리 팀에서 팀워크가 필요한 일은 어떤 것이 있는가?
- 해당 일을 어떻게 해결할 것인가?

첫 번째 질문은 팀워크가 필요한 일을 찾아 정의하기 위한 질문이고, 두 번째 질문은 팀워크가 필요한 일에 대한 책임과 역할을 정하기 위한 질문이다. 스포츠에서 팀워크가 좋다고 하는 팀의 공통점 중 하나는 다양한 '패턴 플레이'에 능하다는 점이다. 패턴 플레이란 특정 상황에서 선수들이 사전에 정해진 약속한 신호에 맞춰 약속한 대로 움직이는 플레이다. 바로 이것이 스포츠에서 개인의 기량과 구분되는 팀워크의 본질이다. 다양한 패턴 플레이를 갖지 못한 팀은 선수들이 특정 상황에서 개인기에 의존하거나 자기 멋대로 움직이는 과정에서 우왕좌왕할 수밖에 없다. 이는 선수들이 팀워크를 마다해서가 아니라 무엇을 어떻게 해야 할지 몰라서 생기는 결과다.

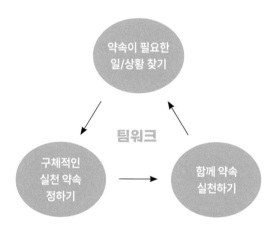

〈약속된 플레이〉

따라서 나는 팀워크를 '약속된 플레이'라고 규정하고자 한다. 먼저 약속이 필요한 일이나 상황을 찾고, 어떻게 플레이할지에 대해 구체적인 실천 약속을 정한 후, 함께 약속을 지키면 팀워크가 발휘되는 것이다. '약속된 플레이'를 말할 때 늘 떠오르는 팀이 있다. 국내 항공사의 승무원 팀이다. 나는 해외에 갈 때마다 우리나라 항공기를 이용한다. 비용은 좀 비싸지만 받는 서비스를 따져보면 항상 남는 장사이기 때문이다. 특히 내가 감탄하는 것은 기내 서비스다. 폭이 1미터도 채 안되는 좁은 복도에서 승무원 팀의 움직임은 예술에 가깝다. 서두르지 않으면서도 필요할 때 정확하고 우아하게 움직이는 승무원들. 실수는 거의 찾을 수 없으며 이들이 제공하는 모든 서비스는 항상 기대 이상이다. 장시간 운행하는 항공기에서 몹시 피곤

할 법도 한데 이들의 얼굴에서는 항상 웃음과 여유가 넘친다. 모르긴 해도 이것 또한 그들이 사전에 정하고 따르는 '약속된 플레이'일 것이다. 이들이 수행하는 모든 일들은 자기 완결적이며 팀워크가 필요한 상황에서는 마치 한 몸처럼 움직인다. 이는 모든 상황에서 스스로 해야 할 일과 동료와 함께 해야 할 일에 대해 정확히 숙지하고 움직인다는 말이다. '약속된 플레이'의 전형이 아닐 수 없다.

낮은 팀워크의 원인을 팀원 간의 관계 탓으로 돌리는 경우도 왕왕 있다. 즉, 팀원 간 사이가 좋지 않아서 팀워크가 안 좋다고 생각하는 것이다. 하지만 팀워크는 팀원 간의 관계만으로 설명되어서는 안된다. 실제 관계가 나쁘지만 팀워크 수준이 좋은 팀도 있고, 관계가 좋지만 팀워크 수준이 낮은 팀도 있다. 앞의 우리나라 항공사 승무원의 팀워크가 탁월한 수준이라고 소개했는데, 솔직히 나는 항공사 승무원들의 관계가 어떤지 알지 못한다. 그들의 사이가 마냥 좋을 거라고 생각하지도 않는다. 중요한 것은 관계가 좋든 나쁘든 상관없이 팀에서는 팀워크가 반드시 이뤄져야 한다는 것이다. 견원지간으로 사이가 안 좋은 사람들을 억지로 친하게 만들 수는 없지 않겠는가? 팀워크는 '약속된 플레이' 차원에서 접근해야 한다. 필요한 상황에 약속이 있는지를 살펴야 하며, 약속이 없으면 약속을 만들어야 하고, 약속을 약속한 대로 잘 지킬 수 있도록 해야 한다. 이것이 팀워크 수준을 높이는 가장 현실적이며 효과적인 방법이다.

모든 것이 완벽할 때 우리는 그것을 빈틈없다고 표현한다. 빈틈없는 팀이 되기 위해서는 우선 팀원 각자가 자신의 역할을 책임지고 완수해야 한다. 그리고 사람과 사람 사이, 역할과 역할 사이, 일과 일 사이의 경계에 존재하는 애매한 위치의 일들을 찾아 약속을 정하고 실천하는 '약속된 플레이'로 해소해 나가야 한다.

Down Team is Down,
Up Team is Up?

우리 팀은 안돼! 어쩔 수 없어!

팀 진단 결과가 매우 안 좋았던 팀이 있었다. 통계적으로 보았을 때 하위 10%에 해당되는 팀이었다. 팀의 발달단계로 따지면 극심한 혼란기 상황이었다. 신설 팀인 데다가 팀원 각각의 출신이 지나치게 이질적이었다. 대부분이 석박사 출신이었지만 이들이 내는 성과는 보잘것없었다. 작은 일 하나 추진하려 해도 저마다의 생각들이 다르고 강해서 되는 일이 없었다. 앞에서 소개한 '아폴로 신드롬'과 같이 팀원 개개인의 역량이 뛰어나다고 해서 팀이 높은 성과를 거두는 것은 아니다. 오히려 이런 팀은 팀원 개개인의 에고가 지나친 나머지 모래알과 같은 모습을 보이는 경향이 있다. 다들 똑똑해서 저마다

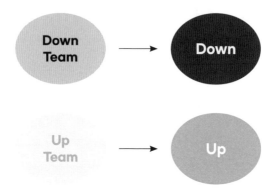

〈팀의 운명?〉

자기주장이 강하기 때문이다. 팀원 개개인의 역량은 팀 성과 창출에 있어 매우 중요한 요소임에는 분명하지만 그것만으로 그 팀이 잘될 거라고 기대하는 것은 무리다.

다시 그 팀으로 돌아가보자. 팀 진단 결과에 대한 피드백을 받고 팀원들은 모두 큰 충격을 받은 듯했다. 팀 분위기가 안 좋은 것은 익히 알고 있었지만 이 정도까지인 줄은 몰랐던 것이다. 이어서 팀의 문제를 정의하고 해결하는 워크숍이 이어졌다. 평소와 같이 팀원들은 저마다 논리 정연하게 자기 생각을 펼치기 바빴다. 어느 것 하나 틀린 말이 없었다. 팀에서 '이것도 해야 한다. 저것도 해야 한다.' 아이디어가 쏟아져 나왔다. 그러나 문제는 의사결정 과정이었다. 아무도 자신의 뜻을 굽힐 줄 몰랐다. 시간이 꽤나 흘렀음에도 불구하고 결정된 것이 없는 지루한 상황이 이어졌다. 투표를 통해 의사결정을 할 수도 있겠지만 투표 방식 자체에 대해서도 반대하는 사람이 있었다. 대놓고 표현하지는 못하지만 쉬는 시간 삼삼오오 모여 "우리 팀은 안돼. 어쩔 수 없어" 하며 고개를 가로젓는 팀원들도 있었다. 모두가 답답함을 느끼고 이후 뭘해야 할지 모르는 답답한 상황이 이어졌다. 모두들 자기 주장을 하기에 바빴다. 그런데 그 가운데 한동안 침묵을 지키던 팀원이 한 명 있었다. 팀원들은 그에게 의견을 청했다. 은근히 그가 자기 편을 들어주기를 바라는 듯했다. 그는 아쉬움이 가득한 표정을 지으며 말했다.

"죄송하지만 이곳에는 제가 원하는 생각이 없어요."

이를 듣고 한 팀원이 짜증 섞인 말투로 물었다.

"왜 그렇게 생각하는 거죠?"

잠시 동안 침묵하던 그는 조용히 입을 열었다.

"저는 우리 팀이 정말 잘됐으면 좋겠어요. 그런데 여기에는 팀에 대한 요구 사항은 많은데 팀을 위해 자신이 뭔가를 하겠다는 의견이 없어요."

우리 팀을 위해 나는 무엇을 기여할 수 있을까?

곁에서 상황을 지켜보던 나에게 그의 말은 신선한 충격으로 다가왔다. 오랫동안 고민해 왔던 것에 대한 해답을 얻은 느낌이었다. 수많은 팀 워크숍을 진행하면서 내가 몸으로 체험한 사실이 하나 있다. 그것은 좋은 팀이 더 좋아지고, 안 좋은 팀은 더 안 좋아진다는 것이다. 좋은 팀은 좋은 팀이 되기 위한 노력을 하기 때문에 좋은 팀이 된다. 성공 경험이 있기에 더더욱 좋은 팀이 되기 위한 노력을 한다. 그러한 노력이 차곡차곡 쌓여 더 좋은 팀이 되는 것이다. 안 좋은 팀은 좋은 팀이 되기 위한 의지도 뚜렷하지 않고 노력도 하지 않는다. 그 결과로 계속 안 좋은 상태의 팀으로 머무는 것이다. 어찌 보면 안 좋은 팀이 되기 위한 길을 선택했다 해도 과언이 아니다. 안 좋은 팀이 되면서 팀원들이 팀에 실망하고 마음이 떠난다. 그 결과로 가뜩이나 안 좋은 상태에서 더 안 좋은 팀이 되는 것이다. 스포츠계에서도 이 같은 경험을 하고 있는 듯하다. 한국 프로야구에서 유행하는 재미있는 표현이 하나 있다.

"Down Team is Down, Up Team is Up."

내려갈 팀은 내려가고 올라올 팀은 올라온다는 의미다. 팀의 이러한 현상을 잘 알고 있기에 나는 조직개발 전문가로서 늘 좋은 팀을 만나기를 바라왔다. 말도 잘 통하고 변화의 강한 의지를 가지고 있는 팀을 만나기를 희망해 왔다. 그래야 팀 워크숍의 효과가 좋기 때문이다. 반면 안 좋은 팀을 만나면 힘은 힘대로 들어가지만 아무것도 건질 게 없는 결과로 이어진다.

"안 좋은 팀이 좋은 팀이 되려면 무엇이 필요할까?"

이 질문이 늘 나에게 고민으로 남아 있었던 것이다. 그의 의견을 듣고 나는 비로소 답을 알게 되었다. 안 좋은 팀이 좋은 팀이 되는 방법은 오로지 한 가지다. 그것은 팀원 모두가 팀을 위해 무엇을 해야 할지 생각하고 그것을 실천하는 것이다. 나빠진 팀 분위기로부터 벗어나는 방법은 팀원 모두가 이에 대한 책임을 공유하는 것이다. 즉, 팀원 각각이 팀을 위해 기여할 점을 찾고 실행에 옮기는 것이다. 이는 매우 어려운 일이지만 이것이 아니면 솔직히 다른 방법이 없다. 스스로 구하는 일 외에는 다른 방법은 없다.

팀의 변화를 만들려면 무엇보다 우선해서 팀원 모두가 팀의 주인이 되는 길을 선택해야 한다. 팀원은 팀의 성공을 위해 어떤 식으로든 팀에 기여할 의무가 있다. 팀원들이 팀의 주인이 아니라 이방인과 같은 모습을 보이는 팀이라면 무엇도 기대할 수 없는 절망적인 팀이 되고 말 것이다. 당신이 어떤 조직에 몸담고 있는 사람이라면 스스로 다음의 질문을 던지고 답을 구하는 일을 해야 한다.

"우리 팀을 위해 나는 무엇을 기여할 수 있을까?"

이 질문은 누가 누구에게 강요하는 질문이 아니다. 팀의 일원이라면 스스로 질문하고 답을 내려야 하는 질문이다.

자신의 강점이나 선호를 바탕으로 관련된 아이디어를 떠올린다면 더욱 좋을 것이다. 너무 거창한 것보다는 현실 속에서 실천할 수 있는 작은 아이디어를 선택하는 것이 좋다. 이를 테면 다음과 같은 행동들이다.

우리 팀에 내가 기여할 수 있는 행동들

- 업무 노하우를 알려준다.
- 일과 관련된 지식과 정보를 수집하여 동료들과 공유한다.
- 동료의 의견에 엄지척을 해준다.
- 바쁜 동료의 일손을 덜어준다.
- 동료의 IT 기기의 트러블을 해결해 준다.
- 피로를 느끼는 동료에게 커피를 서비스한다.
- 사무실 화분에 물을 준다.
- 가장 먼저 출근해 사무실을 정돈한다.
- 회사 근처의 맛집 정보를 모아 동료의 식사 고민을 덜어준다.
- 바쁜 팀원에게 "뭐 도와줄 것 없어?" 질문하고 도와줄 점을 찾는다.

팀 차원에서도 이 같은 활동을 수행해 보기를 권한다. 각 팀원이 팀을 위해 기여할 행동을 생각해 보게 하고 공유하는 시간을 갖는 것이다. 팀원들이 다 같이 모인 가운데 위에서 언급한 질문을 던져 보는 것이다.

"우리 팀을 위해 내가 기여할 수 있는 것은?"

각자 질문에 대한 답을 구해 동료들 앞에서 직접 발표하는 형식으로 진행한다. 공개적으로 말할 때 그것의 실천 가능성은 더욱 높아진다. 그리고 이는 한 번 하고 마는 활동보다 주기적으로 시행하는 것이 좋다. 각 팀원이 실천하기로 계획했던 것을 돌아보고 새로운 계획을 공유하는 형태로 진행하면 된다.

조직에서 발생하는 대부분의 문제는
소통의 부재 또는 소통의 오류에서 비롯된다.

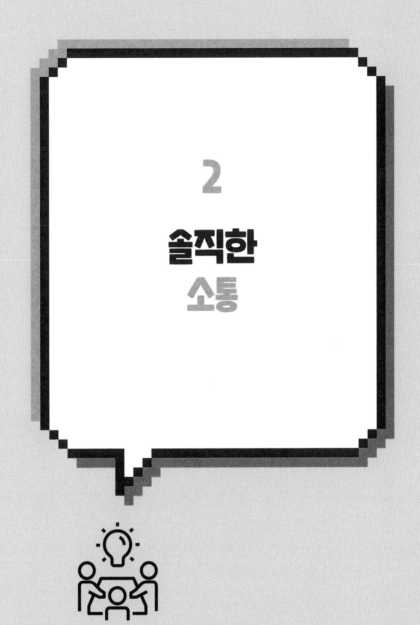

2

솔직한
소통

팀 내 주도성의 총량은 정해져 있다

팀장이 주도하는 팀 vs. 팀원이 주도하는 팀

"도대체 우리 팀원들은 움직이지를 않아. 입이 닳도록 강조해도 꿈쩍도 안 한단 말이야. 내가 팀장이잖아. 팀원이 팀장의 말을 들어야 하는 거 아냐?"

한 팀장으로부터 들었던 푸념이다. 그의 목소리에는 팀원들에 대한 실망과 속상함이 묻어났다. 사실 예전 같으면 상상도 할 수 없던 현실이다. 팀장은 하늘이었고 팀장의 지시는 만사를 제쳐 놓고 무조건 따라야만 하는 것이었다. 그러나 이제는 세상이 뒤집혔다. 이제 팀원들은 자기 생각도 강하고 제아무리 높은 사람의 지시라 해도 불

합리하다 싶으면 따르지 않는다. 심지어 팀장의 지시가 과하다 싶을 때는 팀장을 탄핵하여 팀을 떠나게 하는 경우도 본 적이 있다. 포지션 파워를 내세우는 일처럼 위험한 일도 없다. 팀원의 마음 속에 리더로서의 포지셔닝을 제대로 해야 한다. 이제 리더는 '이끄는 사람'이 아니다. 리더는 '팀원들이 스스로 일할 수 있도록 도와주는 사람'이다. 앞에서 소개한 팀장은 이끄는 사람이 되고자 하였다. 생각해 보라. 누군가가 당신을 이끌려고 한다. 어떤 마음이 들겠는가? 오히려 반발 심리가 들지 않겠는가?

나는 이 팀장의 말을 듣고 이렇게 말했다.

"안할 수 없게 하면 되잖아요?"

학창 시절, 우리는 학교에 다니며 선생님이 내주신 숙제를 하며 살았다. 숙제는 빼먹을 수도 있고 대충할 수도 있지만 본능적으로 숙제를 받으면 해야 한다는 압박감을 받는다. 숙제에 대해 학생들이 보이는 태도는 크게 두 가지다. 적극적으로 하는 학생, 그리고 억지로 하는 학생. 후자의 경우에는 선생님이나 학생이나 모두에게 도움이 되지 않는다. 선생님은 숙제 결과에 대해 실망할 것이며, 학생은 얻는 것 없이 괜한 시간 낭비만 한 셈이 되기 때문이다. 숙제는 적극적으로 하는 사람만이 그것의 효과를 거둘 수 있다.

팀에서 해야 하는 일은 모든 숙제와 같은 것이다. 안하면 안되는 것이며 잘해야 하는 것이다. 만약 대충 해치운 숙제라면 차라리 안하느니만 못하다. 앞선 이야기의 팀장은 팀원에게 숙제를 하도록 시킨 것이다. 하지만 팀원들의 마음은 전혀 고려하지 않았다. 마음이 내키지 않는 일은 차라리 안하는 게 나을지도 모른다. 팀의 숙제, 즉 일은 팀원들의 마음에 내키는 모습으로 주어져야 한다. 어떻게 하면 될까? 방법은 간단하다. 그것은 팀원들이 스스로 숙제를 내게 하는 접근이다. 스스로 내는 숙제만큼 마음이 동하는 일도 없을 것이다.

이 팀장의 가장 큰 고민은 지속적으로 하락하는 고객만족도였다. 어떻게 하면 고객만족도를 향상시킬 수 있을까? 그는 이 고민으로 머릿속이 복잡했다. 그는 팀원들이 자기처럼 이 일에 관심을 가져주길 바랐다. 그런데 어찌된 일인지 팀원들이 이에 관심을 보이지 않았던 것이다.

자! 이제부터 문제를 해결해 보자. 승부처는 팀원들의 마음이다. 팀원들이 이 일을 가장 중요한 일로 받아들일 수 있게 해야 한다. 고객만족도에 대해 이러쿵저러쿵 강조하는 것은 도움이 되지 않는다. 팀원들에게는 그저 잔소리일 뿐이다. 팀장이 말을 많이 할수록 점점 더 팀장만의 고민이 될 것이다. 팀장이 이야기할 것은 딱 한가지다. 그것은 고객만족도와 관련된 사실적인 정보다. 얼마나 심각한지를 관련 데이터와 함께 정확히 알려줘야 한다.

이런 상황에서 "내 생각은 말이야~"와 같이 자신의 생각을 먼저 말하는 팀장도 있을 것이다. 하지만 이는 하수의 접근 방식이다. 이는 팀원들에게 "내 생각이 이러니 내 생각대로 해봐!"와 같은 강요의 의미로 들린다. 그 순간 팀원들의 생각은 멈추고 말 것이다. 팀장은

〈팀 내 주도성 총량〉

팀장 주도팀

팀장의 말 　　　　　팀원의 말

팀원 주도팀

팀장의 말 　　　팀원의 말

팀장이 말을 많으면 팀원이 말을 적게 하고
팀장이 말이 적으면 팀원이 말을 많이 한다.

팀원이 자기 생각이나 아이디어를 자발적으로 말할 수 있는 환경만 만들어주면 된다. 팀원들이 자유롭게 말할 수 있도록 해주어야 한다. 이를 위해 가장 우선해야 할 것은 팀장이 말을 멈추는 것이다. 팀장이 말을 멈추는 순간부터 팀원들은 왜 고객만족도가 떨어지고 있는지, 개선하려면 어떤 노력을 해야 하는지 등에 관한 이야기를 시작할 것이다. 팀원들의 머릿속에 있는 모든 아이디어가 쏟아져 나올 수 있게 해야 한다. 의견 하나하나에 열심히 공감하며 경청하면 된다. 마지막 단계에서는 팀원들의 아이디어 가운데에서 가장 좋은 아이디어를 팀원들과 함께 선택하면 된다. 추가로 담당자와 마감시한을 정하면 될 것이다. 누가 시키는 숙제는 말 그대로 숙제일 수밖에 없지만 스스로 내는 숙제는 프로젝트가 된다.

팀장과 팀원 사이의 주도성의 총량은 정해져 있다. 팀장이 주도적일수록 팀원들은 소극적인 태도를 보이게 된다. 반대로 팀장이 주도성을 내려놓으면 팀원들이 주도적으로 행동한다. 따라서 팀원들이 주도적으로 움직이게 하려면 팀장은 주도하려는 태도를 버려야 한다. 목소리를 낮추고 말을 줄여야 한다. 그래서 팀원들이 주도적으로 일할 수 있는 분위기를 마련해 주어야 한다. 팀원들이 직접 일을 끌고 갈 수 있도록 해야 한다. 팀장이 숙제를 내는 접근이 아닌 팀원 스스로 숙제를 낼 수 있는 분위기를 조성해야 한다. 스스로 숙제를 냈으니 숙제 검사는 누가 해야 할까? 당연히 스스로 숙제를 낸 팀원들이 직접 해야 한다. 스스로 점검하고 피드백하는 방식으로 말이다.

말하지 않으면 말할 때까지 기다린다

지금까지 내가 만났던 팀장 중에 가장 인내심이 강한 팀장을 소개하려고 한다. 그는 어느 해 성과가 매우 낮은 팀에 팀장으로 발령을 받게 되었다. 그 팀은 사내 실적 평가에서 꼴찌를 밥 먹듯 하고 있었다. 이런 상황이니 팀원들의 승진율도 낮았고 의욕도 형편없는 수준이었다. 패배주의로 가득 찬 이 팀은 소위 팀장의 무덤으로 불렸고 아무도 그 팀을 맡으려 하지 않았다. 팀을 맡고 나서 그는 이 팀을 어떻게 변화시켜야 할지 고민했다. 부임한 첫날 오전, 그는 팀 전체 회의를 소집했다. 서로를 탐색하는 긴장감이 도는 시간이었다. 가볍게 인사말을 서로 주고받은 후 팀장은 팀원들에게 다음의 질문을 던졌다.

"팀의 발전을 위한 여러분의 아이디어를 듣고 싶습니다. 어떤 의견이든 좋으니 자유롭게 말씀해 주세요."

하지만 팀장의 질문에 아무도 답변하지 않았다. 묵직한 침묵이 흘렀다. 팀원들은 다음 단계가 무엇인지 아주 잘 알고 있었다. 그것은 "한 사람씩 순서대로 말해 보세요"와 같이 사람을 지목하여 강제로 답변을 끌어내는 방식일 것이다. 그때 의무방어전을 치르듯 대충 생각나는 것 하나를 말하고 나면 그만이다. 오랫동안 몸에 밴 형식이다. 그런데 예상은 보기 좋게 빗나갔다. 팀장은 계속 아무 말도 하지 않은 채 팀원들의 아이디어를 기다렸다. 시간이 흐르면서 팀원들은 당황하기 시작했다. 팀장과 마주 앉아 아무 말 없이 서로의 얼굴만 멀뚱멀뚱 쳐다보는 시간이 지속됐다. 이게 얼마나 힘든지는 경험해 본 사람은 다 안다. 일 분이 마치 한 시간처럼 느껴졌다. 당황한 팀원들과는 달리 팀장의 표정은 너무나 초연하기만 했다. 마치 이 상황을 예견하고 있었던 것처럼 말이다. 침묵의 고통을 견디지 못한 일부 팀원들이 하나씩 의견을 말하기 시작했다. 팀장은 고개를 끄덕이며 그들의 의견을 경청했다. 그리고 의견 하나하나에 감사의 표현을 잊지 않았다. 그렇게 무려 세 시간이 흘렀다.

"벌써 식사 시간이 다 됐네요. 밥 먹고 합시다."

허걱, 팀원들은 어안이 벙벙해져 서로의 얼굴을 바라보았다. 점심 시간이 되면 회의가 끝날 줄 알았던 것이다. 더구나 아무도 말하지 않는 그런 회의가 오후에도 지속된다는 것은 정말 끔찍한 일이었다. 점심 식사 후 한 시부터 회의는 다시 속개됐다. 어쩌다 하나씩 의견이 나오는 그런 회의가 또 다섯 시간 동안 이어졌다. 팀장이 다시 침묵을 깨고 입을 열었다.

"오늘은 이 정도로 하고 내일 계속 이어 진행합시다."

팀원들은 넋이 빠질 지경이었다. 팀장이 먼저 자리를 뜬 사이, 한 팀원이 말했다.

"내일 또 이 같은 회의를 한다면 미쳐버릴거야. 이거 끝나지 않을 것 같으니 다들 아이디어 하나씩 생각해 옵시다!"

이전까지 팀원들이 이렇게 만장일치로 동의했던 일이 없었다. 다음날 이 팀의 역사상 가장 활기찬 회의가 진행됐다. 모두가 아이디어를 내기 시작했고 그 가운데 일부는 곧바로 실천할 수 있는 매우 구체적인 것들이었다. 이후 이 팀은 사내 어느 팀보다도 우수한 회의 문화와 실행력을 갖춘 팀이 되었고 그해 연말에 사상 최고의 실적을 거두었다.

그 팀장의 이야기를 들어보았다.

"팀이 오랫동안 나쁜 성과로 패배주의에 사로잡혀 있었어요. 더 안 좋았던 것은 팀원들이 자신감을 잃고 팀장의 지시만 수동적으로 따르고 있었다는 겁니다. 내가 가장 먼저 해야 할 일은 팀원들의 이러한 태도에 변화를 주는 것이었습니다. 그 방법은 내가 말을 하지 않는 것입니다. 내가 말을 하지 않으면 팀원들이 말을 하거든요. 사실 나는 특별히 할 말도 없었어요. 이 팀에서 오랫동안 일해 온 팀원들이 가장 많이 알잖아요. 잘 모르는 팀장이 말하는 것보다 잘 아는 팀원이 말하는 것이 팀에게 좋은 것입니다."

커뮤니케이션은 시공간을 공유하는 활동이다. 따라서 누군가가 말을 하지 않으면 누군가는 말을 하게 되고, 누군가가 말을 하면 누군가는 말을 하지 않게 된다. 팀장이 말을 하지 않음으로써 팀원들이 말을 하게 된 것이다. 정도의 차이는 있겠지만 말은 책임을 동반한다. 상대가 말하게 한다는 것은 상대의 참여와 책임감을 이끌어낼 수 있다는 것이기도 하다.

일 갈등 vs.
사람 갈등

자리 좀 바꿔주세요

팀원 전체가 함께 참여하는 팀 빌딩 워크숍을 진행하고 있었다. 전반적으로 팀원들이 워크숍에 적극적이었고 외관상 팀 분위기도 좋아보였다. 그런데 쉬는 시간에 한 팀원이 나를 찾아와 조심스레 말을 건넸다.

"죄송한데, 자리를 좀 바꿔주실 수 있을까요?"

숱하게 팀 빌딩 워크숍을 진행했지만 중간에 자리를 바꿔달라는 사람은 처음이었다. 처음에는 그의 좌석이 너무 구석이거나 앞쪽이어서 불편을 느끼는 줄로만 알았다. 무슨 연유인지를 물었다.

"팀에 제가 정말 싫어하는 사람이 있거든요. 그 사람이 바로 제 옆

자리인데, 따로 앉고 싶어요."

귀를 의심했다. 생전 처음 듣는 요구이기도 하고 그 팀에 이런 문제가 있을 거라고는 상상도 못했기 때문이다. 겉보기에는 팀원들의 관계가 아무런 문제가 없는 듯 했으나 안에서는 서로를 경원시하는 분위기가 있었던 것이다. 사실 팀원 간의 친밀도에 관한 문제는 잘 드러나지 않는 경향이 있다. 왜냐하면 그것을 드러내 봐야 서로에게 좋을 것이 없기 때문이다. 그래서 자신과 관계가 안 좋은 사람이 있더라도 굳이 대놓고 드러내지는 않는다. 또한 불편한 관계를 적극적으로 해결하기보다는 굳이 갈등 상황을 만들지 않는다. 그저 거리를 두고 생활할 뿐이다. 속으로는 부글부글 끓지만 내색하지 않으며 서로 엮이는 일을 만들지 않는 것이다. 그러나 팀원 간의 풀리지 않는, 더욱이 보이지 않는 갈등은 서서히 그리고 은밀하게 팀워크를 해친다.

함께 사는 부부 사이에도 늘 다툼이 일어나기 마련이다. 그리고 이는 자연스러운 현상이다. 그러나 금슬이 좋은 부부라면 이러한 갈등을 해결하기 위해 서로 노력한다. 그렇지 않은 부부는 갈등을 회피하거나 갈등이 없는 척하는 쇼윈도 부부로 살다가 자칫 큰 파국을 맞을 수 있다. 계속 강조하지만 팀원 간의 갈등은 매우 자연스러운 현상이다. 그러나 팀워크가 좋은 팀에서는 이러한 갈등이 생길 때 이를 적극적으로 해결하는 노력을 한다. 반면에 그렇지 않은 팀에서는 서로 부딪히는 피곤한 일 자체를 만들려 하지 않고 서로를 외

면한 채 각자도생하며 지낸다. 팀에서 갈등이 일어나는 이유는 대개
다음과 같다.

팀에서 갈등이 일어나는 이유

- 심한 의견 충돌이 있을 때
- 상대방의 능력이나 의욕에 대한 불신이 깊을 때
- 상대로 인해 손해를 본 경험이 있을 때
- 내부 경쟁이 심할 때
- 팀 내 파벌이 있을 때
- 에티켓 없는 행동을 하는 동료가 있을 때

자신과 잘 맞지 않는 사람과는 안 만나는 것이 상책일지도 모른
다. 그러나 일터에서는 다르다. 최소 하루 8시간을 동일한 시공간에
서 함께 보내야만 한다. 좋든 싫든 함께 일하고 생활해야 한다. 밥맛
떨어지는 동료와도 얼굴을 마주보며 밥을 같이 먹어야 한다. 말을
섞고 싶지 않은 동료와도 회의를 함께 해야 하고 출장도 같이 가야
한다. 싫은 사람과 함께 지낼 때 보이게 또는 보이지 않게 소모하는
에너지는 상상을 초월한다. 겉으로는 외면하고 살 수 있을지는 몰라
도 속으로는 골병이 든다.

팀동료들과 한 방향을 바라보고 의기투합하여 일해도 성과가 난

다는 보장이 없다. 하물며 팀원들이 서로 으르렁거리거나 속으로 칼을 갈고 있는 상태라면 기대할 게 없는 것이다. 오해는 없어야겠다. 모든 팀원들이 다 같이 사이좋게 지내라는 말은 아니다. 성격적으로 맞지 않은 팀원들이 굳이 친해지기 위해 애쓰지 않아도 된다. 하지만 속으로 갈등이 곪아 터지는 상황만큼은 피해야 한다. 나쁜 관계가 팀의 일과 성과에 부정적인 영향을 끼쳐서는 안된다. 관계의 문제는 누구도 아닌 당사자들이 직접 풀어야 한다. 그리고 당사자들만의 문제가 아님을 직시해야 한다. 요즘 팀 단위의 조직은 대개 10명 내외의 소규모 팀이 대부분이다. 따라서 한두 명만 사이가 안좋아도 자칫 전체 팀 분위기가 나빠질 수 있다. 혹시 팀동료 누군가와 관계에서 불편함을 느끼고 있지는 않은가? 그렇다면 방치하기보다는 이의 해소를 위해 적극적인 노력을 해야 한다. 이것이 올바른 팀원의 자세이다.

팀장은 팀 내에 서로 불편한 관계에 있는 팀원들이 혹시 있는지 살펴야 한다. 만약 있다면 그들이 스스로 갈등을 해결할 수 있도록 관심을 가져야 한다. 필요에 따라 직접 나서 중재도 할 수 있어야 한다. 개인 차원의 갈등이 팀 차원의 갈등으로 비화되는 것을 막아야 하기 때문이다.

때로는 팀장이 팀원 간 갈등의 원인이 되는 경우도 있다. 팀장으로부터 인정받고자 서로 경쟁하는 상황에서 팀원 간 사이가 나빠질 수 있는 것이다. 참고로 팀장이 팀원 간의 갈등을 부추기는 주요 원인들은 다음과 같다.

팀장이 팀원 간 갈등을 부추기는 주요 원인

- 팀원들을 지나치게 경쟁관계로 내몰 때
- 팀장이 특정 팀원을 편애할 때
- 팀장이 특정 업무만을 챙길 때
- 팀원들에 대한 평가가 공정하지 못할 때

팀에서 발생하는 갈등의 유형은 크게 두 가지다. 하나는 일에서 비롯된 '일 갈등'이다. 일을 수행하는 과정에서 생각의 차이로 발생하는 갈등을 말한다. 예를 들어 특정 이슈에 대해 서로 다른 생각이 맞부딪히는 논쟁을 하였다면 이는 '일 갈등'이라 할 것이다. 다른 하나의 갈등 유형은 사람에 대한 염증으로부터 비롯되는 '사람 갈등'이다. 동료 사이에 서로에 대한 미움과 혐오가 있다면 이는 '사람 갈등'이라 할 것이다.

팀에서 '일 갈등'은 권장 사항이다. '일 갈등'이 권장되어야 하는 이유는 한 방향 목표라는 대전제 속, 일을 보다 잘하기 위한 과정에서 발생하는 갈등이기 때문이다. 이는 팀 시너지의 원천일 뿐만 아니라 팀 성과 창출에도 큰 도움이 된다. 동료들이 서로 다른 생각을 주고받는 과정에서 서로를 통해 배우고 성장하는 부가적인 혜택을

〈 일 갈등 vs. 사람 갈등 〉

구분	일 갈등 (권장 사항)	사람 갈등 (해결 필요 사항)
지향점	한 방향 목표	개인의 자존심 또는 욕심
관점 (감정)	우리의 생각은 서로 달라! 그리고 다른 건 좋은거야. (상대의 의견에 대한 존중 및 상호 학습)	내 생각이 옳아! 네 생각은 틀렸어! (상대에 대한 무시)
결과	일의 성공을 위한 보다 나은 아이디어를 찾는다 (관계가 끈끈해진다)	누군가는 이기고 누군가는 패배한다 (관계가 나빠진다)

누릴 수 있다. 일할 때는 치열하게 싸우지만 한 방향을 보고 일했기에 일을 마치고 나면 더욱 끈끈해질 수 있는 것이다.

그런데 자칫 '일 갈등'이 '사람 갈등'으로 변질되는 경우가 있다. 상대를 누르고 이기려는 자존심 싸움을 하거나, 한 방향 목표가 아닌 자신의 공을 챙기려는 욕심이 보일 때 '사람 갈등'이 발생한다. 결과적으로 서로를 비난하고 멀리하면서 일은 일대로 안 되고 관계는 더욱 나빠지는 것이다.

"저 인간하고는 같이 일을 못해 먹겠어!"
"저 인간 꼴 보기 싫어서 회사를 그만 두던지 해야지!"
"결론은 저 인간이 떠나든지 내가 떠나든지 둘 중의 하나야!"

이와 같은 말들을 알게 모르게 하고 있다면 팀에 '사람 갈등'이 존재하고 있다고 보면 된다. '사람 갈등'은 기를 쓰고 상대를 이기려 하는 갈등이다. 때로는 반대를 위한 반대도 불사한다. 팀에서는 이러한 '일 갈등'이 '사람 갈등'으로 바뀌지 않도록 각별한 주의를 기울여야 한다.

사회 안에서 탄생하는 지식은 특정한 사람의 머릿속에서 고유하게 생겨난 것이라기보다는 그가 몸담고 있는 사회와의 상호작용 속에서 탄생한다. 문득 누구로부터인가 들었던 이야기가 어느 순간 나의 철학과 주장으로 바뀌어 있는 경험을 할 때가 종종 있다. 반대로 나의 이야기가 은연중에 누군가에게 영향을 주어 그의 철학이나 주장이 될 수도 있다. 내 머릿속에서 나온 생각이라고 해서 전적으로 나의 것이라고 할 수도 없고, 상대의 머릿속에서 나온 생각이라고 해서 전적으로 상대의 것이라고 할 수 없는 것이다. 팀 내 존재하는 모든 생각은 팀의 공동 소유물이다. 그리고 공동 소유물 가운데 더 나은 것을 선택하는 것이 팀의 의사결정이다. 이 상황에서는 승자도 패자도 존재할 수 없다.

따라서 누가 어떤 이야기를 했다는 것은 전혀 중요하지 않다. 누구의 주장이라 할 것이 없는 다양한 의견들을 모으고 그 가운데 가장 좋은 것을 선택하고 찾으면 된다. 팀워크가 좋은 팀은 일사불란하게 움직인다. 논의하는 과정에서는 치열하게 싸우지만 일단 팀에서 결정된 사안에 대해서는 가타부타 뒷말이 없으며 팀원 모두가 이를 존중하고 기꺼이 따른다. 반면 팀워크가 나쁜 팀은 의사결정 과정에서 승자와 패자가 결정되어 뒷말이 많아지고 실행력도 떨어질 수밖에 없다.

한편 '사람 갈등'을 조장하는 동료가 있다면 어떻게 해야 할까? 즉, 일방적으로 자기 주장을 하고 동료의 이야기를 무시하는 태도를 보이는 동료가 있다면 어떤 조치를 취하는 것이 좋을까? 매우 피곤한 상황이 아닐 수 없다.

자기 주장을 고집하는 사람은 대개 두 가지의 목적을 가지고 있다. 하나는 자존심이다. 자존심에 상처를 입고 싶지 않기 때문에 자신의 생각을 고집하는 것이다. 그의 의견에는 그의 자존심이 걸려 있다고 보면 된다. 따라서 이런 유형과 함께 일할 때는 가급적 '자존심을 살려주는 공감 화법'을 유지하기 위해 노력해야 한다.

"이런 말씀이신거죠? 제가 듣기엔 이러이러한 측면에서 매우 일리가 있는 말씀이네요."

'공감 화법'은 상대의 의견을 다시 자신의 입으로 되짚어주면서 그것의 긍정적인 측면을 찾아 공감해 주는 화법이다. 이와 같은 공감적 반응만으로도 그는 심리적인 위안을 느낄 수 있다. 자신이 충분히 존중받았기에 다른 사람의 의견도 존중하며 열심히 들을 가능성이 높아진다. 그가 계속 자신의 생각을 고집한다면 이렇게 말해주면 된다.

"네, 좋은 의견 감사드립니다. 지금은 뭔가를 결정하는 단계가 아니라 이런저런 아이디어를 수집하는 단계입니다. 혹시 또 좋은 의견이 있을 수 있으니 다른 의견도 함께 들어보는 게 좋겠습니다"

또한 그의 생각을 보다 확장시켜 주는 질문을 하는 것도 효과적일 수 있다.

"좋은 의견 고맙습니다. 혹시 또 다른 좋은 의견이 있으면 말씀해 주실 수 있을까요?"

한 가지 의견만을 강조하다 보면 자신도 모르게 자신의 의견에 집착하는 현상이 일어난다. 그에게 다른 생각도 함께 떠올릴 수 있는 기회를 준다면 한 가지 생각에 집착하는 일은 줄어들게 될 것이다.

다음으로는 자기 욕심을 채우려는 목적으로 고집을 부리는 동료가 있을 수 있다. 이런 동료는 어떤 식으로 대응하는 것이 좋을까? 앞의 자존심을 내세우는 동료보다도 훨씬 더 어려운 유형일 수 있다. 자존심을 내세우는 동료는 자존심을 채워주는 노력을 하면 되지만 욕심을 내세우는 동료는 자신의 욕심과는 거리가 있는 다른 의견은 절대 받아들이지 않을 것이기 때문이다. 욕심을 내세우는 동료에게는 무엇보다 한 방향 목표를 먼저 생각할 수 있게 해주어야 한다. 즉, 개인적 욕심이 한 방향 목표에 우선되지 않게 하는 것이다. 토론 중간중간에 주기적으로 한 방향 목표가 무엇인지를 상기시켜 주어야 하고 의사결정 상황에서도 한 방향 목표를 최우선으로 놓고 다양한 의견들 가운에 그것에 가장 부합하는 의견을 선택하는 모습으로 진행하여야 한다.

당신의 의견은 소신인가, 고집인가?

팀의 일원으로서 자신의 주장을 내세우고 싶을 때가 있다. 이때 중요한 것은 그것이 소신인지 고집인지를 스스로 알 수 있어야 한다는 점이다. 소신은 사전적으로 '굳게 믿고 있는 바'로 정의한다. 그리고 고집은 사전적으로 '자신의 생각을 바꾸지 않고 버팀'으로 정의한다. 얼핏보면 두 개념의 차이가 별로 느껴지지 않는다. 소신인지 고집인지 쉽게 구별하기 어렵다는 말이다. 따라서 소신인지 고집인지를 가장 잘 판별할 수 있는 사람은 누구도 아닌 바로 당사자다.

한 가지 상황을 제시한다. 만약 팀 회의를 할 때 누군가가 당신의 의견에 대해 강하게 비평을 한다면 당신은 어떤 반응을 보일 것인가? 이때 당신이 논리를 잘 표현할 수 있다면 그것은 소신에 가깝다. 소신 있는 사람은 상대의 비평을 즐기는 경향이 있다. 비평을 공격으로 받아들이기보다는 자신의 의견을 보다 잘 설명할 수 있는 기회로 받아들인다. 이 과정에서 자신이 잘못 생각했거나 미처 알지 못한 점을 배우게 되면 이를 기꺼이 받아들인다. 그리고 자신의 사고를 확장시켜 준 상대에게 감사한다. 이와는 달리 상대의 비평에 기분이 나빠지거나 자존심에 상처를 입는다면 그것은 고집일 가능성이 높다. 감정적인 대응이 앞선다는 것은 자신의 의견을 뒷받침하는 논리를 가지고 있지 못함을 방증하는 것이다. 스스로 감정적으로 흔들리고 있다는 느낌이 들면 우선 주장하는 활동을 멈추는 것이 좋다.

그리고 생각을 정리할 수 있는 시간을 가져야 한다. 감정이 흔들린다는 것은 두뇌가 정상적으로 작동하지 못하고 있다는 증거다. 이런 상황에서 생각을 내뱉는 것은 팀에게도 자신에게도 좋을 것이 없다.

자신의 의견이 오류가 있거나 동료의 의견이 자신의 것보다 더 낫다는 판단이 서면 비록 자신이 내내 주장했던 의견일지라도 과감히 접는 용기를 가져야 한다. 팀원들과 싸워 이기려는 것이 아니지 않는가? 중요한 것은 내 자존심도 아니고 욕심도 아니다. 공동의 목표가 최우선이 되어야 한다. 공동의 목표를 최우선으로 놓는다면 자존심이나 욕심은 아무것도 아니다.

〈 소신 vs. 고집 〉

소신	고집
• 굳게 믿고 있는 바 • 객관적 사실과 논리 • 상대의 생각이 옳을 때 기꺼이 수용	• 자신의 생각을 바꾸지 않고 버팀 • 자존심을 건 주장 • 끝까지 우기기

우리 팀장은
왕따?

우리 팀장은 도대체 말이 안 통해!

상하 간의 소통에 심각한 문제가 있는 팀을 만났다. 팀 진단을 해 보니 팀원들은 대부분 팀장에게 호감을 느끼지 못했고, 팀장과 팀원 사이의 거리감도 큰 것으로 나타났다. 결과가 너무 좋지 않아 피드백조차 할 수 없는 수준이었다. 상하 간의 소통에 문제가 있는 팀은 늘 사고가 터지기 마련이다. 현장에서 끊임없이 발생하는 다양한 문제들이 제때에 팀장에게 보고가 되지 않을 가능성이 높기 때문이다. 업무 현장은 늘 문제들이 발생하기 마련이고 제때 소통이 되어 적기에 조치를 취할 수 있어야 한다. 그랬을 때 문제의 해결은 물론이고 오히려 새로운 기회를 만날 수도 있다. 하지만 그렇지 못하다면 현장의 다양한 문제들이 방치되어 대형 사고로 이어질 수 있는 것이다. 다시 해당 팀으로 돌아가보자. 이 팀은 표면적으로는 팀장이 팀원들에게 거리를 두는 모습으로 보였으나, 다른 각도에서 보니 팀장이 팀원들로부터 왕따를 당하는 모습으로 해석이 되었다. 혹시 이 글을 읽으면서 "우리 팀은 안 그럴 거야"라고 생각한다면 잘 따져 보기 바란다. 정도의 차이는 있지만 팀장이 팀원들로부터 왕따 당하는 현상은 조직 사회에서 흔하게 찾아볼 수 있다. 다음은 팀원들이 팀장에 대해 자주 하는 말이다. 혹시 당신의 팀에도 이런 현상이 있지는 않은지 잘 살펴보기 바란다.

"우리 팀장은 도대체 말이 안 통해!"
"우리 팀장은 너무 권위적이어서 다가가기 어려워!"
"우리 팀장의 답정너야!"
"우리 팀장은 너무 바빠. 만날 시간이 없어!"
"우리 팀장은 윗분들에게나 관심이 있지, 우리에겐 관심이 없어!"
"우리 팀장과 밥 먹으면 체할 것 같아!"

소통은 상대에 대한 존중이다

직장에서 윗사람과 소통이 잘된다고 말하는 사람의 비율은 얼마나 될까? 이 질문에 '예!'라고 말하는 사람은 그리 많지 않을 것이다. 우리 조직 사회가 확실히 달라지고는 있는 것은 사실이지만 여전히 갈 길은 멀어 보인다. 상하 간의 소통의 문제가 발생하는 대표적인 원인은 무엇일까? 딱 한 가지를 꼽는다면 바로 '위계질서' 때문이다. 수직적인 위계질서가 강조되는 조직 풍토 속에서는 상하 간의 솔직하고 원활한 소통은 애초에 기대하지 않는 것이 좋다. 근래 많은 조직이 수평적인 조직 문화를 만들기 위해 많은 노력을 하고 있는데, 이는 솔직하고 원활한 소통을 위한 것임을 이해할 필요가 있다.

나는 여러 팀들을 대상으로 다음의 흥미로운 실험을 해보았다. 똑같은 주제를 주고 한쪽 그룹은 팀원끼리 회의를 하게 하고 다른 한쪽 그룹은 팀장과 팀원이 함께 회의를 하게 했다(편의상 전자는 '팀원 그룹'이라 하고 후자는 '팀장 포함 그룹'이라고 하자.). 회의 종료 시간은 명확히 알려주지 않고 대략 10분쯤 진행하겠다고 말했다. 그 후 두 그룹의 '회의 진행 시간'과 회의 결과인 '아이디어의 양'을 따져보았다. 상하 간의 소통에 문제가 없는 팀은 두 그룹에서 별다른 차이점이 발견되지 않았다. 하지만 상하 간의 소통에 문제가 있는 팀에서는 극명한 차이가 발생했다. '팀장 포함 그룹'은 '팀원 그룹'보다 토의 진행 시간이 평균 10% 이상 짧게 나타났다. 그리고 아이디어의 양적인 측면에서도 팀원 그룹보다 훨씬 못미치는 결과를 보였다. 팀장과 팀원 간의 소통이 원활하지 못한 조직은 확실히 토론의 질적/양적 측면에서 수준이 떨어지는 것으로 나타난 것이다.

소통은 상대를 자신과 똑같은 존재로 인정하고 존중할 때 가능해지는 것이다. 제아무리 소통의 기교로 무장하고 소통의 시간을 늘린다 한들 상대를 무시하거나 하대하는 분위기라면 마음이 통하는 소통은 절대로 일어나지 않는다. 소통을 하려고 노력할수록 더욱 상황은 악화될 것이다. 국내의 한 스타트업의 임원이 직원들과의 소통을 하고 싶어 원온원1 ON 1 소통을 시작했더니 직원들의 퇴직율이 급격히 올라갔다는 웃지 못할 이야기도 전해진다. 소통을 하는 것 자체가 중요한 게 아니라 소통을 어떻게 하느냐가 중요한 것이다.

직원을 아랫사람으로 보는 관점에서는 소통이 이뤄질 수가 없다. 소통은 직원을 자신과 동등한 존재로서 인정하고 받아들일 때만이 가능하다.

권력거리지수

말콤 글래드웰의 저서 〈아웃라이어Outlier〉에는 네덜란드 사회학자 기어트 홉스테드Geert Hofstede가 제시한 '권력거리지수Power Distance Index, PDI'라는 흥미로운 메시지가 담겨 있다. 권력거리지수는 '특정 문화가 위계질서와 권위를 얼마나 존중하는지를 나타내는 지수'를 뜻한다. 쉽게 말해, "직원들이 관리자의 의견에 동의하지 않음에도 불구하고 두려움 때문에 그것을 드러내지 않는 일이 얼마나 자주 발생하는가?"라는 질문에 대한 반응이다. 지수가 높을수록 사람들이 상하 간의 거리감을 보다 크게 느끼고 윗사람의 권위에 함부로 도전하지 못함을 의미한다. 여기에서 우리나라는 전 세계에서 권력거리지수가 브라질에 이어 2위를 차지하고 있다고 한다. 그만큼 우리나라 사람들이 권위의 힘에 매우 약하고 윗사람을 대할 때 매우 조심스러워하는 성향을 가지고 있음을 뜻한다. 이는 우리나라 조직 사회에서 오랫동안 뿌리깊게 자리 잡아온 행동양식으로, 변화가 심한 블랙스완의 시대에서는 취약성을 드러낼 수밖에 없다. 이전에 경험해본 적이 없는 긴급하고 심각한 문제가 발생했을 때는 더더욱 그렇다.

조직에서 발생하는 문제점에 대해 가장 늦게 아는 사람이 바로 리더라는 말이 있다. 직원들은 늘 접점에서 고객과 다양한 이해관계자들을 만나기 때문에 현장감 있는 정보들을 가지고 있다. 그래서 조직이 올바른 방향으로 나아가려면 무엇보다도 현장 직원의 생각이 의사결정에 반영될 수 있어야 한다. 비록 리더가 의사결정한 사항이라 하더라도 변화 상황에 적합하지 않은 것이라면 현장 직원의 직언을 통해 교정될 수 있어야 한다.

하지만 상하 간의 거리감이 심한 팀에서는 팀원들이 팀장에게 직언하는 것을 꺼린다. 심각한 이야기도 완곡하게 에둘러 전달된다. 이러다 보니 팀장의 입장에서는 문제의 심각성을 느낄 수가 없다. 들어도 그만, 듣지 않아도 그만인 이야기일 뿐이다. 결국 팀장이 뒤늦게 문제의 심각성을 깨닫는 순간이 오겠지만 만시지탄晩時之歎의 형국을 피할 수 없을 것이다.

팀장은 팀원들이 두려움 없이 어떤 말이라도 자유롭게 말할 수 있는 분위기를 조성해야 한다. 팀원들로부터 "팀장님 생각에는 이러이러한 문제가 있습니다"와 같은 표현이 부담없이 나올 수 있도록 허용해야 한다. 오늘날과 같이 정답이 없는 세상에서는 모두가 머리를 맞대고 함께 답을 찾아가는 여행을 해야 한다. 여기에 상사와 부하 직원이라는 말은 어울리지 않는다. 이제 팀장과 팀원의 관계는 동반자이며 파트너의 관계로 발전해야 한다.

일 앞에서는 모두가 평등하다

요즘 위계질서의 폐해를 극복하고자 직급 파괴를 선언하는 회사들이 급격히 늘어나고 있다. 특히 직원들의 창의적인 아이디어를 기대하는 회사일수록 그렇다. 우연히 한 광고 회사의 회의를 참관한 적이 있다. 사원부터 임원까지 함께 모여 광고 수주를 위한 아이디어를 모으고 있었다. 그들의 회의는 놀라웠다. 인상을 구기며 임원의 아이디어에 대해 신랄하게 비판하는 직원이 있었는데 알고 보니 팀의 막내 사원이었다. 겉모습만으로는 도대체 누가 사원이고 누가 임원인지 알 수가 없었다. 이 팀에서 유일하게 중요한 것은 아이디어였다. 아이디어를 찾는 데 있어 윗사람의 체면은 전혀 중요한 고려사항이 아닌 것이다. 일 앞에서는 모두가 평등하다. 팀이 존재하는 이유가 무엇인가? 일을 잘 하려는 것 아닌가? 팀은 누구를 모시고 모심을 받는 곳이 아니다. 직책이나 직급을 부숴라. 그런 것은 애초에 존재하지 않는 것처럼. 팀 내 위계질서를 무너뜨리기 위한, 즉 상하간의 수평적인 소통을 가능하게 하는 팀장의 행동은 다음과 같다.

수평적 소통의 조직 문화를 만드는 팀장의 행동

1. 말수를 줄인다. 팀장의 말이 없을수록 팀원들이 말을 많이 하게 된다.
2. 팀원이 말할 때는 경청의 수준을 넘어 배운다는 마음으로 듣는다.
3. 엄근진(엄격, 근엄, 진지) 하지 않으며 가급적 밝은 표정을 짓는다.
4. 팀원이 주도적으로 하는 일에는 가급적 간섭하지 않는다.
5. 당신의 의견에 반대하는 팀원이 있다면 오히려 칭찬을 해준다.
6. 회의 때 귀퉁이에 앉는다. 팀원 중심의 회의가 이뤄지게 한다.
7. '라떼' 이야기를 하지 않는다.
8. 팀원 의견에 적극적이고 긍정적인 리액션을 한다.

이 가운데 당신에게 해당되는 행동은 몇 가지나 되는가? 팀원이 당신에게 먼저 다가올 수 있게 하려면 어떤 행동을 많이 해야 할 것 같은가?

팀장과의 자리가
마냥 힘든 팀원에게

난 우리 팀장과 코드가 안 맞아!

팀장이나 윗사람에게 불편함을 느끼는 팀원들이 많다. 예를 들어 팀장과 함께 식사를 하고 나서 소화불량을 호소하는 팀원도 많다. 그런데 대체로 팀장에게 인정받는 팀원들은 팀장과 함께 일하고 소통하는 것을 불편해하지 않는다. 아니 불편해하지 않는 것이 아니라 불편함을 기꺼이 감수한다는 표현이 더 적합할 것이다. 그들은 공식적인 만남이든 비공식적인 만남이든 상관없이 팀장을 만나면 평소에 하지 못했던 말을 건네거나, 팀장과의 생각을 좁히고 조율하거나, 의사결정을 받아내는 기회로 활용한다. 호시탐탐 팀장과 더 잦은 그리고 더 많은 시간을 보내기 위해 노력한다.

반면에 인정받지 못하는 팀원들은 팀장과의 만남 자체를 회피하는 경향이 있다. 만날 때마나 불편해하고 어색함을 느낀다. 어지간하면 팀장과 조우하려 하지 않고 함께 있는 시간마저도 빨리 끝나기를 바란다. 만나도 특별히 할 말도 없다. 대화를 주도하기보다는 질문에 답변하는 수준의 소극적이고 조심스러운 소통을 한다. 그래서 팀장과 만나고 나면 늘 찜찜한 기분이 들며 이런 말로 스스로를 위안한다.

"난 아무래도 우리 팀장과 코드가 안 맞는 것 같아!"

그런데 팀장도 엇비슷한 생각과 느낌을 갖는다는 것을 아는가? 인간관계는 상호작용일 수밖에 없다. 자신과의 소통을 불편해하는 팀원을 선호하는 팀장이 있을까?

팀장과 소통이 안 되는 팀원에게 공통적으로 나타나는 증세를 인터뷰를 통해 조사해 보았다. 다음의 열 가지의 행동으로 정리할 수 있었다. 이 가운데 다섯 가지 이상에 해당된다면 팀장과의 소통에 문제가 있는 것이라 보아도 좋다. 더불어 팀장과의 소통의 문제를 해결하기 위해 조치를 취해야 할 것이다.

팀장에게 불편함을 느끼는 팀원의 증세

- 팀장과 식사하는 자리가 불편하다.
- 팀장을 만나면 별로 할 얘기가 없다.

- 업무지시를 잘 못 알아듣고도 질문하지 않는다.
- 팀장 앞에서 말을 더듬는 경우가 많다.
- 팀장이 사무실을 비우면 마음이 너무 편하다.
- 팀장을 설득하는 것에 자신이 없다.
- 팀장의 의견에 동의하지 않아도 그냥 따른다.
- 팀장이 호출하면 뭔가 문제가 있나 하는 걱정이 앞선다.
- 평소 팀장에게 다가가지 않는다.
- 팀장 때문에 다른 곳으로 떠나고 싶은 마음을 가질 때가 있다.

팀장과 소통을 잘하는 방법

상하 간의 소통이 잘 이뤄지려면 쌍방의 역할이 모두 중요하다. 팀장도 노력해야 하지만 동시에 팀원도 함께 노력해야 한다. 팀장에게 불편함을 느끼는 이유는 무엇일까?

이유는 크게 두 가지다. 첫째는 팀장의 관심사나 고민에 대한 이해가 부족하기 때문이다. 팀장을 만나면 대화거리가 없는 것이다. 팀장이 당신이 하는 일에 관심이 많고 성격도 좋은 사람이라면 만날 때 말이 통한다는 느낌이 들 것이다. 그것은 팀장이 당신과 소통하기 위해 많이 애쓰고 있기 때문이다. 팀장이 애쓰기 때문에 팀장과 통한다는 느낌을 갖게 된 것이다. 여기에는 당신의 어떠한 노력도 들어가지 않았다. 당신 역시 팀장과 통하기 위한 노력을 해야 한다. 팀장의 관심사가 무엇인지 그가 요즘 가장 크게 하는 고민은 무엇인지를 알아야 한다. 그래야 팀장과 만날 때 원활한 소통을 할 수 있다.

태생적으로 권위에 취약함을 보이는 사람 유형이 있다. 나이가 많거나 직급이 높은 사람을 만나면 자신도 모르게 불편해지고 위축이 되는 특성을 보인다. 본인 스스로가 이런 유형에 가깝다면 더더욱 애쓸 필요가 있다. 생각해 보라. 아무리 수평적인 문화를 지향한다 해도 조직은 어느 정도의 위계가 존재할 수밖에 없다. 이러한 위계에서 어려움을 느낀다면 조직 생활 내내 스트레스에서 벗어나기 어려울 것이다. 현재 당신의 팀장에게 불편함을 느끼는 상황이라면 당신의 취약성을 극복할 수 있는 좋을 기회로 삼아야 한다. 소통을 잘하는 윗사람을 만나고 싶겠지만 어디까지나 당신의 희망사항일 뿐이다.

당신은 당신의 팀장을 절대 바꿀 수 없다. 하지만 당신은 당신 스스로는 바꿀 수 있다. 앞에서 언급한 것처럼 인간관계는 상호작용이어서 당신이 바뀌면 상대도 당신에 의해 바뀔 가능성이 높아진다.

요즘 당신의 팀장은 무엇에 관심이 많고, 무엇을 주로 고민하는가?

이 질문에 대해 주기적으로 답변해 보는 시간을 가져보기 바란다. 그러면 팀장을 만났을 때 보다 자신감이 생길 것이다. 상대의 관심사와 고민거리를 알고 있다는 것은 대화가 가능한 상태가 되었다는 것을 말한다. 사랑하는 사람이 생길 때 사람들이 본능적으로 하는 행동 한 가지가 있다. 그것은 상대의 관심사를 파악하는 것이다. 관심사를 파악해야만이 상대의 마음을 얻을 수 있다는 것을 잘 알기 때문이다.

다음으로 당신이 팀장에게 불편함을 느끼는 또다른 이유는 팀장에 대한 호감이 낮기 때문이다. 제아무리 상대가 중요한 사람일지라도 호감이 느껴지지 않는다면 만나는 것 자체가 힘겨운 일일 수밖에 없다. 처음부터 호감이 생기는 사람이라면 너무나 좋겠지만 세상에 그런 사람이 어디 있겠는가? 심지어 가족도 싫어질 때가 있지 않은가? 호감이 생기지 않는다면 없는 호감이라도 만들어야 한다. 그와 함께 존재하는 한 당신은 그의 영향 속에 있을 수밖에 없다. 그와 좋은 관계를 형성하지 못한다면 팀에서의 당신의 커리어 또한 나빠질 것이다. 그렇다면 상대에 대한 호감은 어떤 식으로 높일 수 있을까?

가장 손쉬운 방법이 있다. 그것은 상대의 좋은 점을 찾아보는 것이다. 한번은 워크숍 중에 팀장과의 관계가 어렵다고 호소하는 팀원의 질문을 받은 적이 있다. 나는 그에게 이런 질문을 했다.

"혹시 최근에 팀장에게 칭찬을 해본 적이 있습니까?"

그는 어이없다는 표정을 지으며 "없다"고 대답했다. 나는 그걸 할 수 없다면 계속 관계는 어려워질 수밖에 없다고 말했다. 흔히 칭찬은 윗사람이 아랫사람에게 하는 것이라고 생각하는 경향이 있다. 그러나 칭찬은 아랫사람이 윗사람에게도 하는 것이다. 좋은 점이 보인다면 그가 윗사람이든 아랫사람이든 해야 하는 것이 칭찬이다. 앞에서 소통은 상대를 존중하는 것이라고 했다. 윗사람과 소통을 하려면 윗사람을 존중해야 한다. 존중의 가장 대표적인 행동이 칭찬이다. 윗사람도 아랫사람만큼 칭찬받기를 좋아한다.

나는 앞서 이야기했던 워크숍에서 참가자들에게 그들 팀장의 좋은 점 열 가지를 찾아 적어보라는 제안을 했다. 일부 어려워하는 참가자들도 있었지만 시간을 충분히 주었더니 대부분 열 가지 이상을 채웠다. 그리고 그것을 문자로 팀장에게 보내도록 했다. 다음날 회신율을 조사해 보았더니 무려 90%가 넘었다. 회신을 받지 못했던 나머지 10%의 참가자도 이후 회신을 받았을 거라 확신한다. 회신받은 내용을 살펴보았더니 대부분 감사 표현 등의 긍정적인 내용 일색이었다.

물론 아부처럼 느껴져서 도저히 못하겠다는 참가자도 있었다. 나도 그의 마음을 백퍼센트 이해한다. 아부는 해서는 안되는 것이다. 아부는 윗사람과의 관계를 개선하는 효과가 있을 수는 있지만 동시에 다른 동료들로부터 지탄을 받을 수 있는 행동이기도 하다. 또한 아부에 질색하는 팀장도 있으므로 자칫 스스로의 이미지만 해치는 역효과가 나타날 수 있다. 스스로에 대한 자괴감도 생길 것이다. 굳이 이렇게까지 하면서 직장생활을 할 필요가 있나 하는 마음 말이다. 아부는 해서는 안되는 것이지만 칭찬은 해야 하는 것이다. 칭찬과 아부의 차이는 그것이 사실에 기반을 두고 있는지 아닌지에 있다. 분명한 사실에 기반을 두고 있다면 그것은 칭찬이며 반드시 해야 하는 것이다.

지금부터 팀장에게 할 수 있는 칭찬거리를 찾아보자. 그리고 기회가 될 때마다 그것을 그에게 말해 주자. 굳이 팀장에게 전하지 않아도 칭찬거리를 찾는 과정에서 팀장에 대한 호감이 높아질 것이다. 그리고 당신으로 부터 칭찬을 받은 팀장도 역시 당신에게 호감을 느끼게 될 것이다.

자, 이렇게 팀장과 소통을 잘하기 위해 도움이 되는 활동 두 가지를 소개했다. 혹시 이런 고민이 들지 모른다. '굳이 이렇게까지 해야 하는가?' 이에 대한 나의 답은 "그렇다"이다. 이는 팀장을 위해서가 아니기 때문이다. 팀장과의 소통을 잘 해야 하는 이유는 누구도 아닌 나 자신을 위한 것이기 때문이다. 어느 조직이든 왼팔, 오른팔로 불리는 조직의 2인자가 있다. 그런데 과연 2인자는 2인자의 역할을 수행할까? 나는 그렇게 보지 않는다. 2인자는 사실상 1인자의 역할을 수행한다. 조직의 중요한 일의 기획과 실행은 2인자를 통해서 이뤄진다. 조직 생활을 조금이라도 해본 사람이라면 이를 잘 알것이다. 이를 언급하는 이유가 당신이 2인자가 되라는 뜻은 아니다. 윗사람과 소통이 되고 신뢰 관계에 있는 사람은 자기 뜻대로 일을 할 수 있다는 것을 강조하기 위해서다. 당신이 팀장과 관계가 서먹하고 소통이 잘 안되는 상황이라면 당신은 일을 수행하는 데 많은 지장을 느낄 것이다. 당신 뜻대로 할 수 있는 일이 거의 없을 것이기 때문이다. 팀장과 소통이 잘 된다는 것은 당신 뜻대로 할 수 있는 일이 많아진다는 것이다. 다른 말로 하면 당신의 업무 재량권이 커진다는 말이기도 하다.

팀 의사결정 워크숍 "내가 만약 팀장이라면"

가장 이상적인 조직의 의사결정은 팀 멤버 전체의 집단지성이 함께하는 의사결정이다. 그랬을 때 의사결정의 수준도 높고 결정된 사항에 대한 실행력도 높아질 것이다. 이런 관점에서 팀원 모두가 참여하는 의사결정 워크숍 방법 한 가지를 소개한다. 워크숍의 제목은 "내가 만약 팀장이라면"이다. 팀에서 중요한 의사결정을 해야 할 때 이 워크숍을 적용한다면 도움이 될 것이다. 이 워크숍의 취지는 팀원들에게 시야를 보다 넓게 가질 수 있도록 하기 위해서다. 대개 사람들은 자기 관점에서 의견을 내는 경향이 있고 자기 관점에서 의견을 내다 보면 불필요한 충돌과 갈등을 경험할 수 있기 때문이다. 방법은 다음과 같다.

1단계는 팀원 모두가 아이디어를 각자 정리하는 단계다. 각 팀원은 모두 스스로를 팀장이라고 생각하고 팀장의 관점에서 자신의 아이디어를 정리하여 A4용지에 적는다. 이때 진행자는 가급적 이해하기 쉬운 용어로 구체적으로 적을 것을 요청한다. 또한 타인이 읽는 데 어려움이 없도록 또박또박한 글씨로 정자로 적을 수 있게 한다. 이렇게 각 팀원이 자신의 아이디어를 A4용지에 기록했다면 진행자는 그것을 구겨서 공모양으로 만든 다음 중앙으로 던질 것을 요청한다. 이제 구겨진 종이뭉치들이 중앙에서 서로 섞여 누구의 것인지 알 수 없는 상황이 된다.

2단계는 동료 팀원의 아이디어를 자기 것으로 소화하는 단계다. 진행자는 각 팀원에게 중앙에 던져진 종이뭉치를 하나씩 가져가도록 요청한다. 각 팀원은 자신이 선택한 종이뭉치를 펴서 기록된 아이디어를 개인적으로 읽는다. 여기에서 중요한 것은 비록 동료의 것이라도 자신의 아이디어로 받아들여야 한다는 점이다. 자기 것인양 내용을 완전히 소화해야 한다. 마음에 안드는 아이디어일수록 더더욱 자신의 것으로 받아들이는 자세가 필요하다. 혹시 부족한 논리가 있다면 개인적으로 보완해도 무방하다.

3단계는 각자 소화한 동료의 아이디어를 자기 것인양 발표하는 단계다. 한 명씩 전체 팀원 앞에서 발표하고 아이디어의 타당성에 대해 자세히 설명한다. 여기서 유의해야 할 점은 "누구의 아이디어 같다"는 둥의 추측성의 발언은 금물이다. 한 사람의 발표가 끝날 때마다 다른 팀원들은 궁금한 점을 질문하고 발표자는 질문에 대해 답변을 한다. 약간의 토론이 이뤄진다면 금상첨화일 것이다. 진행자는 각 팀원이 발표한 아이디어를 모두가 볼 수 있도록 화이트보드나 이

젤 패드에 기록한다.

마지막 4단계는 가장 좋은 아이디어를 선택하는 의사결정의 단계다. 진행자는 각 팀원에게 팀장의 관점에서 보았을 때 가장 좋은 아이디어를 선택해 달라고 요청한다. 거수를 해도 좋고 도트 스티커를 붙이는 방식을 사용해도 좋다. 의견의 가짓수가 많다면 두세 가지의 복수의 아이디어를 선택할 수 있도록 해도 무방하다. 투표 결과 가장 많은 지지를 받은 세 가지에서 다섯 가지 정도의 베스트 아이디어를 최종 선정한다.

이렇게 선정된 베스트 아이디어들에 대해서 2차 토론의 단계로 넘어간다. 선정된 베스트 아이디어 가운데 팀원들에게 논의에 참여하고 싶은 아이디어에 자신의 이름을 적도록 한다. 이후 팀원들은 모두 자신이 선택한 아이디어 그룹에 참여하여 추가적인 논의를 하게 된다. 각 아이디어 그룹의 미션은 자신들이 선택한 베스트 아이디어의 강점과 단점을 찾아 정리하는 것이다. 이렇게 해서 아이디어 그룹 토론이 마무리됐다면 이제 각 그룹의 발표 시간을 갖는다. 그리고 팀원들은 각 그룹의 발표를 듣고 가장 좋은 아이디어를 투표를 통해 최종 결정한다. 이때도 역시 진행자는 팀장의 관점에서 아이디어를 선택해 달라고 요청해야 한다. 그렇지 않으면 자신이 참여한 그룹의 아이디어를 선택할 가능성이 높기 때문이다.

"내가 만약 팀장이라면" 워크숍은 크게 세 가지 측면에서 팀에 도움이 될 것이다. 첫째, 팀장의 독단적인 의사결정이 아닌 팀원 모두의 집단지성으로 의사결정을 할 수 있다. 의사결정 사안에 대한 이해도가 높아져 실행력도 함께 높아질 것이다. 둘째, 팀원 개개인이 자신의 에고에서 벗어나 팀 전체적인 관점에서 바라볼 수 있는 기회를 가질 수 있다. 그만큼 좁은 시야에 갇혀 발생할 수 있는 불필요한 갈등을 경험하지 않게 된다. 마지막으로 팀원 간의 신뢰를 형성할 수 있다. 동료의 아이디어를 자신의 것으로 받아들이는 경험을 하게 되고 또한 동료가 자신의 아이디어를 마치 자신의 것인양 발표하는 모습을 보면서 이심전심의 동료애가 커질 수 있는 것이다.

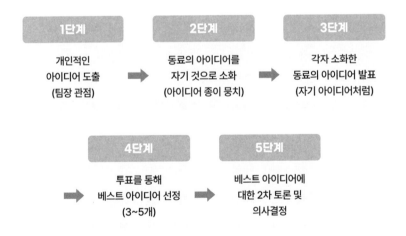

〈"내가 만약 팀장이라면" 의사결정 워크숍〉

1단계
개인적인
아이디어 도출
(팀장 관점)

2단계
동료의 아이디어를
자기 것으로 소화
(아이디어 종이 뭉치)

3단계
각자 소화한
동료의 아이디어 발표
(자기 아이디어처럼)

4단계
투표를 통해
베스트 아이디어 선정
(3~5개)

5단계
베스트 아이디어에
대한 2차 토론 및
의사결정

쉽게
말합시다!

지식의 저주

"나는 우리 팀장이 하는 말을 도대체 못 알아듣겠어. 업무 지시를
받고 나면 그냥 멍해지는 느낌이야."

"김대리, 도대체 당신이 주장하는 게 뭐야? 김대리는 스스로 무슨
말을 하는지 잘 이해가 되나?

소통 상황에서는 말을 하는 화자와 말을 듣는 청자가 있기 마련이
다. 소통 상황에서 상대의 말을 잘 이해하지 못하는 상황이라면 화
자와 청자 가운데 누가 더 책임이 클까? 답은 당연히 화자다. 화자는
상대의 상황과 이해 수준을 고려해서 말해야 한다. 지극히 상식적인

것인데 잘 안 되는 이유는 무엇일까? 무엇보다도 청자에 대한 배려가 부족하기 때문이다.

우리는 늘 말을 하고 산다. 그래서 소통을 너무 쉽게 생각하는 경향이 있다. 스스로는 아주 잘 아는 것이기에 평소 하던 대로 말하면 상대가 알아들을 거라고 생각한다. 그러나 사고나 언어 구조가 서로 같을 리 없다. 머릿속의 관심사도 다르고 이해 수준 또한 다를 수밖에 없다. 따라서 늘 하던 대로 말하면 상대가 못 알아들을 가능성이 높다. 은연중에 섞어 사용하는 전문용어나 외래어는 더욱 문제다. 회사에서 주요 소통 수단이라 할 수 있는 문서 소통에서도 이와 같은 문제가 발생할 수 있다. 이 세상에 존재하는 모든 문서는 각기 그것을 접하는 고객을 가지고 있다. 문서를 읽는 고객 관점에서 내용이 잘 이해되지 않는 것이라면 문서로서의 존재 가치가 없다고 봐야 한다. 자기들이나 이해하는 용어로 범벅이 된 문서만큼 짜증나는 것도 없다.

칩 히스와 댄 히스의 〈스틱Stick〉라는 책에는 '지식의 저주The Curse of Knowledge'라는 인상적인 용어가 소개돼 있다. 이는 우리가 어떤 것을 일단 알게 되면 그것을 알지 못했던 상태를 잊어버린다는 의미이다. 그래서 상대를 배려하지 않고 말한다는 것이다. 나아가 상대가 말을 제대로 이해하지 못하면 상대의 우둔함을 탓한다. 학교 다닐 때 교수님의 강의를 도통 알아듣지 못했던 상황을 떠올리면 될 것이다. 의외로 아는 것이 많은 사람일수록 '지식의 저주'에 걸릴 가능성이 높다.

팀에서도 이 같은 '지식의 저주'가 빈번하게 발생할 수 있다. 이런 경험이 있다. 팀에서 한 후배가 도움을 요청한다. 팀장이 뭔가 지시를 했는데 도대체 무슨 말인지 못 알아듣겠다는 것이다. 나는 후배에게 팀장에게 가서 다시 물어볼 것을 조언했다. 그러자 그는 떨떠름한 표정을 지으며 이렇게 말했다.

"아마 말귀를 못 알아듣는 사람으로 취급당할 걸요?"

팀장과 회의를 하고 나면 팀원들끼리 모여 2차 회의를 한다는 팀이 있었다. 그 이유를 물었다. 그들의 답변은 이랬다.

"교리 해석의 시간을 가져야 하거든요."

일종의 비꼬는 말로, 팀장의 말이 마치 경전 속의 해석이 필요한 말처럼 들린다는 의미다. 지식의 저주에 빠져 있는 팀에서 빈번하게 나타나는 증상은 대체로 다음과 같다.

'지식의 저주'에 빠진 팀의 증상

- 회의가 많다.
- 서로를 답답해하거나 불신한다.
- 일이 엉뚱한 방향으로 진행된다.
- 일의 실행력이 떨어지고 지연되는 경우가 많다.
- 같은 일을 두 번 세 번 다시 해야 하는 상황이 자주 발생한다.

사회 곳곳에서 '지식의 저주' 현상이 발생한다. 부모가 자녀와 소통할 때, 학교에서 선생님이 학생을 가르칠 때, 리더가 구성원에게 업무를 지시할 때 등등. 대개 더 많이 안다고 생각하는 사람들이 범하는 실수이며 누구도 '지식의 저주'의 예외가 될 수 없다. 가령 팀원이 팀장에게 업무 보고를 하는데 팀장이 그것을 제대로 이해하지 못하고 있다면 이것은 누구의 잘못일까? 팀원의 보고를 건성으로 듣는 팀장의 잘못일 수도 있지만, 그보다는 팀장이 제대로 알아듣지 못하게 보고한 팀원에게도 잘못이 있는 것이다. 이 역시 '지식의 저주'라 할 수 있다.

일할 때 자주 사용하는 개조식 문서도 '지식의 저주'를 일으키는 데 한몫한다. 차라리 서술식으로 술술 풀어 쓰는 편이 읽는 사람에게는 훨씬 도움이 된다. '지식의 저주'는 고객과의 소통에도 문제를 일으킨다. 가령 고객의 입장에서 전혀 이해가 되지 않는 전문용어로 가득 채워진 상품설명서를 많이 보았을 것이다. 상품설명서의 다른 이름은 '읽어도 무슨 뜻인지 알 수 없는 문서'라고 해도 과언이 아닐 것이다. 상품설명서는 과연 누구를 위한 것이지를 묻고 싶다.

좀 쉽게 설명해 주시겠어요?

가왕이라 불리는 조용필 씨는 과거 무명 시절에 세대를 초월하는 명곡의 공통점을 조사해 보았다고 한다. 결론은 한 가지였다고 한다. 그것은 노래가 쉽다는 것이다. 가수가 아닌 일반인도 쉽게 따라 부를 수 있는 공통점을 가졌다는 것이다. 쉬운 것이 강하고 오래 남는다. 말도 그렇다. 상대의 머리와 가슴에 오랫동안 남는 말은 바로 쉬운 말이다. 무슨 말을 하든 그것을 듣는 상대의 눈높이에서 쉽게 말해줘야 한다. 말을 하고 나서도 상대가 자신이 한 말을 제대로 이해했는지 확인하는 절차가 필요하다.

"혹시 이해가 안가는 점은 없나요? 제가 추가적으로 설명을 해줬으면 하는 점은 없을까요?"와 같은 질문을 통해 상대의 이해를 돕기 위한 노력을 해야 한다.

청자 또한 마찬가지다. 뻔히 내용을 못 알아듣고도 그냥 넘어가는 일이 있어서는 안된다. 모르거나 궁금한 점이 있으면 곧바로 질문을 하여 부족한 부분을 채우는 노력을 해야 한다.

"제가 잘 이해를 못했는데, 이 점에 대해 좀 더 설명해 주시겠어요?"와 같은 질문을 던져 모르거나 이해가 부족한 점을 채울 수 있어야 한다.

청자가 됐든 화자가 됐든 추가적인 설명에 관한 질문은 '지식의 저주'에서 풀려나는 마법의 주문과도 같다. 답답하다고 가슴만 치지 말고, 상대방을 탓하지도 말고, 답답한 상황에서 벗어나기 위한 청자와 화자 공동의 노력이 필요하다.

'지식의 저주'에 더욱 관심을 가져야 하는 이유는 그것이 전염성을 가지고 있기 때문이다. 한번 형성된 '지식의 저주'는 주변으로 쉬이 퍼져 나간다. 마치 어렵게 말하기 경쟁이 벌어지는 것처럼 말이다. 의미는 명확히 설명이 안되는데 그저 뭔가 있어 보이기만 한 용어와 표현이 확산된다. 모호함은 업무 성과의 가장 큰 장애요인이다. 이해조차 안되는 모호한 용어나 말로 가득한 일이 제대로 될 수 있겠는가?

외부 사람들이나 고객과의 소통은 더더욱 신경써야 한다. 일을 하다 보면 내부적 관점에 사로잡히기 쉽다. 내부 사람들끼리나 통하는 용어나 표현에도 주의를 기울여야 한다. 우리는 늘상 사용하기에 다 아는 용어나 표현일 수 있지만 고객이나 외부 사람들에게는 생소해서 암호처럼 들릴 수도 있다. 그들과 소통할 때는 그들의 입장에서 더욱 쉽게 표현해야 한다. 7살 난 아이도 두 번 물어보지 않을 정도의 쉽고도 명확한 표현이 목표다. 글보다는 그림이 더욱 도움이 될 수 잇다. 참고로 이케아IKEA의 제품설명서를 보면 글보다는 그림이 훨씬 더 많다. 글은 해석이 다양해질 수 있는 의미를 담지만, 그림은 상황과 설명을 담는 것이어서 훨씬 더 이해가 쉽기 때문이다.

과거 내가 몸담았던 회사에서는 '지식의 저주'의 문제를 직시하고는 사내에 캠페인을 열었다. 그것은 "쉽게 말합시다!"는 제목의 캠페인이었다. "쉽게 말한다"의 의미는 내가 아닌 상대방 중심의, 상대를 배려한 소통이다. 팀 내부에 있든 팀 밖에 있든 당신의 말을 듣거나 당신의 글을 읽는 사람은 모두 고객이다. 말을 할 때도 문서를 작성할 때도 당신이 아닌 고객 관점에서 쉽게 말하고 쉽게 쓰도록 하자.
다음은 '지식의 저주'에서 벗어나기 위한 팀 소통의 3원칙이다. 이를
실천하여 팀 소통의 수준을 한 단계 높여보도록 하자.

'지식의 저주'에서 벗어나기 위한 팀 소통의 3원칙

1. 상대의 관점에서 쉽게 말하고 쉽게 쓴다.

2. 상대가 자신의 말을 잘 이해했는지 확인한다.

3. 상대의 말이 잘 이해되지 않는 점이 있다면 반드시 질문을 통해 명확히
   이해한다.

팀 소통의 기본,
서로 바라봐주기

근접소통오류

"박태현씨, 요즘 얼굴이 좋네요."

최근 아는 지인으로부터 인사말로 들은 말이다. 그저 인사말이었을 뿐인데 묘하게도 여운이 남는다. 그와 대화를 나눈 후 화장실에 가서 내 얼굴 상태를 확인해 봤을 정도다. 이 짧은 인사말이 두고두고 생각나는 이유는 무엇일까? 그것은 아마도 그의 인식 속에 내가 존재함을 새삼 느껴서일 것이다. 사회적 존재로서의 인간은 소속된 사회 속에서 중요한 누군가를 통해 온전히 존재함을 확인할 때 비로소 살아 있음을 느낀다. 생물학적으로는 누구나 다 살아있는 존재이지만, 사회적 존재로서는 살아있을 존재일 수도 있고 그렇지 않을 수도 있는 것이다.

미국 시카고 대학의 보아즈 케이자Boaz Keysar 교수는 '근접소통오류Closeness-Communication Bias'라는 이론을 제시했다. 이는 가족이나 직장 동료와 같은 가까운 사람들 간의 소통 수준이 생전 처음 만난 사람들과의 소통 수준보다 못하거나 비슷하다는 것이다. 가까운 사람들에게는 가깝기에 방심하거나 소통의 노력을 뒤로 미루는 모습을 보이기 때문이라고 한다. 소통은 절대 그냥 되는 법이 없다. 가까운 사람이든 먼 사람이든 상관없이 누군가와 소통을 하려면 일정 수준 이상의 필요한 노력을 기울여야 한다. 오히려 가까운 사람들이 우선순위에서 밀릴 가능성이 높기 때문에 가까운 사람들과의 소통에 더욱 신경을 쓰는 것이 맞는 것인지도 모른다.

사이가 매우 안 좋은 부부가 관계를 회복하는 과정을 보여주는 TV 프로그램이 있었다. 이 프로그램에서 내 눈길을 사로잡았던 것은 바로 '시선 맞추기' 활동이었다. 상대의 눈을 아무 말없이 2분 동안 바라보는 것이다. 놀랍게도 부부는 서로의 얼굴을 30초 이상 바라보지 못하고 서로 반대 방향으로 얼굴을 돌리고 말았다. 부부지간에 눈도 못맞추는 못하는 상황이 꽤나 충격적으로 다가왔다. TV 시청 후 나는 아내와 '시선 맞추기'를 해 보았다. 말도 안 되게 나 역시도 아내와 시선을 맞추는 게 힘들었다. 아내 역시 이를 편치 않게 생각하는 듯했다. 당시의 나의 느낌을 정리해 보면 이렇다.

"아주 오랫동안 이 사람의 얼굴을 쳐다보지 않았구나."

나는 이어 첫째 아이와 '시선 맞추기'를 해 보았다. 아이와 시선을 맞추면서 느낀 것 역시 "내가 그 동안 아이의 얼굴을 바라보지 않았구나"였다. TV에서 보았던 장면이 남 이야기가 아니었던 것이다. 가정이라는 작은 울타리 안에서 함께 시간을 보내면서도 서로의 얼굴을 쳐다보지 않고 사는 경우가 많다. 우리의 시선은 가까이의 사람보다는 습관적으로 다른 곳에 초점이 맞춰지기 쉽다. 스마트폰이나 TV 등이 특히 주범일 것이다.

당신의 시선은 주로 어디에 가 있는가? 이 글을 읽고 바로 가정에서 '시선 맞추기' 테스트를 해보기를 권한다. 시선 맞추기가 편하게 느껴진다면 관계가 좋다고 보아도 무방하다. 그러나 이것이 불편하게 느껴진다면 관계 개선을 위해 무언가 노력을 해야 한다.

'시선 맞추기'는 가정뿐만이 아니라 일터에서도 필요하다. 우리가 늘 머무는 일터에서의 모습을 생각해 보자. 출근하면 팀원들은 각자의 자리로 파고들어가 그 속에서 빠져나오지 않는다. 무슨 일을 하는지 다들 고개를 숙이고 서로를 외면한다. 팀원들이 한자리에 모이는 회의 시간은 어떤가? 말하는 사람도 듣는 사람도 시선은 동료가 아니라 엉뚱한 곳에 가 있다. 시선을 맞출래야 맞출 만한 사람도 찾기 힘들다. 우연히 받은 눈길도 어색해 이내 고개를 돌려버리고 만다. 온택트 상황에서 비대면 회의를 해도 마찬가지인 듯하다. 자신의 얼굴을 보여주지 않는 사람들도 많고 보여주더라도 아주 작게 또는 이마만 보여주는 사람들도 있다. 서로를 바라보지도 않고 바라볼 기회조차 주지 않으며 함께 일한다는 것은 어불성설이다. 직급이 높은 윗사람들은 상태가 더욱 심각하다. 직원들과 대화를 하면서도 대개 관심은 다른 곳에 가 있는 듯하다. 직원들과 대화 중에도 한마디 양해 없이 오는 전화를 다 받는다. 직원들의 말에는 관심이 없고 자기가 하고 싶은 말은 다 하고 산다. 직원들과 대화를 나누면서 손톱을 깎는 사람도 본 적이 있다. 상대에게 얼마나 무안함을 주고 모욕감을 느끼게 하는 행동인지 알지 못하는 듯하다. 직원들을 윗사람 대하듯 한다면 이 세상에 직원들로부터 존경받지 못할 리더는 없을 것이다.

스마트폰이 손과 한몸이 되면서부터 이와 같은 '얼굴 안 쳐다보기 현상', 아니 '서로를 외면하기 현상'은 더욱 심각해졌다. 생전 만나본 적도 없는 사람이나 가본 적도 없는 세상에 대해서는 뭐 하나 놓치는 게 두려운 듯 샅샅이 살핀다. 반면 가까이에 있는 주변 사람과는 인연을 끊고 지내는 듯 무관심한 태도로 일관한다. 너무 오랫동안 뿌리 깊게 형성된 습성이라 시선 맞추기가 어색하고, 시선을 맞추지 않을 때 오히려 편안함을 느끼는 것이 더 큰 문제다. 분명 비정상적이고 비인간적인 모습임에도 불구하고 말이다.

함께 있는 사람과 '온전히 존재'하라!

'얼굴'이라는 단어를 풀어보면 우리말로 '영혼이 통하는 굴'이라는 의미라고 한다. 따라서 상대의 얼굴을 바라보는 것은 상대와의 교감을 기꺼이 시작할 준비가 되어 있다는 것을 뜻한다. 반대로 얼굴을 쳐다보지 않는다는 것은 상대와 교감할 뜻이 더이상 없음을 의미한다. 상대가 자신을 '바라보느냐, 그렇지 않느냐'에 따라 상대가 자신을 어떤 존재로 인식하고 있는지를 알 수 있는 것이다. 또한 얼굴에는 상대방에 대한 정보가 가장 많이 담겨 있다. 아무리 눈치 없는 사람이라도 상대의 얼굴을 바라보면 최소한 그의 컨디션 정도는 쉽게 알 수 있다.

'팀원 간 친밀도 향상'이라는 주제로 팀 워크숍을 수행하는 팀이 있었다. 회의 중에 다양한 아이디어들이 나왔지만 그들이 회의하는 모습을 보면서 나는 그들이 제시한 다양한 아이디어들이 '과연 효과가 있을까' 하는 의구심을 품지 않을 수 없었다. 왜냐하면 그들은 서로를 전혀 바라보지 않은 채 대화를 주고받고 있었기 때문이다. 가장 기본적인 것이 안 되는데 무엇을 한들 효과가 있겠는가? 별스러운 아이디어를 찾을 게 아니라 우선 대화할 때 서로를 바라봐주는 일부터 시작하는 것이 맞을 것이다.

우리는 누군가와 함께 일하거나 생활할 때 크게 두 가지 방식으로 존재한다. 하나는 '얼빠진 상태로 존재'하는 방식이고, 다른 하나는

'온전히 존재'하는 방식이다. 얼빠진 상태로 존재한다는 것은 함께 있는 다른 사람에게 관심 없고 엉뚱한 데에 한눈을 파는 상태를 의미한다. 몸은 함께 있으나 마음은 함께 존재하지 않는 것이다. 이는 차라리 함께 있지 않는 상황보다 더 나쁜 결과를 초래한다. 만날수록 서로에 대한 실망감은 커지고 기대감은 낮아질 것이기 때문이다.

반면 '온전히 존재'한다는 것은 함께 있는 사람에게 관심의 초점을 맞추는 것이다. 이랬을 때 서로를 보다 잘 이해하게 되고 관계는 크게 향상된다. 온전히 존재하기 위한 시작점은 '대화할 때 상대의 얼굴을 바라봐 주기'이다. 상대의 얼굴을 온전히 바라본다는 것은 세 가지의 조건을 충족하는 것이다.

먼저 하던 일을 멈춰야 한다. 하던 일을 하면서 상대를 바라볼 수는 없다. 다음은 상대의 얼굴에 담긴 정보를 읽는 것이다. 이는 다른 말로 공감이라고 한다. 말만 가지고는 모든 것을 알 수 없다. 공감 능력을 가진 사람은 대체로 인간관계에서 문제가 없다. 사람의 얼굴에는 생각보다 많은 정보가 담겨 있다. 컨디션이 좋은지 나쁜지, 기분이 좋은지 나쁜지, 여유로운지 급한지, 편한지 불편한지 등등의 언어로는 해석이 안되는 미묘한 정보가 담겨 있다. 함께 있는 시간이 많을수록, 상대에 대한 관심이 많을수록 더 많은 정보를 읽을 수 있을 것이다. 마지막으로는 상대의 얼굴을 통해 얻은 정보를 상대에게 알려주는 것이다. "오늘 표정이 밝은데? 무슨 좋은 일이라도 있는 거야?", "좀 힘들어 보인다. 내가 좀 도와줄까?" 등과 같은 표현으로 말이다. 이는 상대에 대한 관심의 표현이 될 것이며 이를 통해 한 단계 발전된 교감을 나눌 수 있게 된다. 한편 상대의 얼굴에 담긴 정보가 읽혀지더라도 감정을 해치는 표현은 오히려 관계를 해칠 수 있으니 주의해야 한다. 이를 테면 "삐졌어? 속좁게 왜 그래?" 등과 같은 말이다. 이런 말은 공감이 아니라 부아를 치밀게 한다. 상대의 감정을 있는 그대로가 아니라 자신의 생각을 더해 조작하거나 판단하려고 하기 때문이다. 이럴 바엔 차라리 공감 능력이 없는 편이 더 나을 수 있다. 공감은 생각을 더하지 않고 있는 그대로 보는 것이다. 그리고 눈에 보이는 것을 내 관점으로 해석하는 것이 아니라 상대방 관점에서 이해하는 것이다.

공감

- 상대를 있는 그대로 보는 것
- 보이는 것을 내 관점에서 해석하는 것이 아닌
  상대방 관점에서 이해하는 것

팀원 간의 관계가 좋지 않거나 개선의 필요성을 느낀다면 먼저 '소통할 때 서로의 얼굴 바라봐 주기'와 같은 행동 약속을 정하고 함께 실천해 보는 것은 어떨까? 고객에게도 마찬가지다. 고객 만족을 위한 뭔가 거창한 일을 찾기보다는 가장 기본적인 것부터 지키는 것이 중요하다. 고객들은 자신에게 관심을 가져주는 조직이나 사람에게 마음을 연다. 고객의 얼굴을 늘 바라보면서 일을 한다면 고객 만족을 위한 효과적인 아이디어도 함께 떠오를 것이다.

회의 생산성?
문서부터 없애라!

업무의 절반은 문서작성?

회의를 할 때 항상 등장하는 것이 한 가지 있다. 그것은 바로 문서다. 마치 문서가 없으면 회의가 불가능한 것처럼 느껴질 정도다. 회의와 문서의 관계는 마치 밥과 반찬처럼 떼려야 뗄 수 없는 관계와 같으며 '회의 = 문서'라고 해도 과언이 아닌 듯 하다.

문서를 가지고 회의를 하면 문서가 회의를 지배할 수밖에 없다. 대개 문서 작성자가 말하고 나머지 사람은 수동적으로 듣는 형태로 회의가 진행된다. 회의 참가자의 모든 시선은 오로지 문서를 향한다. 사람과 사람의 소통이 아니라 사람과 문서 간의 소통이라 해도 틀린 말이 아닐 것이다. 상황이 이렇다 보니 문서가 없거나 부실

솔직한 소통

하면 회의가 부실하다고 여기고, 반대로 문서가 충실하면 회의 역시 충실하다고 믿는다. 마치 숙제 검사와 같은 회의가 아닐 수 없다. 문서가 중심이 된 회의의 가장 큰 문제점은 문서에 기록된 내용 외에는 다른 생각을 갖기 힘들다는 점이다. 사고의 폭이 좁아질 수밖에 없다. 문서의 페이지 수가 많을수록 더더욱 그렇다. 작성한 사람의 정성을 봐서라도 문서의 내용에 가타부타 이견을 제시하기 힘들다. 직접 문서 작성을 한 당사자도 자신의 생각에 태클을 거는 누군가가 있다면 마음이 결코 편치 않을 것이다. 그에게 가장 좋은 것은 이견 없이 통과하는 것이고 문서를 다시 작업해야 하는 수고를 겪지 않는 것이다. 이렇게 회의가 문서와 한 몸이 되어버린 관행이 오래 지속되다 보니 이에 대한 문제의식 자체가 없다는 것이 더 큰 문제가 아닐까?

조직에서 문서가 일으키는 폐해는 회의에만 국한되지 않는다. 조직 전체를 비생산적인 상태로 만들어버림은 물론 직원들이 느끼는 스트레스의 주요 원인으로 작용한다. 문서 작성에 대해 직원들의 스트레스는 상상 이상이다. 용을 쓰며 작성해도 관련된 이해당사자를 만족시키기기 어렵다. 저마다 사고 구조도 다르고 우선순위도 다르기 때문이다. 같은 내용을 읽으면서 전혀 다르게 이해하는 경우도 왕왕 발생한다. 이렇게 문서 작성이 어렵다 보니 문서 작성 역량이 업무의 핵심역량처럼 받아들여지는 경우도 많다. 다른 말로 문서를 잘 쓰는 사람이 일 잘하는 사람이고 문서 작성에 능하지 못하면 뭔가 부족한 사람처럼 보인다는 것이다. 그렇기에 직원들은 문서 작성에 필요 이상으로 많은 시간을 투입하는 악순환이 일어난다. 보기 좋은 떡이 먹기에도 좋다고 합리화하며 내용보다 디자인에 더욱 골몰하는 웃지 못할 일도 발생한다.

왜 문서가 회의의 중심이 되었을까 생각해 보면 그것이 산업시대의 잔재라는 사실을 쉽게 알 수 있다. 과거에는 오늘날과 같은 온라인이나 모바일 등을 활용한 다양한 커뮤니케이션 방식이나 채널이 존재하지 않았다. 그래서 작은 것 하나라도 누군가와 공유하려 한다면 반드시 문서를 작성해야 했다. 또한 과거의 조직 문화는 어떠했는가? 일할 때 윗사람의 승인을 받는 일이 매우 중요했다. 경험이 많은 윗사람의 생각이 정답일 가능성이 높으니 그리 틀린 방식은 아니었을 것이다.

그런데 오늘날은 어떤가? 쓰나미와 같은 변화가 시시각각 발생하고 있고, 변화에 대한 촉과 순발력이 유일한 경쟁력이 되는 시대가 되었다. 촌각을 다투는 환경에서 누군가에게 보여주기 위한 목적으로 만드는, 게다가 작성에 시간도 오래 걸리는 문서가 과연 적합한 모습일까? 더욱이 저마다 바쁜 상황에 굳이 만나서 이야기할 이유는 무엇인가? 변화가 극심한 환경에서 문서가 많은 조직이라면 속도도 느리고 소통의 수준은 떨어진다고 봐야 할 것이다.

ICT세상에서 소통의 물리적인 장벽은 사실상 존재하지 않는다. 뭔가를 공유해야 한다면 모일 필요도 없이 서로 있는 자리에서 얼마든지 소통할 수 있다. 내가 아는 한 팀에서는 보고를 위한 공식적인 문서가 없다. 이 팀에서의 모든 소통은 메신저를 통해 이뤄진다. 궁금하거나 부연 설명이 필요하면 전화를 통해 확인한다. 바빠서 깜빡했던 일도 주고받았던 메신저를 찾아 읽으면서 되살릴 수 있다. 일과 관련된 팀원들의 모든 생각들이 메신저에 기록되어 있으니 이만큼 정확한 회의록이 없다. 또한 이 팀은 일을 시작할 때 작성하는 품의서는 원페이지로 최소한의 내용만을 담는다. 구체적으로 작성해봐야 환경이 수시로 바뀌어 계획대로 되는 경우는 거의 없기 때문이다. 문서가 두꺼울수록 고지식해지고 변화에 대한 유연한 적응이 어려워진다. 이 팀에서는 팀원들의 문서 스트레스가 없다. 문서 작성을 위해 따로 시간을 투입하지 않아도 되니 자연스레 팀원들이 현장에서 일하는 시간이 많아졌다. 일의 생산성이 높아졌음은 굳이 언급하지 않아도 알 것이다.

근래 우리나라의 많은 기업들이 회사 특성에 맞는 다양한 협업 툴을 도입하여 조직의 업무 관련 소통 수준을 높이는 노력을 하고 있다. 공식적인 보고서에 대한 의존도를 낮추고 온라인 상황에서 일의 진행 상황이나 아이디어, 피드백 등을 공유한다. 보다 자유롭고 풍성하고 실시간의 소통이 가능하고 일과 관련된 모든 생각이 모두가 공유하는 하나의 공간에 축적된다는 측면에서 매우 생산적이다. 앞으로 이러한 추세는 지속적으로 강화될 수밖에 없다.

우리의 생각은 글보다 훨씬 더 풍부하다

모든 회의는 서로가 가진 아이디어를 나누는 환경으로 바뀌어야 한다. 이것이 요즘 세상에 적합한 일하는 방식이다. 회의 자리에는 어떠한 문서도 존재할 이유가 없다. 꼭 공유돼야 하는 내용이라면 사전에 이메일을 통해 주고받아 각자 숙지하면 된다. 아이디어를 나누는 자리에서 문서나 쳐다보고 있으면 되겠는가. 회의에 문서가 없어지면 다음과 같은 부가적인 효과도 얻을 수 있다.

먼저 담당자의 자신의 업무에 대한 이해도가 높아진다. 문서를 가지고 회의를 하다 보면 문서 의존도가 높아진다. 보고 참고할 수 있는 문서가 있기 때문에 고개를 숙이고 문서를 읽기 쉽다. 만약 어딘가에서 문서를 줄줄 읽는 사람이 있다면 업무 이해도가 떨어지는 사람이라고 봐도 무방하다. 문서에서 벗어나야 비로소 자신의 일을 머릿속에 담아낼 수 있고 언어로도 잘 표현할 수도 있게 된다.

둘째로, 팀원들이 문서 작성에 낭비하던 시간을 절약할 수 있다. 문서 작성은 은근히 시간이 많이 걸리는 일이다. 불과 5분이면 말로 설명할 일도 문서로 작성하면 하세월이다. 더구나 정성스레 작성한 자신의 문서가 퇴짜를 맞기라도 하면 일에 대한 의욕마저도 떨어지기 쉽다. 결재를 받고 나면 마치 모든 일이 끝난 것 같다는 느낌을 받기도 한다. 일은 아직 시작도 안했는데 말이다. 문서로 회의를 하기보다는, 회의를 통해 문서를 만드는 접근이 이뤄져야 한다. 이랬을 때 회의는 진정 의사결정의 장으로서 역할을 수행하게 된다. 작성된 문서에 대해서도 왈가왈부하는 사람이 없을 것이다.

셋째, 회의가 진정한 대화와 토론의 장이 되어 팀원 상호 간 소통의 역동성이 향상된다. 문서가 없어지면 회의의 질이 높아진다. 불필요하고 따분한 이야기나 주고받는 수준이 아니라 서로의 생각을 충분히 나누는 진정한 대화와 토론이 이루어지게 된다. 이 과정에서 팀원들은 서로의 생각을 보다 잘 이해하고 더 좋은 관계를 형성할 수 있다. 마지막으로 업무의 추진력이 높아진다. 회의 과정 자체가 함께 의사결정을 하는 장이 되므로 회의 후에 딴소리를 하는 사람이 없을 것이기 때문이다.

문서 없는 회의의 효과

- 담당자의 업무에 대한 이해도가 높아진다.
- 문서 작성에 낭비하던 시간을 절약할 수 있다.
- 소통의 역동성이 향상되고 회의의 질이 높아진다.
- 업무의 추진력이 높아진다.

팀에 문서를 줄이는 법

나는 손글씨체가 좋지 않다. 어렸을 때는 나쁜 글씨체가 콤플렉스이기도 했다. 심지어 내 글씨를 내가 제대로 읽지 못하는 경우도 있을 정도여서, 어린 시절 부모님께 야단도 많이 맞았다. 부모님은 성공하려면 글씨가 우선 반듯해야 한다고 말씀하시곤 했다. 실제로 90년대 초반까지만 해도 우리 사회에서 손글씨는 매우 중요한 역량이었다. 모든 문서가 손글씨로 작성되었기 때문이다. 좋은 손글씨체는 한 개인을 돋보이게 하는 자산이 될 수 있었다. 하지만 90년대 중반부터 컴퓨터가 사무 환경의 중심으로 자리 잡으면서 손글씨는 더 이상 중요한 것이 될 수 없었다. 손글씨체가 좋지 않았던 나는 이 같은 환경 변화가 얼마나 좋았는지 모른다. 어린 시절의 콤플렉스가 더이상 콤플렉스가 되지 않았기 때문이다.

나는 오늘날의 문서가 과거의 손글씨체와 같은 처지가 될 것이라고 믿어 의심치 않는다. 1990년대 후반부터 2000년대 초반까지 우리나라의 많은 기업에서 크게 유행했던 경영기법 중에 '지식경영'이라는 것이 있었다. 그것은 조직 내에 개인에게 낱낱이 존재하는 각종 지식을 조직 전체가 필요할 때마다 찾아쓸 수 있게 하자는 취지의 접근이었다. 굉장히 그럴 듯하게 들렸고 많은 회사들이 유행처럼 지식경영을 적극적으로 받아들였다. 그런데 지식경영을 추진했던 방식에 문제가 있었다. 바로 문서 중심 접근 방식이었던 것이다.

좀 더 구체적으로 말하면 각 개인이 보유한 지식을 내부 IT 시스템에 문서로 정리해서 올리고, 그것을 필요한 사람이 쉽게 찾아볼 수 있게 한 것이다. 언뜻 보기에 아무런 문제가 없다. 하지만 이러한 접근은 대부분 실패하고 말았다. 피상적인 수준의 정보는 문서에 담길 수 있을지 모르지만 깊이 있는 지식은 결코 그럴 수 없었기 때문이다. 결국 지식경영 IT 시스템 안에는 별 도움이 안 되는 쓰레기 수준의 문서들로만 잔뜩 채워지는 결과를 낳고 말았다.

문서가 많은 조직치고 실행력이 높은 조직은 없다. 한 조직의 실행력 수준을 보려면 그 조직에서 생산하는 문서의 종류와 양을 따져 보는 것만큼 확실한 방법은 없다. 일정 기간 동안 팀에서 소모하는 복사지의 총량을 팀원의 숫자로 나눠 보면 팀원들이 문서 작업에 얼마나 많은 시간을 투입하고 있는지 대략 알 수 있다.

팀 내 문서의 종류와 양을 줄이는 방법은 간단하다. 먼저 팀원들이 함께 모여 팀 내부에 존재하는 문서의 리스트를 함께 작성해 본다. 그리고 그 가운데 줄이거나 없애야 할 문서를 정하라. 없애야 할지 말아야 할지 의견이 분분하다면 과감히 없애는 편이 낫다. 문서는 반드시 필요한 것 외에는 작성하지 않는 것이 좋기 때문이다. 이후 팀원들과 약속하고 실천하면 된다. 만약 상위 조직과 연결된 종류의 문서라면 상위 조직에도 상의하여 조정을 하면 될 것이다. 관행처럼 작성해 온 문서라서 갑자기 끊을 때의 걱정과 두려움도 있을 것이다. 그러나 일단 없애 보면 그것이 얼마나 불필요한 일이었는지를 알게 된다. 대부분의 문서는 서로를 믿지 못하기 때문에 만들어진 것들이다. 팀 내 문서가 줄면 팀원 상호 간의 소통의 질이 달라진다. 다양하고 깊이 있는 집단 지성의 대화가 가능해진다.

동료에게 나이스하게
피드백하기

　팀원들은 최소 하루 8시간 이상 같은 공간에서 일한다. 그렇기에 서로에게 불편함을 느끼는 상황을 끔찍이도 싫어한다. 그래서 좋은 이야기라면 모를까 동료에게 충고나 조언의 피드백을 건네기는 쉽지 않다. 자신에게 주어지는 부정적인 피드백에 과민반응을 보이는 사람도 많다. 이런 분위기에서는 결국 "좋은 게 좋은 거야!"라며 서로의 문제나 잘못을 알면서도 굳이 언급하지 않는다. 속으로는 끙끙 앓으면서 말이다. 이와 같은 분위기에서는 뒷담화가 활개를 친다. 앞에서 말을 하지 못하니 뒤에서 말을 하는 것이다. 팀이 보다 좋은 분위기에서 일하려면 서로에 대한 비판보다는 칭찬이나 격려의 표현이 당연히 많아야 한다. 그러나 이는 잘못에 대해 눈을 감자는 말이 아니다. 누구도 완벽할 수는 없다. 보다 나은 팀워크와 성과를 만들어내기 위해서는 때로는 싫은 소리도 해야 한다. 팀을 위해서라도 할 말은 하고 살아야 한다. 물론 조금은 신중해야 하지만 말이다.

'나-전달법 I-Message'으로 소통하라!

누군가에게 '부정적인 피드백'을 해야 하는 상황에서는 먼저 상대의 감정을 고려해야 한다. 참고로 여기서 '부정적인 피드백'이란 사람의 잘못된 행동 교정을 목표로 하는 피드백으로 지적, 질책, 쓴소리 등을 통칭한 표현이다. 제아무리 옳은 이야기일지라도 부정적인 피드백은 듣는 당사자에게는 편치 않은 이야기일 수밖에 없다. 부정적인 피드백이라도 잘 수용하는 사람도 있겠지만 대개 사람들은 변명이나 핑계로 스스로를 합리화하려는 경향을 보인다. 이렇다면 오히려 피드백을 안 하느니만 못할 것이다. 부정적 행동이 교정되기는커녕 팀원들 간 관계만 나빠질 것이기 때문이다. 상대방의 기분을 상하게 하는 전달 방식은 위험하다. 상대의 잘못에 대한 확신이 들수록 더욱 조심해야 한다. 자칫 피드백이 더욱 공격적으로 표현될 가능성이 높기 때문이다. 상대의 행동 교정을 위한 피드백은 상대방이 느낄 수 있는 부정적 감정을 최대한 자극하지 않은 접근이 되어야 한다. 여기에는 약간의 커뮤니케이션 기술이 필요하다. 그것은 상대의 감정을 가급적 자극하지 않으면서 전달하고자 하는 메시지는 분명하게 하는 소통의 기술이다. 이를 심리학에서는 '나-전달법I-Message'이라고 한다. '나-전달법'은 1960년대에 토마스 고든Thomas Gordon 박사가 제시한 화법으로, 쉽게 말하면 말할 때 주어를 나로 표현하는 것이다. 상대에 대한 직접적인 비판이나 비난을 삼가고 자신이 처한 난처하고 힘들고 불편한 상황과 마음을 표현하는 방식이다. '나-전달법'을 소개함에 앞서 우선 우리가 습관적으로 사용하기 쉬운 '너-전달법You-Message'부터 살펴보자. 말의 주어를 당신You으로 시작하는 방식이다.

너-전달법 You-Message

- (당신은) 도대체 왜 일을 이런 식으로 하는 거죠?
- (당신은) 비아냥거리는 태도부터 고쳐야 해요.
- (당신은) 왜 사람의 말을 끝까지 듣지 않는 거죠?

'너-전달법'은 아무리 부드럽게 말한다 해도 듣는 사람의 입장에서는 공격당한다는 느낌이 들어 감정이 상할 수밖에 없는 화법이다. 반면에 '나-전달법'은 전달하는 내용은 같지만 상대를 공격하지 않는다. 다만 자세한 문제 상황에 대한 설명과 그것으로 인한 자신의 힘들고 난처한 마음을 이야기할 뿐이다. 이와 같은 표현을 통해 상대는 스스로의 문제 행동을 되돌아보게 된다. 위의 '너-전달법'을

'나-전달법'으로 바꿔보면 다음과 같다.

나-전달법 I-Message

- 고객이 심하게 컴플레인을 하는 상황이어서 중간에서 제가 많이 난처하네요. 어쩌면 좋을까요?
- 그렇게 말씀하시니 제가 존중받지 못한다는 느낌을 받아 마음이 불편하네요.
- 제 생각이 제대로 전달이 되지 않는 것 같아 아쉽네요. 제가 좀 더 제 생각을 말씀드려도 될까요?

우리나라 옛말에 같은 말이라도 '아' 다르고 '어' 다르다는 말이 있다. '나-전달법'과 '너-전달법'이 바로 이런 차이라 생각하면 된다. '나-전달법'을 통해 상대는 공격을 당하지 않았으니 공격할 일도 없다. 대화가 서로에게 편해지는 것이다. 한편 눈코 뜰 새 없이 바쁜 세상에 언제 이런저런 것을 따져가며 대화를 하겠느냐고 반문할 수도 있겠다. 그러나 상대의 감정을 상하게 해서 좋을 일은 없다. 진정 빠른 길이 어떤 길인지를 생각해 보자. 상대방의 행동 변화도 이끌어내지 못하고 감정의 앙금만 남기는 것이라면 결코 빠른 방식이라 할 수 없다.

평소에 '너-전달법'에 익숙한 사람이 '나-전달법'을 사용하려고 한다면 대화가 많이 어색해질 것이다. 때로는 '나-전달법'과 '너-전달법'이 머릿속에서 섞여 죽도 밥도 아닌 우스꽝스러운 이상한 표현이 나올 수도 있다. 가령 다음과 같은 표현이다.

"당신이 일을 이딴 식으로 하는 바람에 제 마음이 많이 불편하네요."

이런 식의 표현은 '나-전달법'을 빙자한 '너-전달법'이라 할 수 있겠다. '너-전달법'으로 이미 프로그래밍된 언어 체계를 '나-전달법'으로 바꾸는 것은 쉬운 일이 아니다. 필자 역시도 강연 현장이나 책을 통해 숱하게 '나-전달법'의 방법과 효과를 전하고 있지만 감정적으로 심하게 동요되는 상황에서는 오랫동안 습성화된 '너-전달법'이 나도 모르게 튀어나오고 만다. 이럴 경우라면 우선 논리적으로 완성된 말을 하기보다는 우선 자신의 불편한 마음을 간단히 표현하는 '짧은 나-전달법'을 선택하면 도움이 될 것이다.

짧은 '나-전달법'

- (제가) 좀 어려운 상황에 처했네요.
- (제가) 마음이 불편합니다.
- (제가) 좀 당황스럽습니다.
- (제가) 좀 놀랐습니다.
- (제가) 정신이 없네요.

이와 같이 일단 '짧은 나-전달법'으로 자신의 불편한 마음을 우선적으로 표현해 본다. '짧은 나-전달법'이 효과적인 이유는 감정이 동요되어 쉽게 튀어나올 수 있는 '너-전달법'으로부터 일단 벗어날 수 있기 때문이다. 이후 상대의 반응이나 질문에 대응하거나 대답하는 형태로 미처 표현하지 못한 불편한 상황을 구체적으로 표현하면 된다.

'나-전달법'은 단순히 기법으로만 이해해서는 안 된다. 이는 상대를 존중하는 언어 사용 방식이다. 상대로 하여금 스스로의 행동을 되돌아볼 수 있게 하고 나아가 행동 교정까지 이끌어낼 수 있는 화법이다. 함께 일하는 팀원 누군가의 부정적인 행동이 팀에 어려움을 주는 상황은 어느 팀에서나 일어나는 현상이다. 팀을 위해 또는 그 자신을 위해 외면하기보다는 나이스하게 '나-전달법'을 통해 그의 행동 교정을 돕도록 하자.

껄끄러운 이야기는 사무실 밖에서

'나-전달법'과 함께 피드백을 전달하는 물리적 환경에 대해서도 생각해 보자. 일단 사무실은 좋은 환경이 아니다. 일터로서의 사무실 공간이 담고 있는 압박감과 긴장감은 어쩔 수 없다. 주변 사람들의 눈도 의식하지 않을 수 없다. 그러므로 사무실보다는 근처의 카페 등과 같은 심리적으로 편안함을 느낄 수 있는 장소를 이용하는 것이 좋다. 함께 차를 마시거나 식사를 하면서 대화를 나누다 보면 껄끄러운 이야기도 보다 부드럽게 풀어나갈 수 있다. 맛있는 음식을 함께 나누어먹을 때 상대에 대한 호감이 증가한다고 한다. 음식은 누군가와 긍정적인 관계를 형성하는 데 매우 유용한 매개체가 될 수 있다.

가장 이상적인 피드백 장소는 상대가 원하고 선호하는 곳이다. 최악은 "잠깐 내 자리로 와!"와 같이 상대를 자신의 자리로 호출하는 것이다. 이럴 경우 상대는 매우 불편하고 방어적인 심리 상태가 된다. 이런 상태에서 부정적인 피드백은 행동의 교정은커녕 오히려 관계를 악화시킬 것이다.

내가 존경하는 한 동료의 이야기를 소개한다. 그는 사무실에서는 어떤 경우에도 상대에게 부정적인 피드백을 건네지 않는다. 그가 이용하는 시간은 점심이나 저녁 식사 시간이다. 평소에도 그는 주변 사람들과 자주 대화를 나누는 사람이기에, 그가 만남을 제안하면 상대도 마다하는 법이 없이 흔쾌히 받아들인다. 참고로 그는 평상시의 잦는 교류 속에서 피드백을 하는 사람이지, 피드백을 목적으로 교류하는 사람이 아니다. 여느 때처럼 이런저런 이야기를 주고받으며 라포를 형성하고 난 후 우회적으로 자신의 피드백을 조심스럽게 전달한다. 그의 피드백의 시작은 항상 이렇다.

"요즘 저의 고민거리를 하나 말씀 드려도 되겠습니까?"

이 표현과 함께 상대와 자신 사이에 존재하는 문제나 이슈에 대해 이야기한다. 주어가 '나'로 시작하며 자신의 난처함이나 힘든 상황을 표현하는 전형적인 '나-전달법'이다. 그의 접근은 항상 효과만점이다. 상대에 대한 공격적 표현이 아니라 오히려 상대에게 도움을 청하는 형식의 표현이기 때문이다. 더구나 맛있는 음식과 함께 이런저런 대화로 라포가 형성되어 있는 상태이기 때문에 더더욱 그렇다. 순간적인 감정 상태에서 즉흥적으로 쏟아내는 피드백은 누구에게도 도움이 되지 않는다. 어렵고 불편한 이야기일수록 신중한 준비 과정이 필요하다. 상대가 잘 받아들일 수 있는 대화법과 대화 환경이 필요하다. 배가 고프다고 뜸도 들지 않은 밥솥을 열어서는 안 된다.

팀 내 서운병 극복하기

신규 입사자의 퇴직률이 높은 이유

요즘 조직 변화의 가장 큰 트렌드 중의 하나는 조직 인력 구성의 다변화가 매우 빠르게 이뤄지고 있다는 점이다. 과거에는 한 조직에 신입사원으로 입사하여 오랫동안 머무르며 일하는 사람들이 많았다. 하지만 요즘은 한 회사에 오래다니는 것을 경력의 마이너스 요인으로 여기는 사람들의 비중이 급격히 늘어나고 있다. 바야흐로 이러한 시대상을 '대퇴사 시대' 또는 '대이직 시대'라고 하는데, 앞으로 이런 추세는 점점 더 강화될 것이다. 이러한 결과로 현장에서는 팀 내 멤버의 교체가 비일비재하게 일어난다. 기존의 팀원이 떠나고 새로운 팀원이 유입되는 일이 많다는 것이다.

따라서 이제 팀은 과거에는 별로 신경을 쓰지 않아도 되었던 시대가 내주는 추가적인 숙제를 수행해야만 하는 상황에 이르렀다. 그것은 바로 '새로운 팀 멤버의 적응을 돕는 일'이다. 그가 알아서 적응하게 하는 식으로 방치해서는 결코 안될 것이다.

관련하여 우리나라의 어떤 스타트업에서 일어난 현상 하나를 소개한다. 이 회사는 우리나라에서 가장 빠르게 성장하고 있는 스타트업 중의 하나였다. 당연히 신규 인력이 급격히 증가하는 상황이었다. 그런데 이 회사에서는 매우 특징적인 문제 한 가지가 발견되었다. 그것은 새로 입사한 인력들의 정착률이 매우 낮다는 것이다. 입사한 지 얼마 안되어 퇴사하는 비율이 매우 높은 것이다. 원인으로 여러 가지가 있었지만 그중에서 가장 눈에 띄는 것은 새로 입사한 인력에 대한 관심 부족이라는 항목이었다. 입사를 하긴 했는데 아무도 관심을 가져주지 않는 것이다. 흔한 경력사원 입문 교육 조차 없으며 PC 등 필수 사무기기도 스스로 알아서 총무팀에 신청해서 받아야 하는 상황이었다. 심지어 어떤 사람은 팀에서 점심 식사를 함께할 사람조차 없었다고 하니 말 다한 것이다. 쉽게 말해 입사하자마자 왕따를 당하는 느낌이었던 것이다.

새로운 팀 멤버의 적응을 돕는 일은 팀장뿐만 아니라 기존의 팀멤버들이 반드시 실천해야 하는 의무 사항이다. 그를 방치하거나 소외감을 느끼게 하는 것은 일종의 직무 유기라고 봐야 한다. 참고로 새로운 회사에 적응하는 과정에서 사람이 느끼는 스트레스의 정도는 가족의 죽음 다음으로 큰 스트레스라고 한다. 일터와 일터의 문화, 일의 종류, 함께 일하는 사람 등 모든 것이 바뀌는 상황이니 충분히 수긍이 가는 이야기다.

새로운 회사에 입사한 지 얼마 안 되는 경력사원들을 대상으로 그들의 마음 상태를 조사해 보았다. 그들의 마음은 크게 두 가지로 요약될 수 있었다. 하나는 새로운 회사에 대한 '걱정반 기대반'의 마음이었고, 두 번째는 '새로운 환경에 대한 궁금증'이었다. 자세한 내용은 다음의 표와 같다.

〈경력사원의 마음 상태〉

걱정반 기대반	새로운 환경에 대한 궁금증
• 텃세 • 낯선 환경 / 새로운 사람에 대한 적응 • 처음 해보는 일 • 자신에 대한 높은 기대 • 인정(단시간 내에 인정받으려면?) • 성장(어떤 성장의 기회가 있을까?)	• 복리후생 • 각종 업무 시스템 • 각종 업무 담당자 • 업무 수행 절차 • 평가 시스템 • 회사의 성장 비전 • 요즘 회사의 가장 큰 이슈

신규 팀원이 팀에 들어왔을 때 모든 팀원들은 그가 팀에서 잘 적응하고 역량을 잘 발휘할 수 있도록 다방면으로 도와줄 수 있어야 한다. 경험적으로 봤을 때 아무리 적응력이 뛰어난 사람이라 할지라도 새로운 회사에 적응 기간은 최소한 6개월 이상이다. 즉, 최소한 6개

월 이상은 팀원들이 신규 팀원을 적극적으로 도와야 한다는 것이다.

평상시 팀원 간 소통과 협업이 잘 이뤄지는 팀의 경우라면 새로운 멤버가 적응하는 데 대개 어려움이 없다. 하지만 그렇지 않은 팀이라면 새로운 팀원이 잘 적응하기 어려울 것이다. 기존의 팀원들끼리도 함께 일하는 데 문제가 많은 상황이라면 새로운 팀원을 잘 받아줄 이유도 없고 여유도 갖지 못할 것이다. 이 같은 관점에서 좋은 팀 문화를 갖는다는 것은 그 자체로 조직의 경쟁력이 아닐 수 없다.

'속마음 털어놓기' 워크숍

팀원 상호 간의 소통은 크게 두 종류가 있다. 하나는 '겉마음 소통'이고 또 하나는 '속마음 소통'이다. '겉마음 소통'은 눈에 보이는 피상적인 것을 주고받는 소통이다. 생각을 주고받기는 하지만 깊은 대화는 이뤄지지 않는다. '용건만 간단히' 식의 최소한의 정보만을 의무적으로 주고받을 뿐이다. 소통을 하긴 했지만 안한 것과 별 차이가 느껴지지 않은 소통이다. 당연히 마음의 교류는 일어나지 않는다. 반면에 '속마음 소통'은 마음 깊은 곳에 있는 생각을 주고받는 소통이다. 상대의 생각이 무엇인지 정확히 알 수 있게 되고, 생각이 서로 섞여 혼자서는 떠올릴 수 없었던 제 삼의 생각을 창조해낸다.

진짜 소통은 겉마음 소통이 아닌 속마음 소통이다. 팀워크가 좋은 조직은 겉마음 소통이 아닌 속마음 소통을 한다. 속마음 소통을 통해 상대의 생각을 깊이 있게 이해하고 서로의 생각을 이어 새로운 아이디어를 만들어낸다. 과거 조직 문화에서 회식이 빠지지 않았던 이유가 바로 속마음 소통을 위한 것이었기 때문이다. 맨 정신으로는 속마음을 나눌 수 없으니 술기운이라도 이용하고 싶었던 것이다. 그런데 이제는 과거처럼 회식도 많이 할 수 없는 상황이니 조직 사회에서 속마음 소통은 점점 어려운 난제가 될 것이다. 따라서 속마음 소통을 의도적으로라도 할 수 있는 장을 마련해 보면 어떨까?

앞에서 소개한 '나-전달법'을 활용하여 팀워크를 향상시킬 수 있는 방법 한 가지를 소개한다. 그것은 '속마음 털어놓기' 워크숍이다. 먼저 팀원들이 둥그렇게 원대형으로 모여 앉는다. 원대형은 수평적인 관계를 의미한다. 그 속에는 상석과 하석과 같은 신분이나 위계를 드러내는 어떤 것도 존재하지 않는다. 또한 원대형은 친밀감의 상징이다. 학창시절 소풍을 갔던 기억을 떠올려보라. 친구들과 자연스레 원을 이루고 앉아 놀았던 기억이 다들 있을 것이다. 심리적으로 인간은 각보다는 원에 보다 편안한 감정을 느낀다고 한다. 또한 원대형은 서로에게 집중할 수 있도록 하는 최적의 구조이다. 원대형에서는 서로를 보다 자연스럽게 바라볼 수 있다. 한마디로 원대형은 어떤 물리적 대화 대형보다 열린 마음으로 소통을 할 수 있는 환경이다. 자! 원대형으로 열린 마음의 소통의 장을 만들었다면 이제는 속마음을 털어놓을 차례다. 대화의 주제는 이렇다.

"팀에서 내가 서운할 때는?"

　개인별로 잠깐 생각하는 시간을 갖는다. 그리고 각자 팀에서 생활하면서 스스로 서운함을 느끼는 상황을 떠올려본다. 준비가 된 사람부터 속마음을 털어놓는다. 이때 누군가를 공격하거나 비난하는 어조의 이야기는 금물이다. 진행자는 거듭 이 부분을 강조하는 것이 좋다. 나는 이 워크숍을 진행할 때마다 팀원들의 감정이 섬세하게 움직이는 모습을 확인하곤 한다. 마음이 여린 사람의 경우 울먹거리는 경우도 있다. 다소 황당한 이야기로 박장대소가 터지기도 한다. 화자가 '나-전달법'으로 말하는 것이 중요하지만, 이에 못지 않게 청자의 역할도 중요하다. 청자 역시 최대한 우호적인 분위기를 형성해주어야 한다. 화자를 공격하는 듯한 표정이나 제스처는 금물이다. 옳고 그름을 판단하는 자세가 아니라 화자의 입장에서 최대한 마음을 열고 공감해 주어야 한다. 설사 자신과 연관된 문제가 언급된다 하더라도 반박하거나 변명을 늘어놓아서는 안 된다. 혹시 상대의 이야기 속에서 스스로 반성해야 할 점이 있다면 현장에서 곧바로 사과를 하면 된다. 정리하면 청자에게는 '경청', '공감', '반성' 의 세 가지 키워드만 필요하다.

　내가 진행했던 워크숍에서 이뤄졌던 대화 한 가지를 소개한다. 한 팀원이 자신이 속상했던 상황에 대해 이야기했다.

　"제가 가장 속상한 상황은 점심 식사 때입니다. 어느 날 식사 시간이 되어 주변을 둘러보았더니 아무도 없었어요. 모두 각자 식사를 하러 갔더라고요. 결국 혼자 밥을 먹을 수밖에 없었어요. 팀원들로부터 버림받은 느낌이 들어 서운했습니다."

이 말이 떨어지기가 무섭게 한 팀원이 말했다.

"말씀을 들으니 후배의 한 사람으로서 매우 미안한 마음입니다. 그런데 혹시 먼저 같이 가자고 제안할 생각은 안 해보셨어요?"

이때 그 팀에는 매우 중요한 이야기가 터져 나왔다.

"사실 저는 우리 팀 후배들에게 식사를 같이 하자는 말을 못 꺼내겠어요. 다들 나를 어렵게 생각하는 것 같고, 저마다 약속이 있겠지 하는 생각도 들고요."

동시에 또다른 후배 팀원의 말이 이어졌다.

"그건 오히려 제가 드리고 싶은 말인데요. 일하고 계시는 선배님께 방해가 될까 봐 오히려 말을 걸기가 힘들었어요."

서운병 극복하기

이 대화로 인해 이 팀의 아주 중요한 문제가 노출됐다. 그것은 팀의 선후배 간의 벽이 있어 소통이 원활하지 않고 관계가 편치 않다는 것이었다. 서로가 서로를 지나치게 조심스럽게 대하고 있었던 것이다. 이렇게 팀원 모두가 자신들이 안고 있었던 문제와 원인을 확인하고 나니 해결 방법은 자연스럽게 찾아졌다.

조직 사회에서 많은 사람들이 흔히 앓고 있는 병이 하나 있다. 누군가와 함께 일하고 생활하는 상황에서 반드시 나타날 수밖에 없는 마음의 병이기도 하다. 그것은 바로 '서운병'이다. 서운병은 함께 일하는 사람들이 남 같이 느껴지는 병이다. 스스로가 외톨이라고 느껴지는 병이다. 나름 힘들고 어려운 처지에서 일하고 있는데 동료들이 이를 몰라주거나 외면하고 있다고 생각하는 병이기도 하다. 본인 스스로 뿐만 아니라 동료의 상당수가 알게 모르게 이런 서운병을 앓고 있다고 보면 된다. 인간 사회에서 나타나는 어쩔 수 없는 병이기 때문이다. 서운병을 고칠 수 있는 방법은 다른 게 없다. 서운한 마음을 동료들에게 털어놓고 동료의 이해를 구하는 것이다. 하고 싶은 말만 하고 살아도 병이 낫는다는 말이 있지 않은가? 하지만 자신의 속마음을 표현하는 것은 상대가 아주 친한 사람이 아니라면 쉽지 않은 일이다. 따라서 '팀에서 내가 서운할 때는' 워크숍을 통해 팀원 각자에게 팀에서 일하고 생활하면서 느낀 서운한 점에 대해 공식적으로 토로할 수 있는 장을 제공해 주는 것이다. 더불어 앞의 사례처럼 팀 차원에서 해소해야 할 문제나 이슈를 찾는 데 유용한 방식이기도 하다.

탁월한 팀은 두 개의 목표가 있다.
하나는 탁월한 성과 창출이고
다른 하나는 탁월하게 성장하는 구성원이다.

3

일취월장하는
팀원

우리 팀은
무엇을 배워야 할까?

팀 역량 리스트

높은 성과를 창출하려면 수준 높은 역량이 뒷받침이 되어야 한다. 역량은 '일을 잘하는 데 필요한 지식/스킬/행동'을 말한다. 팀의 멤버라면 스스로의 역량 강화를 위해 노력해야 할 것이고, 팀 차원에서는 팀원들의 역량을 높일 수 있는 의도적인 노력을 해야 한다. 어찌 보면 팀원 스스로의 노력도 중요하지만 팀 차원의 노력도 만만치 않게 중요하다. 왜냐하면 개인 차원에서 배우고자 하는 역량과 팀 차원에서 필요로 하는 역량이 서로 다를 수 있기 때문이다.

현명한 팀은 팀의 역량 수준을 높이기 위해 두 가지의 접근을 한다. 하나는 팀 차원에서 필요한 역량이 무엇인지 알고 이를 확보하기 위한 노력이다. 이를 위해 먼저 '팀 역량 리스트'를 수립할 것을 권한다. 팀 역량 리스트란 성공적인 팀 미션 수행을 위해 팀 차원에서 확보해야 하는 역량을 찾아 정리한 것을 말한다. 팀 역량 리스트는 팀원들이 반드시 갖추어야 하는 역량들을 제시하는 것으로 대학으로 따지면 전공필수과목과도 같다. 팀 역량 리스트를 만들어놓으면 이를 바탕으로 팀에 어떤 역량이 필요하고 부족한지를 파악할 수 있다. 외부의 전문 컨설팅 업체의 도움을 받는 방법도 있지만 비용이 만만치 않다는 데 문제가 있다. 개별 팀 차원의 역량 리스트를 만드는 데 돈을 쓰는 회사는 아마도 거의 없을 것이다. 그리고 굳이 그렇게까지 할 필요도 없다. 다소 정교함이 떨어지고 거칠더라도 팀 스스로 팀의 역량 리스트를 만드는 접근이 가장 현명하다. 방법은 그리 어렵지 않다. 팀원들과 함께 다음의 질문에 대답해 보는 것이다.

"팀의 미션 달성을 위해 우리 팀에는 어떤 역량이 필요할까요?"
("우리 팀이 일을 보다 잘하기 위해 우리 팀원들은 무엇을 배워야 할까요?")

이 질문에 대해 팀원들이 함께 브레인스토밍을 해서 답변을 찾으면 된다. 팀 역량 리스트는 처음에는 다소 어려울 수 있지만 자주 하다 보면 요령이 생겨 보다 쉽게 만들 수 있다. 한 번에 완성된 내용을 만드는 접근보다는 일단 만들어놓고 조금씩 보완해 가는 접근이 보다 효과적이다. 참고로 필자가 'HRD 팀'에 종사할 때 만들었던 HRD 직무에 대한 역량 리스트를 소개한다.

〈HRD 팀의 역량 리스트〉

역량 명	세부 지식/스킬/행동
회사에 대한 이해	• 회사의 미션, 비전, 핵심 가치를 설명할 수 있다. • 회사의 Biz.와 사업 전략을 개괄적으로 설명할 수 있다. • 회사의 사업에 도움이 되는 HRD 전략과 프로그램을 설계할 수 있다.
고객 니즈의 이해 및 분석	• 인터뷰 또는 FGI를 통해 고객 니즈를 파악할 수 있다. • 설문 조사를 통해 고객 니즈를 파악할 수 있다. • 복잡한 상황이나 이야기 속에서도 핵심 키워드를 도출하고 이를 바탕으로 스토리를 구성할 수 있다.
교육 프로그램의 개발 및 적용	• 회사의 방향과 학습자의 니즈를 접목하여 필요한 교육 프로그램을 기획할 수 있다. • 학습자에게 통하는 프로그램의 주요 특성을 이해한다. • 학습자의 참여를 이끌어내는 기법을 알고 있다. • 학습자의 피드백을 반영하여 교육 프로그램의 효과를 높인다. • 교육프로그램의 효과성을 측정할 수 있는 방법을 알고 적용할 수 있다. • 교육 후 현장 적용성을 높일 수 있는 방법을 알고 적용할 수 있다.
퍼실리테이션	• 학습자의 참여를 이끄는 질문을 설계할 수 있다. • 학습자의 의견을 보다 명확한 형태로 정리할 수 있다. • 퍼실리테이션을 통해 현장에서 필요한 정보와 지식을 찾아낼 수 있다. • 학습자가 참여할 수 있는 분위기와 환경을 조성할 수 있다.
강의 및 프리젠테이션	• 회사와 회사 구성원에게 도움이 되는 좋은 강의의 특징을 잘 알고 있다. • 학습자의 공감을 이끌어낸다. • 학습 콘텐츠를 평소에 지속적으로 개발한다.
역량 모델링	• 역량 모델의 기본 원리(의미와 활용)를 이해한다. • 역량 모델링의 필요성을 이해관계자에게 설명할 수 있다 • 역량 모델 도출 프로세스를 알고 분야별 역량을 도출할 수 있다.

조직 개발	• 조직 변화의 원리와 패러다임을 안다. • 다양한 조사방법들을 적용하여 조직의 정확한 변화 이슈를 찾을 수 있다. • 조직 변화를 촉진하는 상황에 맞는 인터벤션을 설계할 수 있다.

이 사례를 참고하여 팀 역량 리스트를 수립해 보기를 바란다. 좌측 칼럼에는 주요 역량 명을, 우측 칼럼에는 각 역량별 세부 지식/스킬/행동을 정리하였다. 역량별 세부 지식/스킬/행동은 무엇을 알아야 하는지(지식). 무엇을 어떤 수준으로 할 수 있어야 하는지(스킬), 어떤 행동을 많이 수행해야 하는지(행동)에 대해 상세하게 정리한 것이다. 팀원들과 함께 생각을 모아보면 이 정도 수준의 역량 리스트를 어렵지 않게 만들 수 있다. 가장 이상적인 팀 역량 리스트는 팀원들이 함께 만드는 것이다. 그리고 필요할 때마다 현실에 맞게 보완하는 것이다. 스스로 만들고 주기적으로 들여다보는 만큼 역량 리스트를 중요하게 생각하고 보다 잘 활용할 수 있을 것이다.

자, 이렇게 만든 역량 리스트는 어떻게 활용할 수 있을까? 다음의 질문을 팀원들과 함께 나눠보면 된다.

"우리 팀에게 현재 가장 취약한 역량은 어떤 것이 있습니까?"

이 질문을 던지고 팀원들이 선택하게 하고 그 이유를 들어보는 것이다. 예를 들어 앞의 HRD 부서의 역량 리스트의 경우 '퍼실리테이션'이라는 역량을 선택했다고 가정하자. 이 말은 곧 HRD 부서에서 성과 향상을 위해서 가장 시급히 확보해야 하는 역량으로 '퍼실리테이션'이 된다는 말이다. 그리고 팀에서는 퍼실리테이션과 관련된 역량을 시급히 확보하는 노력을 수행하면 될 것이다. 또는 각 역량별 '역량 오너Owner'를 선정하여 역량 오너가 중심이 되어 맡은 역량을 책임지고 확보하는 방법도 있을 것이다.

팀 역량 리스트가 있어야 하는 이유는 팀 차원에서 확보해야 하는 역량이 무엇인지를 알기 위함이다. '약한 고리의 법칙'이라는 말이 있다. 잡아당겼을 때 가장 먼저 끊어지는 약한 고리가 한 조직의 수준이 된다는 것이다. 팀의 역량도 마찬가지다. 부족하고 결핍된 역량이 팀의 수준이 될 수 있다. 그러니 팀에 부족한 역량이 무엇인지 알고 이를 확보하기 위한 노력을 게을리해서는 안될 것이다.

또한 역량 리스트는 팀원 개인 차원에서도 크게 도움이 되는 것이다. 팀 역량 리스트를 통하면 팀에서 일을 잘하기 위해 자신이 무엇을 우선적으로 배워야 할지를 알 수 있게 되기 때문이다. 팀 역량 리스트가 없다면 팀원들은 팀의 미션과는 상관없는 역량을 개발하느라 시간과 노력을 써버릴 가능성이 높다.

이외에도 팀 역량 리스트는 팀에서 누가 역량이 높은 사람인지 아닌지를 객관적으로 판단할 수 있는 기준이 된다. 팀원 개개인의 보유 역량 및 수준에 따라 업무 할당도 효과적으로 이뤄질 수 있다.

역량 = 성공적인 업무 수행을 위해 필요한
지식/스킬/행동

좀 더 세부적으로 팀원 개개인 차원에서는 역량 개발을 위해 어떤 노력을 해야 하는지 살펴보자. 우선 팀원은 자신이 몸담고 있는 팀의 미션과 자신이 수행하는 업무와 관련한 역량을 최우선적으로 개발 해야 함을 잊어서는 안된다. 여기에서 역량과 능력의 차이에 대해 잠시 이야기해 보자.

앞에서 언급한 것처럼 역량은 일을 잘하기 위해 필요한 지식/스킬/행동을 말한다. 업무 성과와 연계된 것이 아니라면 그것은 역량Competency이라고 말하지 않고 능력Ability이라고 말한다. 가령 영어를 능수능란하게 사용하는 A라는 팀원이 있다고 하자. 그런데 A는 영어와는 전혀 관계되지 않은 일을 수행하고 있다. 그렇다면 영어는 역량일까? 능력일까? 정답은 능력이다. 일과는 관련이 없기 때문에 역량이라고 말할 수 없는 것이다. 만약 팀원 A가 영어를 적극적으로 사용하는 일을 수행한다면 영어는 역량이 될 수 있다. 조직 사회에서 발생하는 안타까운 현상 가운데 하나는 사람들이 역량 개발이 아닌 능력 개발에만 에너지를 쏟는 경우가 많다는 점이다. 다시 강조하지만 프로페셔널은 현재 수행하는 일을 보다 잘하기 위한 역량 개발을 우선시하여야 한다는 점이다. 프로야구 선수가 축구를 배워서 되겠는가?

다시 팀의 역량 모델로 돌아가보자. 먼저 팀원은 팀에 어떤 역량이 요구되는지를 알아야 한다. 앞에서 언급한 팀의 역량 리스트가 존재한다면 크게 도움이 될 것이다. 하지만 대부분의 팀에서 잘 정리된 역량 리스트는 찾아보기 어려울 것이다. 특히 문서상으로 작성된 곳은 거의 없을 것이다. 역량 리스트가 없을 경우 선배에게 물어보거나 같은 분야에서 종사하는 전문가의 도움을 얻어 필요한 역량이 무엇인지를 파악해야 한다. 그리고 해당 역량을 효과적으로 개발할 수 있는 방법을 찾아 수행하면 될 것이다. 관련 교육 프로그램에 참여해도 좋고, OJT 형태로 선배 팀원에게 배우는 방법도 있을 것이다. 직무 매뉴얼을 참고하거나 스스로 직무 매뉴얼을 만들어보는 것도 역량 개발에 큰 도움이 될 것이다. 구체적인 역량 개발 방법은 이 책에서 이후 소개되는 내용들을 참고하기 바란다. 배워야 하는 것이 명확하고, 더군다나 그것이 자신이 현재 수행하는 일과 직접적으로 관계가 있는 것이라면 보다 효과적인 학습과 역량 개발이 이뤄질 수 있다.

교육의 효과를
열 배로 높이는 법

일 따로? 교육 따로?

팀에 필요한 역량을 외부 세계에서 적극적으로 유입하는 방법은 크게 세 가지 방법이 있다. 첫째는 팀에 필요한 역량을 갖춘 사람을 충원하는 것이다. 하지만 이는 결코 쉬운 일이 아니다. 충원한다고 해서 그가 팀에 꼭 필요한 역량을 보유하고 있다는 보장이 없다. 스포츠에서는 FA 등을 활용하여 외부에서 선수를 유입하는 경우가 많은데 돈만 쓰고 오히려 팀의 전력이 나빠져버린 일도 발생한다. 또한 제대로 충원했다 하더라도 팀에 적응하는 기간도 고려해야 한다. 즉시 전력감으로 활용하기 어렵다는 말이다. 둘째는 외부 컨설팅 업체나 전문가의 도움을 받는 것이다. 급하게 그리고 단기적으로 필요한 역량을 받아들이고자 할 때 유용한 방법이다. 이때 중요한 것은 팀에서 어떤 구체적인 결과물을 원하는지 사전에 명쾌하게 정리되어 있어야 한다. 그래야만 필요한 만큼 외부의 도움을 받아낼 수 있다. 현장에서 목격되는 안타까운 현상은 컨설팅이 그리 도움이 되지 않은 경우가 많다는 점이다. 외부 사람들이 일해준 것을 내부에서 제대로 소화하지 못하는 경우가 많기 때문이다. 마지막으로 팀에서 직접 외부 세계의 역량을 유입하는 것이다. 그리고 이때 가장 많이 사용하는 방식이 교육 프로그램이다. 앞의 다른 두 가지 방법에 비해 가장 비용이 덜 드는 경제적인 방법이며 팀원의 학습 의지가 강하다면 이만큼 효과적인 방법은 없을 것이다.

'일 따로! 교육 따로!'라는 말이 있다. 교육이 업무 성과 향상에 별 도움이 되지 않는다는 말이다. 조직 사회에서 교육 무용론을 제시하는 사람들도 제법 많다. 하지만 다르게 생각해 볼 필요가 있다. 어떻게 한 번의 교육으로 사람이 바뀔 수가 있겠는가? 교육이 효과가 있으려면 교육 행위만 가지고는 절대 안된다. 교육을 통해 얻은 지식을 자기 것으로 내재화하고 이를 적용하려는 노력이 뒤따라야 한다. 학창 시절 학교 수업을 열심히 들었다고 해서 시험 성적이 높아지지 않는 것과 같이 말이다.

교육이 효과가 없다고 푸념할 게 아니라 교육의 효과를 제대로 거두지 못한 스스로를 탓해야 한다. 교육의 기회를 귀하게 여기고 교육의 효과를 높일 수 있는 방법을 찾아야 한다. 교육의 현장 전이를 높일 수 있는 방법을 찾아 적용해야 한다. 구체적인 방법은 다음과 같다.

먼저, 교육 참가자는 교육 참가 전에 스스로 명확한 학습 목표를 세워야 한다. 즉, 교육 프로그램을 통해 무엇을 배우고자 하는지를 명확히 해야 한다. 학습 목표가 명확하면 명확할수록 배우는 것도 많을 것이다. 특히 교육과 자신이 현재 수행하는 일과의 연결고리를 찾는 학습 목표를 세우는 것이 중요하다. 목표가 선명한 만큼 더 집중해서 배울 수 있게 되고, 배우고 난 다음에도 업무에 적용하면서 자기 것으로 소화할 수 있게 된다.

다음으로 교육 참여 전에 관련 도서나 자료 등을 충분히 읽고 숙지하는 시간을 가져야 한다. 교육이 새로운 것을 배우는 시간이 아니라 이미 스스로 배운 것을 다시 확인하고 강화하는 장이 된다면 이보다 효과적인 역량 개발의 장은 없을 것이다.

마지막으로 교육에 참가한 이후에도 상당한 노력이 필요하다. 다시 말해 교육에서 배운 내용을 되돌아보고 업무에 적용하는 시간과 기회를 가져야 한다. 아무리 귀한 것을 배웠다 하더라도 일과 생활에 적용할 수 없다면 시간낭비에 불과하다. 금세 잊어버릴 것이기 때문이다. 후배 한 명이 꽤나 비싼 교육 프로그램에 참가한 적이 있었다. 그는 오래 전부터 간절하게 그 교육 프로그램에 참여하기를 희망했고 운 좋게도 회사의 도움을 받아 참여할 수 있었다. 기대했던 만큼 그는 교육 내용에 큰 감동을 받았고 많은 것을 배웠다고 했다. 그러나 곁에서 객관적으로 보았을 때 그에게 그 교육은 쓸데없는 것이었다. 교육 참여 후 그의 일상을 설명하면 다음과 같다. 교육에 참여하느라 자리를 비운 새에 일이 산더미처럼 밀려 있다. 또한 그가 일하는 환경은 교육을 받기 전이나 받은 후나 똑같다. 배운 것을 일상에 적용해야 하지만 바빠서 그럴 여유도 없고 이내 익숙한 일상에 이내 젖어버린다. 시간이 흐르면서 그의 머릿속에는 아무 것도 남지 않게 된다. 사람의 기억과 관련된 이론에 따르면 통상 사람은 하루가 지나면 배운 것의 50%를 잊어버린다. 그리고 일주일 정도가 지나면 80%가 기억 속에서 사라져버리고 만다. 배운 것이 휘발되어버리기 전에 이를 자기 것으로 소화하는 시간을 가져야 한다. 그렇지 않다면 교육에 대한 투자는 돈 낭비, 시간 낭비일 수밖에 없다.

팀장의 관심이 교육의 효과를 결정한다

팀원의 개인적인 노력뿐만 아니라 팀 차원에서도 외부의 지식을 팀 내부로 적극적으로 받아들일 수 있는 태세를 갖춰야 한다. 그래서 새로운 지식이 팀원의 역량 강화와 팀의 성과 향상에 어떤 식으로든 기여할 수 있도록 해야 한다.

흔히 교육의 질이나 교육 참가자의 태도에 따라 교육의 효과가 결정된다고 생각하는 경향이 있다. 이는 반은 맞고 반은 틀린 생각이다. 팀원들이 사내외 교육에 참여할 때 교육 효과에 대한 책임의 상당 부분은 해당 팀장에게 있다. 무슨 소린가? 교육의 효과가 교육에 전혀 관련이 없는 팀장의 책임이라니? 팀장은 교육을 팀원들에게만 맡겨두어서는 안 된다. 팀원들이 무엇을 배웠는지, 그리고 배운 것을 어떻게 활용할 것인지에 관한 관심이 없다면 교육에 백날 보내봐야 대부분 헛수고다. 존 뉴스톰John Newstorm과 메리 브로디Mary Broade는 〈교육 전이Transfer of Training〉라는 책에서 '교육 전이'에 영향을 미치는 요인들을 소개한다. '교육 전이'는 교육에서 배운 내용이 업무 현장에 적용되는 상태를 의미한다. 교육 내용이 업무 현장에 전이가 되지 않으면 돈, 시간, 인력의 낭비가 발생하여 이만저만한 손실이 아닐 수 없다. 따라서 회사에서 일어나는 모든 교육은 업무 현장으로의 전이를 목표로 해야 한다.

교육이 실제 업무에 전이Transfer되는 상황에서 영향을 미치는 세 사람이 있다. 그것은 교육 참가자의 관리자Manager, 교육 참가 당사자Participant, 그리고 강사Trainer다. 그리고 이들이 영향을 미치는 시점은 '교육 이전Before', '교육 도중During', '교육 이후After'의 세 기간이다. 이 두 학자는 이를 바탕으로 교육의 전이에 미치는 영향력의 순서를 다음의 그림과 같이 설명한다. 숫자는 교육 내용이 업무 현장 이전에 가장 큰 영향을 미치는 순서를 뜻한다.

이 표에서 먼저 관리자의 행(가로줄)을 살펴보기를 바란다. 관리자가 교육의 전이에 얼마나 큰 영향을 미치고 있는지 알 수 있다. '관리

〈교육 훈련 전이Transfer of Training〉

	교육 이전	교육 도중	교육 이후
관리자	1	8	3
교육 참가자	7	5	6
강사	2	4	9

자-교육 이전' 칸이 1위이며 '관리자-교육 이후' 칸이 3위이다. 이를 보면 팀장의 역할에 따라 교육의 성패가 결정된다 해도 과언이 아니다. 교육의 효과는 교육의 질도 물론 중요하고 참가자의 자세도 중요하지만 팀장의 영향력을 넘어서지 못한다.

이 같은 관점에서 팀원이 교육에 참여할 때 팀장이 해야 할 일들은 다음의 두 가지다. 먼저 팀장은 교육에 참여하는 팀원을 절대 그냥 보내서는 안 된다. 아무리 바쁘더라도 잠깐이나마 소통의 시간을 가져야 한다. 참여하는 교육을 통해 무엇을 배워 어떻게 일에 적용할 것인지 질문하고 답변을 듣는 시간을 가져야 한다. 5분이면 충분하다.

"이번 교육에서 무엇을 배우고자 합니까?"

"배운 것을 당신의 일에 어떻게 적용하고자 합니까?"

이 두 가지 질문이면 족하다. 그리고 팀원의 답변을 들으면 된다. 질문에 대한 팀원의 답변이 부실하다면 팀장이 기대하는 바를 덧붙여도 좋다. 짧은 대화를 나눌 시간조차 없다면 메일 또는 문자메시지를 통해 질문하고 답변을 들어도 좋다. 이렇게 하면 팀장으로서 팀원을 교육에 보낼 준비가 끝난다. 팀원은 팀장과의 소통을 통해 보다 명확한 목표 의식을 가지고 교육에 참여하게 될 것이다. 목표가 명확해진 만큼 참여도도 높아질 것이고 얻는 것도 많을 것이다.

그리고 팀원이 교육을 마치고 돌아오면 팀장은 다시 해당 팀원을 만나 다음의 질문을 해야 한다. 질문의 내용은 교육을 보내기 전과 거의 똑같다. 앞의 두 질문을 시제만 바꿔 질문하면 된다.

"무엇을 배웠습니까?"
"배운 것을 당신의 일에 어떻게 적용하고자 합니까?"

이것과는 별도로 팀장은 해당 팀원이 배운 내용을 다른 팀 동료에게 공유할 수 있는 장을 마련해 주어야 한다. 가르치는 것이 가장 잘 배우는 방법이다. 그가 배운 것을 잊어버리기 전에 가르치는 시간을 의도적으로 마련해 주는 것이다. 팀장이 이렇게만 한다면 더 이상 '일 따로! 교육 따로!' 현상을 목격하지 않게 될 것이다.

업무 생산성과 역량 개발을 동시에 챙기는, 두 개의 목표

한 회사의 핵심인력 30명을 대상으로 회사에서 가장 성장했다고 느꼈던 때를 조사해 보았다. 각자의 의견들을 모아 다음의 내용을 정리할 수 있었다.

내가 가장 성장했을 때

1위 도전적인 업무를 수행할 때 (42%)

2위 일이 밤낮없이 많을 때 (25%)

3위 배울 점이 많은 선배와 일할 때 (23%)

4위 독한 상사를 만났을 때 (13%)

5위 교육 프로그램에 참가했을 때 (7%)

조사 결과를 살펴보니 대부분의 내용이 일과 관련된 것이었다. 결과를 요약하면 사람이 가장 성장할 때는 일을 수행할 때라는 점이다. 굳이 이 같은 내용을 살펴보지 않아도 직접 일을 해보는 것이야말로 가장 잘 배우는 길이라는 것을 경험적으로 알 것이다.

사람의 역량을 개발하는 데에는 일을 직접 수행해 보는 것만큼 효과적인 방법은 없다. 뭔가를 제대로 배우려면 그것을 직접 해봐야 한다. 특히 도전적인 업무나 난이도가 높은 업무를 수행할 수 있는 경험을 갖는 것이 중요하다. 하지만 일터에서 아쉬운 점은 늘 하던 일을 같은 수준으로 반복하는 경우가 많다는 점이다. 도전적이지도 않고 난이도가 높지도 않다. 같은 일을 같은 수준으로 오랫동안 반복해 봐야 역량은 향상되지 않는다. 마치 수학 시험에서 아는 문제만 반복해서 푸는 것과 같은 이치다.

한번 선배는 영원한 선배?

말콤 글래드웰Malcolm Gladwell의 저서인 〈아웃라이어Outliers〉에는 미국의 사회학자 로버트 머튼Robert K. Merton이 제시했다는 '마태복음 효과'라는 말이 소개되어 있다. 이는 마태복음의 한 구절인 "무릇 있는 자는 받아 풍족하게 되고, 없는 자는 그 있는 것까지 빼앗기리라"는 내용에서 아이디어를 얻어 만든 말이다. '마태복음 효과'는 사람의 성장에 있어서 환경이라는 요소가 매우 중요하고 이러한 환경의 도움을 잘 받은 사람들이 더욱 잘 성장하게 된다는 말이다. 〈아웃라이어〉에서는 단적인 예로 캐나다의 하키 선수들을 소개한다. 캐나다의 하키 선수들은 10살이 되는 해의 1월 1일을 기준으로 선수 등록을 하는데 이것이 선수들의 실력을 가르는 결정적인 요인으로 작용한다고 한다. 1월에 태어난 아이는 만 열 살에 하키를 시작하지만 12월에 태어난 아이는 1월에 태어난 아이에 비해 거의 한 살이 어린 상태에서 하키를 시작하게 되는 셈이다. 결과적으로 1월에 태어난 아이들이 초기에 두각을 나타내면서 스카우터들의 표적이 되고, 대부분의 팀들이 1월생을 중심으로 상반기에 태어난 아이들로 채워진다. 그 결과로 캐나다의 프로 아이스하키 선수들을 보면 상반기에 태어난 선수가 하반기에 태어난 선수보다 압도적으로 많다고 한다. 운동 신경이나 노력 수준과는 상관없이 하반기에 태어난 사람들은 아이스하키 선수로 대성할 기회 자체가 없어지는 셈이니 매우 황당한 일이 아닐 수 없다.

나는 마태복음 효과가 직업세계에서도 흔하게 목격되는 현상이라고 믿는다. 직장에서는 역량이 뛰어나거나 일에 대한 경험이 많은 사람들이 항상 중요한 일을 독식하는 경향이 있다. 이것이 너무나 당연하게 받아들여져서 더 큰 문제다. 왜냐하면 이로 인해 후배들은 중요한 일을 맡게 될 기회를 갖지 못하게 되니 말이다. 일다운 일을 할 수 없으니 성장의 기회를 제대로 부여받지 못하게 된다. 내가 직장생활을 시작한 1990년대만 해도 기업들은 계속해서 그 외형을 키우고 있었다. 그래서 선배들이 위로 올라가거나 수평적으로 이동할 곳이 많았다. 그리고 후배들은 이들의 빈 공간을 메우며 선배들이 물려준 중요하거나 규모가 큰 일들을 맡아 수행할 수 있었다. 그러나 요새는 어디 그런가? 예전처럼 성장하는 조직도 그리 많지 않고 성장한다 한들 고용 없는 성장이 추세다. 이와 같은 상황에서 '한번 선배는 영원한 선배', '한번 후배는 영원한 후배'의 현상이 나타난다. 그래서 조직의 눈 밖에 난 사람이 아니라면 직급이 높거나 나이가 많은 선배는 계속 중요한 일을 하게 돼 있고, 후배는 계속 선배의 그늘 밑에서 선배가 남긴 떡고물이나 받아먹어야 하는 신세가 되고 만다. 상황이 이러니 후배가 좀처럼 선배를 뛰어넘을 수가 없게 되는 것이다.

따라서 팀원의 역량을 강화하고자 한다면 이와 같이 직급 순으로 중요한 일을 맡게 되는 마태복음 효과로부터 적극적으로 벗어나려는 노력을 해야 한다. 가장 효과적인 방법은 하위 직급의 팀원에게 과감하게 현재 선배 팀원들이 수행하던 중요한 일을 넘겨주는 것이다. 물론 경험이 일천한 후배 팀원에게 일을 맡겼을 때 사고가 터지지 않을까 하는 걱정은 있을 것이다. 하지만 그 일을 해왔던 선배가 곁에서 모르는 것은 가르쳐주고 일이 잘 진행될 수 있도록 도와주면 된다. 한 연구 결과에 따르면 선배가 하던 일을 후배에게 맡기고 선배에게는 후배를 지원하는 역할을 하게 하면 오히려 실수가 줄어들고 더 높은 성과를 거둔다고 한다.

그렇다면 하던 일을 넘겨버린 선배는 무엇을 해야 할까? 그가 해야 하는 일은 명확하다. 그것은 이전에 해보지 않았던 새로운 일을 찾아 도전하는 것이다. 이렇게 하면 팀원들의 역량 향상의 선순환이 이뤄진다. 후배 팀원들은 현재 선배 팀원들이 보유한 역량을 따라잡을 것이고, 선배 팀원들은 새로운 기회를 모색하고 도전하는 과정에서 차원 높은 역량을 갖추게 될 것이다.

두 개의 목표, 업무 목표와 역량 개발 목표

팀원들의 역량을 탁월하게 향상시키는 한 팀의 사례를 소개한다. 이 팀에서는 일의 착수 시점에서 팀원이 담당하는 일을 통해서 무엇을 배울 것인지를 정하는 과정을 거친다. 쉽게 말해 일의 목표와는 별개로 '역량 개발 목표'를 추가로 설정하는 것이다. 역량 향상은 일을 통해서 이뤄질 때 가장 효과가 높다고 하였다. 그러나 단순히 일을 한다고 해서 자동적으로 역량 향상이 이뤄지는 것은 아니다. 똑같은 일을 하고도 크게 성장하는 사람이 있는가 하면 전혀 그렇지 않은 사람도 있기 때문이다. 일을 통해 성장하려면 일의 착수 시점부터 역량 개발 목표를 세워 학습 활동이 일과 함께 동반될 수 있도록 해야 한다. 역량 개발 목표를 수립할 때 고려돼야 하는 것은 다음의 두 가지다.

역량 개발 목표 수립 시 두 가지 고려사항

• 알고 있는 것
• 모르는 것

'알고 있는 것'은 담당 업무와 관련하여 담당자가 '이미 알고 있는 지식'을 말한다. '모르는 것'은 '앞으로 배워야 하는 지식'이다. 알고 있는 것을 굳이 정리하는 이유는 모르는 것을 보다 선명하게 하기 위함이다. 또한 알고 있는 것의 수준을 좀 더 높일 수 있기 위함이다. 아는 것 같기도 하고 모르는 것 같기도 하다면 모르는 것으로 분류하는 것이 좋다. 명확히 아는 것이 아니라면 때로는 아예 모르는 것보다 못한 결과를 초래하는 경우가 많기 때문이다. 가령 시험볼 때 아예 모르면 찍어서 맞출 확률이라도 있지만 어설프게 알면 잘못된 답을 선택할 가능성이 높다.

일은 뭔가를 배울 수 있는 최고의 기회를 제공하지만, 일에서 배우지 못하는 이유는 뭘 모르는지를 모르기 때문이다. 뭘 모르는지 모른다는 것은 스스로 부족한 점이 무엇인지를 알지 못한다는 의미다. 이럴 경우 늘 하던 대로 일하기 쉽고 결과적으로 같은 종류의 시행착오를 반복하게 될 것이다. 모르는 것이 무엇인지 명확히 알게 되면 일을 바라보는 시각이 달라진다. 그리고 과거와는 다른 방식의 일 수행이 가능해진다.

모르는 것이 명확해진다면 일은 결코 손해 보는 장사일 수가 없다. 경우에 따라 일은 실패할 수 있을지 몰라도 학습의 실패는 있을 수 없기 때문이다. 어쩌면 일이 크게 실패할수록 배우는 것이 훨씬 많을 것이다. 모르는 것이 무엇인지 알고 일하면 일의 성공 가능성도 높아진다. 모르는 것을 알아가면서 일을 수행할 것이기 때문이다. 일의 목표도 달성하고 역량개발의 목표도 달성하는 일석이조의 효과를 거둘 수 있다.

일을 진행하는 과정에서 팀장은 팀원이 '모르는 것'을 제대로 배우면서 일하고 있는지를 체크해야 한다. 동시에 모르는 것을 배울 수 있는 학습의 기회를 제공해야 한다. 그리고 일을 마친 후에는 일의 성과를 돌아봄과 동시에 일을 통해 팀원이 무엇을 배웠는지, 역량 개발 목표의 달성 수준을 확인해야 한다.

〈일하면서 역량을 키우는 법〉

구분	팀장과 팀원이 함께 챙겨야 할 것
일의 착수 시점	성공적인 업무 수행을 위해 '알고 있는 것'과 '모르는 것'을 정리
일의 진행 과정	'모르는 것'을 배워가며 일하기
일의 완료 시점	'모르는 것'을 제대로 배웠는지 확인

자기 생각이 있는 팀원이 열심히 일한다

도대체 생각이 있는 거야? 없는 거야?

팀장　도대체 무슨 생각으로 일하는 거야?

팀원　…… (시킨 대로 했잖아요.)

팀장　도대체 당신 생각은 뭐야?

팀원　…… (언제는 내 생각대로 한다고 뭐라고 그러더니?)

팀장　항상 이 모양이니 내가 일을 믿고 맡길 수가 있나?

팀원　…… (언제 일을 믿고 맡겨본 적이나 있어?)

팀장　다시 해 와!

팀원　…… (도대체 뭘 어떻게 하라는 거야? 정말 속 터져 죽겠네!)

주변에서 종종 목격할 수 있는 팀장과 팀원의 대화 장면이다. 팀장은 열정도 없고 별 생각 없이 일하는 팀원이 불만이다. 반면 팀원은 업무의 방향 제시도 제대로 하지 않고, 게다가 일을 믿고 맡겨주지도 않는 팀장이 야속할 것이다. 이 과정에서 서로는 불신하게 되고 간극은 더욱 벌어지게 된다. 무엇이 이런 문제를 일으키는 것일까?

제임스 쿠제스James Kouzes와 베리 포스너Barry Posner의 공저 〈리더십 챌린지Leadership Challenge〉에는 '개인의 추구 가치'와 '일에 대한 열정' 간의 상관관계를 밝히는 연구 결과가 소개되어 있다. 여기에서 '개인의 추구 가치'는 한 개인의 삶에서 의사결정과 행동의 기준이 되는 지속적인 믿음enduring beliefs을 의미한다. '가치'라는 용어가 다소 생소할 것이다. 쉽게 말해 개인의 철학, 소신, 생각, 믿음 등과 비슷한 용어라고 생각하면 이해에 도움이 될 것이다. 이 두 학자는 개인과 조직의 추구 가치가 직원들의 일의 열정에 어떤 영향을 미치는지 알고 싶었다. 결론부터 말하자면 사람은 스스로 추구하는 가치가 명확할 때 더 열심히 일한다는 것이다. 쉽게 말해 아무 생각이 없는 상태로 일하는 것보다, 뭐라도 좋으니 스스로의 생각이나 믿음을 가진 사람이 일을 열심히 한다는 것이다. 그들의 연구 결과를 다음의 그림을 통해 좀 더 자세히 알아보자.

세로 축의 '조직의 추구 가치'는 한 직원이 조직의 추구 가치를 얼마나 명확히 이해하고 있는가에 관한 것이다. 가로 축의 '개인의 추구 가치'는 얼마나 명확하게 자기 생각을 가지고 일을 하는가에 관

한 것이다. 이 연구에서는 '조직의 추구 가치'와 '개인의 추구 가치'의 높고 낮음의 조합으로 네 개의 영역을 나누고, 각 영역별로 직원의 일에 대한 열정 수준을 측정했다. 열정 수준은 7점 척도로 1점은 열정이 가장 낮은 수준이며 7점은 열정이 가장 높은 수준을 의미한다. 예상대로 조직 추구 가치와 개인 추구 가치가 동시에 명확할 때 개인의 일에 대한 열정이 가장 높은 것(1사분면, 6.26점)으로 나타났다. 이와 반대 영역으로 개인의 추구 가치와 조직 추구 가치가 함께 명확하지 않을 때는 개인의 일에 대한 열정이 상당히 낮은 점수(3사분면, 4.90점)로 나타났다. 여기까지는 모든 사람들이 예상할 수 있는 것이다. 그런데 여기에서 주목해야 할 영역은 2사분면(좌측 상단)으로 '조직의 추구 가치'가 높고 '개인의 추구 가치'가 낮은 영역이다. 쉽게 말해 스스로의 소신이나 생각없이 조직이나 상급자의 지시를 따르는 직원의 유형이 여기에 해당된다. 이 영역에서의 일에 대한 열정 점수는 4.87점으로 네 개의 영역 가운데 가장 낮은 점수로 나타났다. 이 유형은 좋게 말하면 충성심이 뛰어난 직원이라고 할 수도 있고, 나쁘게 말하면 아무 생각 없이 일하는 직원이라고도 할 수 있는 유형이다. 이 지점에서 문득 과거 군복무 시절이 떠오른다. 오로지 상명하복의 원리만 작동하였던 군대 문화 속에서 수동직으로 움직일 수밖에 없었던 이유를 새삼 찾을 수 있었다.

이 표에서 또한 주목해야 할 영역은 4사분면인 우측 하단 영역이다. 이 영역은 '조직의 추구 가치'에 대한 명확도는 낮은데 '개인의 추구 가치'의 명확도가 높은 영역이다. 소위 자신만의 소신과 생각을 가지고 일하는 직원의 유형이다. 이러한 유형의 일에 대한 열정 점수는 6.12점으로 가장 높은 점수(1사분면, 6.26점)와 비교해도 별 차이가 없는 것으로 나타났다.

자기 생각이 있는 팀원이 열심히 일한다

이 연구는 직원 개인이 추구하는 가치의 중요성을 설명한다. 개인의 추구 가치가 명확하다면 일에 대한 열정 수준이 높다는 것이다.

쉽게 풀어 말하면 자기 생각이 있는 직원이 열심히 일한다는 것이다. 이 연구는 조직의 추구 가치가 중요하지 않다고 말하는 것이 아니다. 조직의 가치는 그 나름대로 중요하고 지속적으로 강조돼야 하는 것임에 틀림없다. 조직의 추구 가치가 강조되어야 조직이 한 방향으로 나아갈 수 있으며 가용 자원과 에너지를 결집할 수 있다. 그런데 그렇다고 해서 개인의 추구 가치가 무시되는 일이 있어서는 안 된다는 것이다. 사실 조직의 추구 가치는 직원 개개인의 업무의 관점에서 보면 큰 방향을 제시하는 역할을 할 뿐이다. 구체적이고 세밀한 업무 영역에서는 그것의 영향력이 현저히 줄어들 수밖에 없다. 일선 업무 현장에서는 조직의 추구 가치만으로는 설명도 되지 않고 답도 찾을 수 없는 잡다한 상황이 빈번하게 발생하기 때문이다. 쉽게 표현해서 조직의 추구 가치는 수학으로 따지면 기본 공식에 해당된다. 하지만 시험 문제는 기본 공식만으로는 풀 수 없는 응용문제가 나오는 것과 같은 이치다. 기본 공식을 바탕으로 주변 지식을 모두 동원해야 응용 문제를 잘 풀어낼 수 있다. 호텔 비즈니스의 대명사라 할 수 있는 세계적인 호텔 그룹 리츠 칼튼Ritz Carton은 직원들이 일을 할 때 항상 휴대해야 하는 카드가 있다. 그것은 크레도Credo라 불리는 직원들이 반드시 준수해야 하는 '근무 신조'를 뜻한다. 위에서 언급한 '조직 추구 가치'에 관한 내용이다. 이 카드에는 직원들이 일을 할 때 반드시 지켜야 할 행동 수칙들이 기술되어 있다. 그런데 리츠 칼튼 호텔에서 크레도와 함께 동시에 중요하게 생각하는 것은 직원들의 상황에 따른 유연하고 창의적인 사고다. 그래서 직원들에게 스스로의 판단에 의해 사용할 수 있는 비용과 업무 재량권을 부여한다. 리츠 칼튼은 회사의 추구 가치도 중시하지만 직원 개인의 추구 가치도 동시에 중시하는 접근을 취하는 것이다. 이를 통해 직원들은 회사의 추구 가치라는 테두리 안에서 현장에서 틀에 박히지 않은 유연하고 창의적인 서비스를 생각하고 실천할 수 있게 된다.

자신의 생각을 강요하거나 꼬치꼬치 따지는 마이크로 매니지먼트 유형의 팀장은 팀원들의 두뇌가 아닌 몸뚱이만 활용하겠다는 것과 같다. 팀은 최전선에서 예측할 수 없는 다양한 상황과 직접 부딪히며 문제를 해결해 나가는 곳이다. 그렇기에 팀원 개개인의 일에 대한 철학과 창의적인 아이디어가 접목이 되지 않는다면 매우 경직되고 답답한 일처리가 될 가능성이 높다.

팀원들은 항상 두 갈래 길에서 고민을 한다. "시체처럼 따를 것인가? 아니면 자신의 생각을 펼칠 수 있는 곳을 찾아 떠날 것인가?" 전자의 경우는 앞의 그림 좌측 상단의 영역으로 최악의 열정 수준으로 이어질 수밖에 없다. 팀원들이 열정적으로 일하기를 원한다면 자기 생각을 자유롭게 펼칠 수 있는 분위기를 만들어주어야 한다. "나는 이 일을 이런 식으로 해보고 싶어", "나는 이 문제를 이렇게 해결해 볼 거야"는 식으로 자기 생각을 펼칠 수 있게 하고 그것을 구현할 수 있도록 돕고 지원하는 팀이 되어야 한다. 자기 생각을 개진하는 팀원을 존중하고 응원하는 팀 문화를 만들어야 한다. 미국의 코넬 대학교의 제임스 디터드 교수의 연구에 따르면 직원이 자신의 의견을 자유롭게 낼 수 있는 조직은 직원의 이직률이 32%가 감소되는 등 장기 근속하는 직원들이 늘어난다고 한다. 반면 직원이 침묵을 지킬 때는 실수와 나쁜 의사결정이 서로 맞물려 지속되고 많은 스마트한 아이디어들이 빛을 보지 못해 조직의 생산성이 떨어진다고 한다. 어떤 생각이든 두려움없이 자유롭게 말할 수 있는 팀 문화를 구축하기 위한 노력을 해야 할 것이다.

팀원 스스로도 조직이나 리더의 생각을 수동적으로 받아들이는 모습이 아니라 업무 현장에서의 자신의 경험을 바탕으로 보다 적절한 아이디어를 내기 위한 노력을 해야 한다. 이러한 태도야말로 팀에 기여하는 길이고 동시에 스스로가 성장하는 길이다.

팀원의 꿈을
응원하라!

당신은 어떤 꿈을 가지고 있습니까?

필자가 과거에 단골이었던 '텟펜Teppen'이라는 일본식 선술집을 소
개한다. 지금은 없어졌지만 당시 홍대에서 가장 유명한 곳 중의 하
나였다. 이곳이 인상적인 것은 직원들의 열정이 남달랐다는 점이다.
표정은 늘 웃는 얼굴이었고 작은 행동 하나하나에도 열정이 가득했
다. 내가 이곳에 자주 방문했던 이유는 음식도 맛있었지만 그보다는
직원들의 열정을 만끽하기 위해서였다. 직원들이 얼마나 열심히 일
하는지 그곳에 잠시 머무는 것 자체만으로도 기운이 솟는 느낌이 들
정도였다. 아마도 나뿐만이 아니었던 모양이다. 방문할 때마다 늘 고
객들로 가득 차 있었던 것을 보면 말이다. 그곳이 다른 가게와는 달

리 그토록 열정이 넘쳤던 이유는 무엇일까? 나는 그것을 가게 벽면을 가득 채우고 있었던 수많은 액자에서 발견할 수 있었다. 각 액자에 적혀 있던 내용들은 다음과 같은 것들이었다.

"최고의 휴양지 하와이에서 나의 요리로 즐거움을 주자!"
"전국에 내 이름이 걸린 가게를 만든다!"
"따뜻한 가게, 손님과 이웃처럼, 때로는 친구, 혹은 가족처럼!"

각 액자에는 각 직원의 꿈이 적혀 있었다. 한 사람이 여러 개의 꿈이 적힌 액자를 가지고 있는 경우도 있었다. 전체 직원의 꿈이 기록된 액자들은 마치 이 가게에서 가장 중요한 인테리어와 같았다. 이뿐만이 아니었다. 이곳에서 일하는 직원들은 모두 자신만의 특별한 명함을 가지고 있었다. 바로 자신의 꿈이 함께 기록된 명함이다. 이곳의 사장은 꿈이 있는 직원이 열정이 높다는 믿음을 가지고 있었다. 그래서 이곳에서는 개인의 꿈을 가장 소중하게 생각하며, 입사면접을 볼 때 가장 처음 던지는 질문이 "당신은 어떤 꿈을 가지고 있습니까?"라고 한다. 만일 이 질문에 명확한 답변을 하지 못하면 이곳에서 일하겠다는 생각을 접어야 한다. 주방장이나 지점장이 된다는식의 이 가게와 연관된 꿈이 아니어도 된다. 꿈의 성격이나 종류는어떤 것이든 상관이 없다. 그저 개인 차원의 명확한 꿈만 있으면 된다. 여기서 드는 의문점은 크게 두 가지다. 먼저 이곳의 업종과 관계

없는 꿈을 가진 사람이 어떤 기여를 할 수 있을까에 대한 의문이다. 흔히 직원을 채용할 때 어떻게든 비즈니스와의 연관성을 우선시하는 입장에서 보면 이는 매우 터무니없는 채용방식이다. 그러나 이곳에서는 직장이라는 곳은 개인의 꿈을 이루기 위해 거쳐 가는 곳이라는 관점을 가지고 있었다.

직장의 정의	꿈을 이루기 위해 거쳐가는 곳 (언제든지 떠날 수 있는 곳)

설사 해당 직원이 회사에서 계속 성장하고 싶다면 환영하겠지만 회사가 직원 개개인이 가진 큰 꿈을 제한하는 방해물이 돼서는 안 된다는 것이다. 설사 직원이 텟펜에서 익힌 노하우로 근처에 가게를 오픈하여 경쟁자가 된다 해도 그것을 막아서는 안 된다는 입장이었다. 텟펜의 사장은 만일 그런 일이 생긴다면 두 가게가 서로 경쟁하면서 서로를 자극해 시장을 확대하는 형태의 윈윈의 관계가 될 것이라고 믿었다. 어찌됐든 텟펜에서 직원들에게 기대하는 것은 그들이 저마다 가진 꿈이다. 그리고 텟펜이 할 일은 직원 개개인의 꿈이 이뤄질 수 있도록 돕는 것이라고 했다.

다음으로 직원의 꿈과 관련하여 갖게 되는 또 다른 의문은 개인적 꿈이 강한 나머지 직원들이 회사보다는 개인의 이익을 중시하는 모습으로 일하지 않을까 하는 우려이다. 사실 일반적인 조직에서는 벽면에 회사의 비전을 붙여놓는다. 개인의 꿈 따위는 개인사에 불과할 뿐 관심조차 없다. 회사에서 직원에게 유일하게 중요하게 생각하는 것은 회사에 대한 충성심이다. 회사의 비전 달성을 위해 얼마나 노력하는가를 가지고 직원의 충성도를 따질 것이다. 그러나 조직에 대한 충성심이 과연 실체가 있는 것일까? 이미 평생직장이라는 개념은 아주 오래전에 구시대의 유물이 되어버렸다. 직원들의 인식 속에서 조직은 '오래 머무르는 곳'이 아니라 '필요한 만큼 있다 떠나는 곳'으로 바뀐 지 오래다. 외부의 좋은 조건이 주어지거나 회사가 마음에 안들면 미련 없이 떠나는 곳이 조직이다. 이러한 시대 변화 속에서 직원에게 충성심을 요구하는 것은 난센스다.

한 인사담당자에게 들은 이야기다. 과거에 입사하는 신입사원들에게 꿈이 뭐냐고 물어보면 주로 회사의 CEO나 임원이 된다는 의견들이 제법 나왔다고 한다. 그러나 요새는 그런 류의 이야기는 매우 촌스러운 이야기로 치부되고 있다. 언제 떠날지도 모르는 회사에서 자신의 미래를 그리는 사람이 과연 있을까? 직원에는 오로지 자신의 꿈과 인생의 목표만이 있을 뿐이다.

팀원 개개인의 꿈을 응원하고 지원하라!

주지하는 바와 같이 회사와 직원의 관계는 엄연히 서로의 기대에 따라 이뤄지는 계약 관계이다. 따라서 직원 개개인의 회사에 대한 애정과 충성심은 전적으로 회사가 그를 어떤 식으로 대하느냐에 따라 결정된다. 회사에서 또는 팀 내에서 열심히 일하는 사람들을 보면 눈에 띄는 공통점이 있다. 그것은 회사 또는 팀으로부터 높은 인정을 받고 있거나 높은 인정을 받을 수 있을 것이라는 믿음이 강한 사람들이다.

'조직지원인식Perceived Organizational Support'이라는 이론이 있다. 이는 1986년에 아이젠버거Eisenberger 외 3명의 학자가 주창하고 수많은 학자들에 의해 광범위하게 연구된 이론이다. 요약하면 조직지원인식은 한 직원이 자신의 조직이 자신을 어떻게 생각하고 있는가에 대한 전반적인 인식을 뜻한다. 조직지원인식 이론에 따르면 조직이 직원을 어떤 식으로 대하느냐에 따라 그의 조직에 대한 애정이나 기여의 수준이 결정된다고 한다. 즉, 조직이 자신을 중요한 존재라 여기면 조직에 대한 애정이 높아지고 더 높은 성과 창출을 위해 노력할 가능성이 높다는 것이다.

이제는 일방적인 조직 중심의 패러다임에서 벗어날 필요가 있다. "조직에 충성하면 그에 대한 보상을 해 줄거야"와 같은 접근은 더이상 유효하지 않다. 이제는 구성원 중심의 패러다임으로 바뀌어야 한다. 조직과 직원의 관계는 더이상 과거의 갑을 차원의 관계가 아니다. 과거에는 조직이 힘이 강했지만 이제는 직원 개개인의 힘도 만만치 않다. SNS를 통해 세상의 여론을 만들 수 있는 수준으로 개인의 힘이 강해져 결코 조직의 힘에 개인이 밀리지 않는다. 조직이 직원의 눈치를 봐야 하는 형국이어서 슈퍼 을이라는 신조어도 생기지 않았는가? 이제 직원을 응원해 주는 조직이 되어야 한다. 이를 위한 가장 효과적인 방법 중의 하나는 조직이 직원 개개인의 꿈에 관심을 갖는 것이다. 자신의 꿈을 응원하고 돕는 조직을 떠날 이유가 없다. 조직의 비전과 직원의 꿈, 두 가지를 놓고 보았을 때 어느 것이 더 중요하고 덜 중요하다고 말할 수 없다. 조직 차원에서 보면 조직의 비전이 중요한 것이고, 직원 차원에서 보면 스스로의 꿈이 더 중요한 것이다. 직원이 조직의 비전에 대해 관심을 가져주면 좋겠지만 사실상 이를 위해 할 수 있는 일도 별로 없다. 따라서 과감하게 직원의 꿈에 대해 관심에 가져보면 어떨까? 조직이 직원의 꿈에 관심을 보인다면 상호성의 원리에 의해 직원도 조직의 비전에 관심을 갖게 될 것이다. 이 같은 관점에서 앞에서 소개한 텟펜과 같이 이제 팀원 개개인의 꿈을 이야기하는 시간을 가져보는 것은 어떨까? 서로의 꿈을 알고 응원해 주는 팀이 되어보면 어떨까? 꿈이 있는 사람은 열정이 없을 수가 없다.

멘토링과
리버스 멘토링

지식은 공짜로 전이되지 않는다

　흔히 직장에서 상사는 부하에게, 선배는 후배에게, 역량이 높은 사람은 역량이 낮은 사람에게 자신이 가진 지식을 전수해야 한다고 말한다. 그러나 이는 허상에 가까운 이야기다. 요즘과 같은 치열한 경쟁사회에서 무슨 이유로 타인에게 자신이 오랫동안 갈고닦은 지식을 공짜로 가져다 주겠는가? 오히려 노하우를 알려달라고 뻔뻔하게 요구하는 누군가가 있다면 상종 못할 사람으로 봐야 한다.

　콜센터를 맡고 있는 김 팀장의 사례를 소개한다. 통상 콜센터의 주요 업무 단위는 팀원 개인이다. 독자적으로 업무를 수행하며 개인들의 성과의 합이 팀의 성과가 된다. 개인별로 거둔 실적은 숫자로 명확히 나타나서 높은 성과를 올리면 높은 성과급을 받아가는 구조다. 그래서 여느 조직보다도 팀원 간 내부 경쟁이 치열할 수밖에 없다. 팀장은 깊은 고민에 빠졌다. 실적이 우수한 팀원과 저조한 팀원이 너무 극명하게 구분되기 때문이다. 순위도 거의 변함이 없다. 이는 분명 팀원 개개인의 역량 차이로 인해 나타나는 결과였다. 만약실적이 우수한 팀원이 저조한 팀원에게 노하우를 알려준다면 분명팀 성과가 한 차원 높아질 것이 분명했다. 그런데 문제는 아무도 그것을 하려 하지 않는다는 점이다. 역량이 높은 팀원의 입장에서는 괜히 가르쳐줬다가 호랑이 새끼를 키우는 꼴이 되기 때문이다. 자신이 가르친 후배가 더 높은 성과라도 내면 자신의 성과급이 떨어질수 있는 것이다.

이런 상황 속에서 팀장은 가르치고 배우는 학습 환경을 만들어내는 것이 중요한 과제였다. 그가 생각해 낸 아이디어는 '노하우 경진대회'였다. 한 달에 한 번 꼴로 전체 팀원이 자신이 가진 노하우를 공유하고, 그 가운데 우수한 노하우를 선정하여 포상하는 것이다. 본래경쟁이 심한 팀이다 보니 이는 제대로 먹혔다. 팀원들은 자신이 가진노하우를 공개하는 데 경쟁이 붙기 시작했고 자연스레 서로의 업무역량이 공유되기 시작했다. 팀장은 이 과정을 보고 흐뭇해하며 팀의실적이 향상될 것을 기대했다. 그런데 시간이 흘러도 팀장이 기대했던 것만큼의 실적 개선은 이뤄지지 않았다. 쉽게 배울 수 있는 것이라면 애초에 성과의 차이도 발생하지 않았을 것이다.

그래서 김 팀장 다시 고민에 빠졌고 대안으로 멘토Mentor-멘티Mentee 시스템을 들고 나왔다. 실적이 낮은 팀원과 높은 팀원을 일대일로 연결시키는 것이다. 그리스 신화에서 유래된 말인 멘토Mentor는 조력자이고 멘티Mentee는 조력을 받는 사람이다. 이렇게 실적이 높은 팀원이 실적이 낮은 팀원을 지도하여 이전보다 실적이 높아질 경우 높아진 실적에 비례하여 '인스트럭터 인센티브Instructor Incentive'를 제공하기로 한 것이다. 이렇게 했더니 제자리에 멈춰 서 있던 팀 실적이 움직이기 시작했다. 비로소 팀 내부에서 지식의 전이가 제대로 이루어지기 시작한 것이다. 팀장은 이 과정에서 팀 운영과 관련하여 큰 것을 하나 깨달았다. 그것은 한 사람이 보유하는 지식은 결코 공짜로, 그리고 쉽게 다른 사람에게 전이되지 않는다는 사실이다.

직원들이 보유하고 있는 지식은 조직의 지식일까? 반은 그렇고 반은 아니다. 지식을 보유한 직원이 조직을 떠나는 순간 그 지식은 조직의 지식이 될 수 없기 때문이다. 조직은 사람을 고용하고 있지만 지식은 사람에게 귀속되어 있다. 다시 말하지만 지식의 소유자는 바로 사람이다. 사람의 진짜 중요한 지식은 암묵지의 형태로 좀처럼 표현되지도 않고 다른 사람에게 전이되지도 않는다. 마치 어머니로부터 요리법을 배웠어도 어머니의 손맛은 흉내 내지 못하는 것처럼 말이다. 지식의 전이는 사람과 사람의 만남을 통해서 가능하다. 그것도 일회적인 것이 아니라 반복적이고 지속적인 만남을 거쳐야 한다. 그저 역량 있는 팀원에게 후배 팀원을 가르치라고 요구하는 것은 아무엇도 기대하지 않겠다는 것과 다르지 않다. 일시적인 대가를 지불하는 것은 시늉만 내겠다는 것에 불과하다. 팀원들 간의 지식의 전이는 그들이 끊임없이 교류할 때 이루어진다.

일을 잘하는 사람과 일을 못하는 사람이 함께 일하게 하고, 이 과정에서 눈으로 보고 몸으로 익히게 해야 한다. 또한 자신의 지식을 다른 사람에게 전이해 준 사람에게는 눈에 보이는 인정과 보상을 해야 한다는 사실 또한 잊어서는 안 된다.

리버스 멘토링 Reverse Mentoring

일반적으로 우리가 알고 있는 멘토링이란 존경받는 상사나 선배가 부하직원이나 후배에게 일대일로 지도와 조언을 하는 일체의 활동이다. 여기에 추가로 기존의 멘토링과 정반대 방식으로 하는 '리버스 멘토링'을 소개한다. '리버스 멘토링'에서는 통상적인 멘토링에서의 멘토와 멘티의 역할이 서로 바뀐다. 즉, 팀장이 멘티가 되고 팀원 가운데 누군가가 팀장의 멘토가 된다는 말이다. 팀장의 리더십에 대해 가장 많이 아는 사람들은 누구도 아닌 팀원이다. 따라서 팀장은 자신의 리더십에 대해 알고 싶다면 팀원들의 이야기를 먼저 들어야 한다. 함께 생활하는 팀원들로부터 자신에 대한 솔직한 피드백만큼 정확한 정보는 없을 것이다.

한 워크숍에서 팀원들에게 어떤 내용이라도 좋으니 팀장에 대한 이야기를 적어보라고 요청한 적이 있었다. 팀원 대부분이 한 페이지 이상은 거뜬히 써냈다. 내용 또한 어느 리더십 서적에서도 찾아볼 수 없는 매우 실질적이고 구체적인 내용들이었다. 팀장을 빼놓고 팀원끼리 회식을 하면 밤을 새면서 대화할 수 있는 주제 또한 팀장의 리더십이다. 그러나 팀원의 입장에서 현실적으로 팀장에게 직설적인 피드백을 할 수 있겠는가? 좋은 이야기라면 몰라도 부정적인 피드백을 잘못 전달했다간 직장생활이 꼬이기 십상이다. 고양이 목에 방울을 달려다 고양이 밥이 될 수 있는 것이다.

리버스 멘토링은 이와 같은 부작용을 제거하면서 팀장이 보다 주도적으로 팀원들에게 배우는 접근 방식이다. 팀장은 팀원 가운데 자신에게 가장 조언을 잘해 줄 것 같은 팀원 한 명을 멘토로 선정한다. 팀장이 직접 선정하는 것보다는 자발적으로 하겠다는 팀원을 선정하는 것이 좋다. 기왕이면 팀원들의 생각을 잘 대변하는 사람이어야 할 것이다. 순서를 정해 멘토 역할을 수행할 팀원을 주기적으로 교체한다면 더욱 좋을 것이다. 보다 다양한 의견을 들을 수 있기 때문이다. 멘토를 맡은 팀원은 주기적으로 팀장의 리더십에 대해 팀원들의 의견을 모아 팀장에게 전달한다. 여기서 멘토인 팀원은 팀장이 "이래야 한다, 저래야 한다" 등의 조언을 하는 입장이 돼서는 안 된다. 자칫 자신의 주관적인 생각이 개입될 수 있기 때문이다. 말 그대로 팀원들의 대변인 역할만 수행하면 된다. 전달하는 데 그치지 않

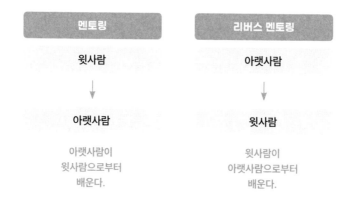

〈멘토링 vs. 리버스 멘토링〉

멘토링	리버스 멘토링
윗사람	아랫사람
↓	↓
아랫사람	윗사람
아랫사람이 윗사람으로부터 배운다.	윗사람이 아랫사람으로부터 배운다.

고 팀장의 생각도 들으면서 팀장과 팀원 사이에 존재하는 오해도 찾을 수 있어야 한다. 그리고 중간에서 이를 해소해 주는 역할 또한 수행해야 한다.

리버스 멘토링 과정에서 팀장이 절대 피해야 하는 것은 변명이다. 때로는 다소 마음이 상하더라도 멘토인 팀원의 피드백을 그냥 들어야 한다. 시간을 두고 찬찬히 생각해 보면 팀원들의 마음도 이해할 수 있을 것이다. 또한 팀장은 자신에게 가감 없이 팀원들의 생각을 전달해 주는 멘토의 수고에 대해 감사의 표현을 잊어서는 안 된다. 상사의 리더십을 피드백하는 활동이 얼마나 힘든 것인지는 잘 알 것이다.

나는 팀원들의 피드백을 잘 듣는 팀장 치고 팀원들의 존경을 받지 않는 팀장을 본 적이 없다. 더욱이 자신의 리더십에 대해 팀원들에게 피드백을 요청하는 팀장이라면 말할 것도 없다. 팀장 팀원 간의 리버스 멘토링은 주제가 꼭 리더십에만 국한될 필요는 없다. 최신 트렌드나 특정 직무지식에 관한 모든 것이 주제가 될 수 있다.

팀은 함께 일하면서 성장하는 곳이 되어야 한다. 성장에 도움이 되는 가장 좋은 방법 중의 하나는 자신을 객관적으로 보는 주변 사람들의 피드백을 듣는 것이다. 팀장은 팀원으로부터, 팀원은 팀장으로부터, 팀원 상호 간에 가르치고 배우며 함께 성장하는 학습문화를 가진 팀만큼 이상적인 팀이 있을까?

일주일 5분이면 충분하다

사람은 어떻게 배우는가?

팀원 육성을 생각할 때 가장 먼저 생각하는 것이 교육이다. 그러나 이 방식은 비용이 많이 든다. 교육 직접 비용도 만만치 않고 교육 참가를 통해 발생하는 기회비용을 따져보면 더더욱 그렇다. 보통의 결심으로는 팀원 교육을 생각하기 어렵다. 비용을 떠나서라도 늘 일손부족으로 시달리는 현실에서 교육은 언감생심이다.

그런데 여기서 한 가지 분명히 짚고 넘어가야 하는 점이 있다. 교육은 물론 필요한 것이긴 하다. 하지만 교육 기회가 부족하다고 해서 팀원의 역량 발전이 어렵다는 것은 많이 잘못된 생각이다. 교육이 유일한 팀원 육성 방법일 수는 없으며, 교육보다도 효과적인 육성 방법이 널려있기 때문이다. 미국의 심리학자인 윌리암 글래서 William Glasser는 사람은 주로 어떤 식으로 배우며, 어떤 방식이 보다 효과적인 학습방법인지를 제시한다.

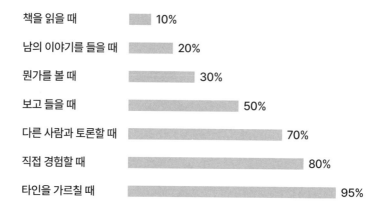

〈사람은 어떻게 배우는가How we learn〉

책을 읽을 때	10%
남의 이야기를 들을 때	20%
뭔가를 볼 때	30%
보고 들을 때	50%
다른 사람과 토론할 때	70%
직접 경험할 때	80%
타인을 가르칠 때	95%

윌리암 글래서가 제시한 학습 방법 가운데 가장 효과적인 방식 세 가지를 꼽는다면 다음과 같다.

다른 사람과 토론할 때	70%
직접 뭔가를 경험할 때	80%
남들을 가르칠 때	95%

자신은 물론 누군가의 역량을 강화하려면 이 세 가지 방식에 초점을 맞추면 된다는 말이다. 더구나 이 세 가지의 방식은 공통점이 하나가 있는데 교육장이 아니라 일터에서 일어나는 방식이라는 점이다. 앞의 학습그래프를 바탕으로 현재 당신의 팀이 잘 배우고 있는 팀인지 알려면 다음의 세 가지 관련 질문을 던져보면 된다.

"우리 팀에서는 활발한 토론이 일어나는가?"
"우리 팀은 새로운 경험을 하고 있는가?"
"우리 팀은 서로 가르치거나 지식/정보를 공유하는 활동이 활발한가?"

5분 스피치

팀원의 역량을 획기적으로 향상시키고 싶다면 가장 효과가 높은 방식을 적용하면 될 것이다. 즉, 타인을 가르치는 것이 가장 효과적인 학습 방식이라고 한다면 팀원들이 서로를 가르치는 기회를 자주 마련하면 된다.

"가르치는 것이 가장 잘 배우는 방법이다"는 원리에 입각하여 팀 차원에서 실천할 수 있는 구체적인 역량 개발 방법 한 가지를 제안한다. 그것은 '5분 스피치'이다. 즉, 팀원 개개인이 일하면서 배우거나 터득한 노하우를 다른 팀원들에게 가르치는 기회를 주기적으로 마련하는 것이다. 주기는 팀의 상황에 따라 결정하면 된다. 왜 5분으로 해야 하는지 궁금할 것이다. 여기서 5분은 스피치 하는 사람에게 부담도 적고 듣는 사람 입장에서도 지루함이 없는 시간이기 때문이다. 필요에 따라, 팀의 상황에 따라 시간은 적당히 짧은 선에서 정하면 된다. 단, 발표 주제는 가급적 수행하는 직무와 관련된 것으로 한정하는 것이 좋다. 일을 통해 배우고, 배운 것을 다시 일에 적용하는 모습이 가장 이상적이며, 역량 개발과 업무 성과를 동시에 챙기는 접근이기 때문이다. 발표 주제를 제한하지 않을 경우 다양한 이야깃거리는 오가겠지만, 자칫 내용이 잡담 수준에 그칠 수 있고 오래 지속할 필요성도 느끼지 못하게 된다. '5분 스피치'의 목적은 상식을 늘리자는 차원이 아니라, 업무 수행에 직접적인 도움이 되는 역량을 개발하기 위한 것이라는 사실을 잊어서는 안된다.

진행 방식은 단순하다. 각 팀원이 순서대로 5분씩 준비한 내용을 발표하면 된다. 당연히 중간중간 질의응답을 통해 서로의 이해 수준을 높이는 대화를 할 수 있다면 더욱 좋을 것이다. 팀장 역시 발표의 예외가 되어서는 안 된다. 팀에서 수행하는 모든 활동에서 팀장의 솔선수범은 기본이다. 팀장 스스로도 5분 스피치를 준비해서 발표해야 한다. 역량 강화는 팀원에게만 해당되는 것일 수 없다.

팀에서 5분 스피치를 꾸준히 하다 보면 다음의 세 가지 긍정적인 효과를 거둘 수 있을 것이다.

첫째, 5분 스피치를 통해 팀원은 일하면서 배운 것을 정리할 수 있게 된다. 학습의 성과는 눈에 드러나지 않는 것이어서 배워도 안 배운 것 같고 안 배워도 배운 것 같은 느낌이 들 때가 많다. 그러나 스스로 말하고 표현하는 과정에서 본인이 무엇을 정확히 알게 되었는지를 확인할 수 있게 된다. 동시에 무엇을 모르는지도 알게 될 것이며 추가로 무엇을 더 배워야 할지도 알게 될 것이다. 5분이 열 번 축적되면 50분이 되고 20번 축적되면 100분이 된다. 100분 정도 어떤 분야에 대해 자신의 생각을 정리하여 프리젠테이션을 할 수 있는 수준이면 어디에 가든 해당 분야의 전문가라는 소리를 들을 수 있다. 5분 스피치를 할 때 "이번 주에는 뭘 발표해야 하지?" 하고 고민하고 그마저도 부담스러워하는 팀원을 종종 볼 수 있게 된다. 이러한 현상이 보인다고 걱정할 필요는 없다. 약간의 부담은 정상적인 것이며 학습 동기가 형성되는 과정이라고 보면 된다. 발표할 거리가 마땅치 않다는 것은 새롭게 배운 지식이 별로 없다는 것이다. 학습은 스스로 아는 것이 없다고 생각될 때 일어난다. 발표할 내용이 바닥을 드러내게 되면, 새로운 것을 찾는 학습이 자연스레 이뤄지게 될 것이다.

5분 스피치의 또 다른 효과는 팀에서 누가 어떤 지식을 풍부하게 보유하고 있는지 알 수 있게 된다. 이는 팀원 개개인이 보유한 지식이 다른 팀원에게 자연스레 전이가 된다는 말이기도 하다. 팀원들은 일하다 모르는 것이 발생할 때 누구에게 찾아가 물어봐야 할지를 알게 된다.

마지막으로 동료 간 성장의 자극을 주고받게 된다. 알게 모르게 서로 발표하는 내용을 통해 팀원 간 비교가 될 수 있다. 서로 자극을 받아 역량개발의 동기가 일어나게 된다. 나아가 팀 전체적으로 자연스레 역량 강화의 분위기가 형성될 수 있다.

팀원의 역량이 지속적으로 성장하는 팀은 팀원 육성을 위해 남다른 노력을 수행하는 팀이다. 5분 스피치와 같은 활동은 팀 차원에서 조금만 관심을 기울이면 쉽게 수행할 수 있는 것이다. 무엇이든 효과를 거두기 위해서는 꾸준히 지속돼야 한다. 일주일에 한 번씩 일년만 실천해 보라! 팀원들의 전문성이 눈에 띄게 향상되었음을 느끼게 될 것이다.

동료의 눈을 통해
나를 들여다본다

개방 영역을 넓혀라!

함께 일하는 동료들에 대해 얼마나 많이 알고 있는가? 그리고 당신의 팀은 팀원들이 서로에 대해 잘 알고 있는가? 팀원들이 서로의 이름조차 제대로 알지 못하는 팀을 본 적도 있다. 한 배를 타고 있지만 팀원 간의 관계는 마치 남남인듯 낯설기 그지 없다. 팀원들이 서로에 대한 이해가 부족하면 불필요한 갈등이 발생하기 쉽다. 또한 갈등을 지나치게 우려한 나머지 서로에게 필요 이상으로 조심스럽게 행동한다. 결과적으로 일은 더디고 비효율적으로 진행될 수밖에 없으며 팀 시너지는 언감생심일 뿐이다. 반대로 서로에 대한 이해가 깊으면 함께 일하기가 쉬워진다. 필요할 때 서로 도움을 받기도 쉽고, 만나 대화하면서 함께 도모할 수 있는 협업거리도 보다 잘 찾을 수 있기 때문이다. 실타래처럼 얽힌 일도 서로 잘 아는 사람 사이에는 말 한두 마디로 해결되는 경우도 있다.

1955년 미국의 심리학자인 조셉 루프트Josept Luft와 해리 잉그램Harry Ingram은 그들의 이름을 조합한 '조하리의 창Johari's Window'을 제시한다. 이는 타인과의 관계 속에서 한 개인이 어떤 모습일 수 있는지를 이해하는 데 도움을 주는 도구이다. 조하리의 창은 다음의 네 가지의 영역으로 구성되어 있다.

〈조하리의 창〉

먼저 '개방 영역'은 자신도 알고 타인도 나 자신에 대해 아는 영역이다. '비밀 영역'은 자신이 타인에게 밝히지 않은 숨기는 영역이

다. '맹인 영역'은 자신은 모르지만 상대가 나 자신에 대해 알고 있는 영역이다. 내가 나 자신에 대해 모르는 영역이 있을까 싶지만 의외로 이런 영역이 크게 존재하는 경우가 많다. 필자는 과거 후배로부터 팀 회의를 할 때 후배들의 의견을 잘 듣지 않는다는 피드백을 받고는 적잖이 놀랐던 기억이 있다. 나는 스스로 남의 이야기를 잘 듣는 사람인 줄로만 알고 있었기 때문이다. 후배의 피드백을 받기 전까지는 전혀 몰랐던 나의 모습이었다. 전형적인 맹인 영역에 해당되는 나의 모습이었다. 마지막으로 '미지 영역'은 나도 모르고 타인도 모르는 영역이다. 미지 영역에는 한 사람의 개발되지 않은 잠재력이 있는 곳이기도 해서 '잠재 영역'이라고도 한다.

조하리의 창이 주는 가장 중요한 메시지는 본인의 성장과 주변 사람과의 신뢰 관계 형성을 위해 '개방 영역'을 넓혀야 한다는 점이다. 내가 모르는 나(맹인 영역)에 대해 알게 되면서 성장할 수 있고, 타인이 몰랐던 나(비밀 영역)에 대한 이해도가 높아지면서 신뢰 관계를 형성할 수 있기 때문이다.

앞의 표에서 '개방 영역'을 넓히는 방법은 우측으로 넓히는 방법과 아래쪽으로 넓히는 방법이 있다. 우측 방향으로 넓히는 방법은 동료로부터 피드백을 듣는 것이다. 스스로 알지 못하는 자신의 모습을 알기 위한 목적이다. 즉 동료의 눈을 통해 자신의 강약점을 확인하는 것이다. 사람의 성장이 이뤄지려면 무엇보다 자기객관화가 먼저 이뤄져야 한다. 뭘 잘하는지, 뭘 고쳐야 하는지를 우선 알아야 할 것 아닌가? 학창시절 시험보고 나서 맞은 문제와 틀린 문제를 확인하는 것과 같은 이치다. 동료의 피드백은 이런 점에 큰 도움이 될 수 있다. 피드백을 통해 확인한 자신의 강점은 더욱 강화하고 약점을 보완하면서 이전보다 더 나은 모습으로 성장해 갈 수 있다. 이런 관점에서 보면 일터에서 우리가 경험하는 가장 큰 혜택은 아마도 동료의 피드백이 아닐까? 피드백을 기다리는 모습보다는 동료에게 피드백을 먼저 구하는 모습이 현명한 자세일 것이다. 동료와 만날 때면 다음의 두 가지의 질문을 던져보면 어떨까?

자기 성장을 위해 동료에게 물어봐야 할 두 개의 질문

"제가 잘하는 것이 있다면 무엇일까요?"
"제가 고쳐야 할 것이 있다면 무엇일까요?"

이 두 질문은 당신 스스로를 성장시켜 주는 최고의 질문이라 해도 과언이 아니다. 질문에 답해 준 동료에게 감사의 말을 잊어서는 안될 것이다. 그래야만 그가 앞으로도 계속 당신에게 피드백을 해줄 것이기 때문이다.

'개방 영역'을 아래 방향으로 넓히는 방법은 자신의 솔직한 생각과 상황을 동료들에게 알리는 것이다. 나의 생각과 상황을 보다 잘 이해하는 동료일수록 좋은 관계를 형성하게 될 가능성이 높다. 뭔가를 숨기거나 드러내지 않는 사람과는 결코 친해질 수도 없고 함께 일할 때도 조심스러워질 수밖에 없다. 일이 뜻대로 되지 않아 마음 고생이 심한 팀원이 있었다. 그는 힘든 상황임에도 불구하고 동료들이 나 몰라라 하는 모습에 실망이 컸다. 하지만 그에게도 문제가 있었다. 그는 동료 누구에게도 자신이 처한 힘든 상황에 대해 이야기한 적이 없었다. 그저 혼자서 서운함을 느끼고 있었던 것이다. 알리지 않으면 알지 못한다. 서운함을 느낄 것이 아니라, 동료와 소통하지 않는 스스로의 모습을 먼저 반성해야 할 것이다. 생각보다 주변 사람들은 나에게 관심이 없다. 알려주지 않으면 알지 못한다.

팀원들의 강점 공유하기

팀원 모두가 함께 '개방 영역'을 넓히는 노력을 한다면 매우 이상적일 것이다. 주변 동료에게 적극적으로 피드백을 구하고 자신의 생각과 상황을 이야기하는 형식으로 말이다. 이런 모습이 팀에서 가능하다면 성장과 신뢰 관계 형성이라는 두 마리의 토끼를 동시에 잡을 수 있으니 더이상 바랄 게 없는 팀이 된다. 하지만 현실적으로는 쉽지 않은 일이다. 동료에게 피드백을 구하는 일은 용기가 있어야 할 수 있는 행동이고, 자신의 생각과 상황을 털어놓는 일 또한 어느 정도의 신뢰 관계가 형성되지 않은 상태에서는 몹시 어려운 일이기 때문이다. 특히 팀의 역사가 짧거나 팀원 간 관계가 서먹한 상황이라면 더더욱 그럴 것이다. 팀원들의 '개방 영역'을 확장하려면 팀 차원에서 팀원들이 서로에 대한 이야기를 주고받을 수 있는 소통의 시간을 빈번하게 가져야 한다.

이러한 관점에서 팀 차원에서 실천할 수 있는 아이디어를 하나 소개한다. 그것은 '팀원들의 강점 공유하기'이다. 사람을 이해하고자 할 때 주고받는 정보를 보면 대개 전공, 취미, 가족 관계, 좋아하는 음식 등과 같은 피상적인 수준에 머무는 경우가 많다. 이러한 정보는 알면 좋지만 모른다고 해서 크게 문제가 되지도 않는다. 팀은 함께 일하고 성과를 창출하기 위한 곳이다. 따라서 피상적인 수준의 정보를 넘어 일이나 성과에 보다 도움이 되는 차원의 정보를 공유할 수 있어야 한다. 여기서 빼놓을 수 없는 것이 팀원 개개인의 강점에 관한 정보다.

각 팀원들이 저마다 어떤 강점이 있는지 살피고 관련된 정보를 주고받는 시간을 가져보자. 이는 무엇보다 팀원 개개인의 성장과 발전에 도움이 된다. 사람은 자신의 강점에 대해 인지하지 못하고 사는 경우가 많다. 오랫동안 몸에 붙어 있는 것이기 때문이다. 그런데 자신의 강점을 깨닫게 되면 양상이 달라진다. 수면 밑에 가라앉아 있는 강점이 보다 활성화되어 강화되는 모습으로 이어진다. 마커스 버킹엄Marcus Buckingham은 그의 저서 〈위대한 나의 발견 강점 혁명〉에서 높은 성과를 내는 사람Excellent Performer의 특징에 대한 연구 결과를 발표했다. 바로 자신의 약점을 최소화하고 강점을 살리는 사람이었다.

팀원 간 서로의 강점을 이야기해 주는 팀이라면 크게 두 가지의 긍정적인 효과를 거둘 수 있다. 먼저 팀원 간 신뢰 관계를 보다 잘 형성할 수 있다. 자신에게 좋은 이야기를 해주는 사람에게 어떻게 호감을 갖지 않을 수 있겠는가? 나아가 보다 일을 잘하는 팀이 될 수 있다. 팀원들의 강점을 더 많이 알수록 그것의 활용 수준도 높아질 것이기 때문이다. 예를 들어 업무 분장을 할 때 팀원 개개인의 강점을 최대한 반영한다면 보다 생산적인 팀을 만들 수 있을 것이다.

닉네임Nick Name 지어주기

「늑대와 춤을」이라는 오래된 영화가 있다. 아메리칸 인디언과 한 미국 장교 사이의 이야기를 다룬 영화다. 이 영화를 보면 인디언들의 이름이 매우 재미있고 인상적이다. 인디언들이 각자 가진 이름들은 모두 개인의 특성을 살린 것이다. 예를 들어 걷기 시작할 때 주먹을 굳게 쥐고 일어섰다고 해서 이름이 '주먹 쥐고 일어서'이다. 사람들의 모든 이름들이 이와 같은 방식으로 지어졌다. 인디언들은 주인공이 늑대에게 먹이를 주고 함께 춤을 추듯 노는 모습을 보며 주인공에게 '늑대와 춤을'이라는 이름을 지어준다.

친한 사이에서는 서로의 특징을 살린 별명을 지어주고 그것을 이름 대신 사용하는 경우가 많다. 특히, 학창시절 친구들이 지어줬던 별명 하나쯤은 있을 것이다. 팀에서도 이와 같은 취지에서 팀원끼리 서로의 닉네임을 지어주면 어떨까? 특히 팀원의 특징 가운데에서도 가장 중요한 정보라 할 수 있는 강점을 반영한 닉네임을 지어준다면 금상첨화일 것이다.

다음과 같이 진행하면 된다. 팀원 전체가 모인 가운데 한 사람을 놓고 전체 팀원들이 그의 강점을 하나 이상씩 이야기한다. 한 사람에 대한 모든 강점들이 모이면 그 강점을 잘 살린 닉네임을 찾아 지어준다. 이런 프로세스로 전체 팀원들이 각 팀원을 대상으로 닉네임을 만들어주면 된다. 단, 유의할 점이 있다. 혹시라도 단점을 거론하거나 부정적인 닉네임을 짓는 우를 범해서는 안 된다. 팀원들의 닉네임을 지어주는 과정은 매우 흥미 있고 재미있는 일이다. 그러다 보니 웃고 떠드는 사이에 무심코 부정적인 느낌이 드는 닉네임이 지어질 가능성도 있다. 혹시 부정적인 느낌의 닉네임이 만들어진다면 무르고 다시 지어야 한다. 이렇게 닉네임을 짓고 난 이후에는 서로가 호칭을 할 때 닉네임을 사용한다. 닉네임이 대상자의 강점을 토대로 만들어진 것이기에 서로 부르고 불리는 과정에서 재미를 느낄수 있다. 또한 상대의 강점을 한 번 더 생각하게 하는 긍정적인 효과를 거둘 수 있다.

"

부정성이 강한 조직은 문제를 피하거나 덮으려 하지만,
긍정성이 강한 조직은 문제를 끄집어내 해결하려고 한다.

4

팀 사기를 높이는
긍정 에너지

팀 변화의
두 가지 패러다임

문제 중심 변화 vs. 강점 중심 변화

　동물의 왕을 뽑기 위해 세상의 모든 동물들이 한자리에 모였다. 육지 동물들은 사자를, 새들은 독수리를, 물고기들은 고래를 추대했다. 한 치도 물러섬이 없이 자신들을 대표하는 동물이 왕이 되기를 원했다. 서로를 비판하는 과정에서 동물들은 사자, 독수리, 고래는 전체 동물들을 대표하기에는 모두 치명적인 약점을 가지고 있음을 알게 됐다. 사자는 땅에서는 백수의 제왕일지는 몰라도 하늘과 물에서 활동할 수 없다는 문제를 안고 있었다. 독수리는 하늘에서는 당할 자가 없지만 물에서는 살 수 없으며 땅에서는 형편없는 걸음걸이를 가지고 있었다. 고래는 물 속에서는 엄청난 존재감을 가지고 있

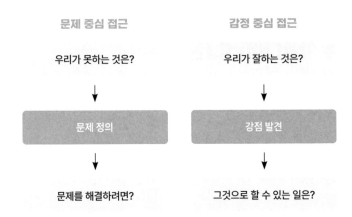

〈조직변화의 두 가지 패러다임〉

문제 중심 접근	감정 중심 접근
우리가 못하는 것은?	우리가 잘하는 것은?
↓	↓
문제 정의	강점 발견
↓	↓
문제를 해결하려면?	그것으로 할 수 있는 일은?

지만 물 밖의 삶 자체가 불가능했다. 고심 끝에 동물들은 육지, 하늘, 물이라는 세 지역에서 모두 존재할 수 있는 동물을 왕으로 선택하기로 했다. 결국 누가 동물의 왕이 됐을까? 어이없게도 '오리'였다.

조직에서 변화를 추진할 때는 두 가지 접근 방식이 있다. 하나는 '문제 중심' 접근이며 다른 하나는 '강점 중심' 접근이다. '문제 중심' 접근은 "우리가 고쳐야 할 문제는 무엇인가?"라는 질문으로부터 시작한다. 그래서 문제를 정의하고 원인을 분석해 해결책을 찾는다. 반면에 '강점 중심' 접근은 "우리는 어떤 강점을 가지고 있는가?"라는 질문에서 출발한다. 그래서 강점을 찾아 그것을 더욱 발전시키거나 강점을 가지고 할 수 있는 일들을 찾아 수행하는 접근이다.

이 두 가지 접근 방식 모두 조직의 변화 방법으로는 유효하다. 지금까지 우리 사회에서는 주로 '문제 중심' 접근 방식을 선택해 왔다. 이는 따라가야 할 벤치마킹의 대상이 있고 부족한 뭔가가 확실히 보이는 상황에서 효과적인 방식이다. 이 접근은 문제를 정의하는 일부터 시작하므로 때로는 논의 과정이 편치 않을 수 있다. 대개 문제는 누군가와 연관되어 있어 본의 아니게 문제와 연관된 누군가를 비판하는 상황이 되기 때문이다. 설사 문제의 원인을 알더라도 마땅한 해결책을 내놓지 못하는 경우도 종종 발생한다. 원인은 분명히 알지만 그럴 만한 사정이 있는 경우가 많기 때문이다.

반면에 '강점 중심' 접근은 이야기의 시작이 강점이다. 이 접근은 조직이 가진 강점을 발견하고 강점을 더욱 발전시킬 수 있는 아이디어를 찾는다. 조직의 고유한 특성을 살리고 싶을 때나 마땅한 벤치마킹의 대상이 없을 때 보다 효과적인 접근 방식이다. '강점 중심' 접근 방식을 사용하면 밝은 이야기가 주를 이룰 수밖에 없다. 강점을 이야기하는 과정에서 사기가 올라가고 자신감이 고취된다. 결과적으로 조직의 분위기가 밝아지고 새로운 도전과 시도를 가능하게 한다. 다만 이렇다 할 강점을 찾기 어려운 조직이라면 논의 내용 자체가 공허해지는 문제가 발생한다.

이와 같이 '문제 중심' 접근과 '강점 중심' 접근은 조직 변화를 위한 양대 산맥과 같은 접근 방식이다. 서로 상반된 방식이긴 하지만 모두 유효한 방식이며 상황에 따라 적합한 방식을 선택하면 된다.

문제를 후벼 파지 마라!

팀 분위기가 그다지 좋지 않은 팀이 있었다. 생긴 지 얼마 안 된 팀이었으며 팀원들의 출신들도 다양했다. 많은 신설 조직이 그렇듯 이 팀은 초기에 많은 혼란을 거쳤다. 팀의 미션이 무엇인지 조차 명확하지 않았다. 그러다 보니 팀원들의 자신감이 떨어지기 시작했고 일부 팀원 간에는 극심한 갈등도 존재하는 상황이었다. 그런데 이 팀이 더욱 나빠지는 데 일조한 사건이 하나 있었다. 바로 자신들의 문제를 해결하기 위해 모인 '팀 문제 해결 워크숍'이었다. 계획대로라면 이 팀은 팀의 문제를 정의하고 원인을 분석하여 문제의 해결책을 찾아야 했다. 그러나 실제로는 정반대였다. 팀의 문제를 논의하고 지적하는 과정에서 서로 상처를 입고 입히는 상황이 발생했다(팀원 상호 간 신뢰가 약한 팀이 조직의 문제를 논의하는 장에서는 많은 주의를 기울여야 한다. 조직의 문제라는 것은 어떻게든 그것과 관련된 사람과 연결돼 있어 자칫 인신공격으로 비화되기 쉽다.). 결국 내부 불화만 확인하고 증폭시켜 버린 워크숍이 된 것이다. 이 워크숍 이후 팀원 간의 분열은 오히려 더 심해졌고, 일부 팀원들은 팀장의 리더십에 대해 뒷소문을 내고 다녔다. 이러한 갈등은 시간이 지나면서 더욱 커지게 되었고 결국 이 팀은 스스로 문제를 해결할 수 있는 힘을 잃어버렸다. 마침내 상위 조직에서 개입할 수밖에 없었고 팀장은 자리에서 물러나게 되었다. 하지만 후폭풍이 심해 끝내 팀 해체의 수순에 이르게 되었다. 이 팀에서 시행했던 '팀 문제 해결 워크숍'은 '팀 문제증폭 워크숍'이 되어버린 셈이다. 생긴 지 얼마 안 되는 신생 팀이나 스타트업의 경우 이런 현상을 자주 겪을 수 있으니 특별한 주의가 필요하다.

이 세상에 완벽한 팀은 존재하지 않는다. 모든 팀은 저마다의 문제점을 안고 있다. 또한 팀의 문제는 상대적이어서 어떤 팀의 문제는 다른 팀의 입장이나 상황에서 보았을 때는 전혀 문제가 되지 않기도 한다. 상기의 팀의 경우에는 사실 아무것도 아닌 문제일 수 있었다. 그저 신설 팀이라는 상황을 고려했다면 그들의 문제는 해결해도 그만, 내버려둬도 그만인 수준의 아주 작은 문제였거나 시간을 두고 채워나가야 할 과제 수준이었을 것이다. 문제가 아닐 수 있는 문제를 가지고 호들갑을 떨기 시작하면 팀의 존립 기반을 흔드는 문제로 커질 수 있다. 서로에게 상처를 주고 사람들의 입을 타면서 문제가 과장되고 왜곡되는 것이다. 결과적으로 팀의 문제는 브레이크가 작동하지 않는 폭주기관차처럼 벼랑 끝을 향해 내달린다.

문제는 딱 그 문제의 수준에서 이해돼야 한다. 스크래치 상처가 있는 곳에는 밴드를 바르면 될 뿐이다. 그것을 후벼 파서는 안 되는 것이다. 팀장은 팀의 문제에 대해 명확하고 객관적인 시각을 가져야 하며, 나아가 그것이 불필요하게 커지는 것을 경계해야 한다.

긍정 관점의 문제 해결 워크숍

팀에 개선해야 하는 문제가 있다면 무엇보다 이를 '내부에서' 공론화하는 작업부터 해야 한다. 팀원들이 함께 이야기하는 시간을 가져야 한다는 말이다. 팀의 문제는 내부에서 이야기되지 않으면 팀 밖으로 새어나가 외부에서 시끄러워지는 경우가 생긴다. 외부 사람들이 우리 팀에 대해 이러쿵저러쿵 떠벌리고 다닌다면 결코 기분 좋은 일은 아닐 것이다. 팀 멤버들도 자신의 팀에 대한 부정적인 이야기를 외부 세계에 떠벌리고 다녀서는 안된다. 이는 팀 멤버로서 최악의 행동이라 할 수 있다. 팀의 문제는 팀 내부에서 우선하여 이야기되어야 한다. 팀장은 팀원들이 팀의 문제에 대해 자유롭게 말할 수 있는 기회와 분위기를 마련해 주어야 하며, 팀원들은 팀에 어떤 문제가 있다고 느낄 때는 적극적으로 의견을 개진하여 팀 내부에서 문제가 해결될 수 있도록 노력해야 한다.

팀워크가 좋은 팀은 팀의 문제에 대해 논의하는 과정이 그리 심각하지 않다. 에너지가 넘치고 팀원들의 표정도 밝다. 이들은 팀의 문제를 스스로 해결할 수 있다는 자신감과 믿음을 가지고 있다. 반면에 그렇지 않은 팀은 팀 분위기가 지나치게 심각해진다. 모두 할 말이 있어 보이지만 서로 경계하며 조심스러워한다. 그러다 보니 문제가 제대로 정의되지도 않고, 시간이 지나도 마땅한 해결책이 나오지 않을 때가 많다. 어쩌다 하나씩 나오는 아이디어도 문제의 본질을 짚지 못하고 표면을 겉도는 수준이다. 또는 네 탓 내 탓 해가며 팀원 간의 갈등만 증폭되고 만다. 오히려 팀 분위기가 더 나빠지는 토론 이라면 차라리 아무것도 하지 않는 편이 더 좋을 것이다. 이런 유형 의 팀은 스스로의 문제를 해결할 수 있는 능력을 갖지 못한 팀이라 할 수 있다.

팀 문제 해결 과정에서 팀이 지나치게 심각한 분위기로 빠지지 않 도록 유의해야 한다. 웃고 떠들자는 말은 아니다. 필요 이상으로 분 위기가 침체되는 상황을 미연에 방지하자는 것이다. 문제는 심각하 게 대할수록 더욱 심각해지는 경향이 있다.

긍정 관점의 문제 해결 워크숍 프로세스

1단계 (긍정적인 표현으로) 문제 정의
2단계 현재 수준에 대한 계량적 평가 (잘하는 점 vs. 기대하는 점)
3단계 목표 설정
4단계 목표 달성을 위한 실천 아이디어 도출

팀의 문제 해결 과정을 보다 긍정적인 관점에서 접근하는 법을 소 개한다. 이는 팀의 문제를 후벼 파는 것이 아니라 보듬어 해결하는 접근 방식이라 할 수 있다.

먼저 1단계로, 문제 정의의 단계이다. 문제는 기왕이면 긍정적인 표현으로 정의하는 것이 좋다. 예를 들어 '팀 회의 문화 개선'이라는 주제가 있다면 이는 현재 팀의 회의 방식이나 문화에 문제가 있다는 부정적인 인식이 저변에 깔려 있는 것이다. 실제 팀의 회의가 문제가 있어 개선하자는 모습일 수도 있지만, 이미 잘하고 있는 회의를 더 잘해 보자는 모습일 수도 있지 않은가?

〈문제에 대한 두 가지 관점(예시)〉

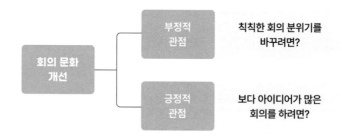

기왕이면 전자보다는 후자의 모습으로 팀의 문제를 정의하는 것이 좋다. 가령 '어떻게 하면 아이디어가 많은 회의를 할 수 있을까?'의 형태로 바꾸면 어떨까? 물론 이렇게 해도 내부의 문제를 지적하는 말들도 나올 수 있지만 비관적인 분위기로 흐르는 것만큼은 방지하는 효과가 있다.

2단계는 현재 수준을 계량적으로 평가하는 단계이다. 무엇이든 계량적인 형태로 평가가 이루어졌을 때 현재의 상태를 보다 정확히 확인할 수 있다. 계량화하기 어려운 정성적인 내용일지라도 어떻게든 계량화가 가능한 형태로 바꿔주는 노력이 필요하다. 필자가 자주 사용하는 방법이 있다. 그것은 다음의 질문으로 시작한다.

"10점 만점에서 몇 점 정도 된다고 생각하십니까?"

이 질문에 대한 답변을 팀원들에게 들어보는 것이다. 그리고 전체 점수를 합산하여 평균 점수를 구하면 된다. 평균 점수를 구해 봤더니 5점이 나왔다고 가정해 보자. 이때 개선 아이디어로 바로 뛰어들기 전에 먼저 팀 회의에서 잘하는 점이 어떤 것들이 있는지 팀원들이 함께 찾아보는 시간을 갖는다. 즉, 5점만큼의 잘하는 구체적인 증거들을 찾는 것이다. 이런 과정을 거치면 팀원들의 표정이 밝아지는 것을 느낀다. "엉망이고 문제투성이인 줄로만 알았는데 그 속에서도 뭔가 잘하는 것이 있구나" 하는 느낌을 갖게 된다.

아무리 심각한 문제라도 잘하는 점을 우선 확인하는 과정을 거치는 것이 좋다. 긍정적인 분위기를 형성할 수 있으며, 팀원들의 자신감을 고취할 수도 있고, 문제 해결의 단서도 찾을 수 있기 때문이다. 특히 팀원들의 자신감은 문제를 해결하는 데 원천 에너지가 될 수 있다.

잘하는 점을 확인한 이후 자연스럽게 기대하는 점을 이야기하는 시간을 갖는다. 나는 여기서 '잘못한 점'이나 '아쉬운 점' 등과 같은 다소 공격적일 수 있는 표현을 사용하지 않는다. 같은 의미라도 이런 말들을 사용하는 것보다 '기대하는 점'이라고 표현하는 것이 훨씬 문제 해결의 당사자들에게는 마음이 편하게 들리고 참여의 의지를 더욱 강하게 느끼게 한다.

앞의 팀 회의에 관한 토론의 예를 계속 이어나가 보자. 팀원들의 팀 회의에 대한 기대사항을 브레인스토밍으로 자유롭게 이야기할 수 있는 시간을 가지면 될 것이다. 예를 들어 다음과 같은 기대사항이 나왔다고 가정해 보자.

팀 회의 관련 기대 사항

- 결론 있는 회의
- 모두가 참여하는 왁자지껄한 회의
- 꼭 필요한 회의는 꼭 필요한 시간만큼
- 서로를 존중하는 회의 분위기

3단계는 목표 설정 단계이다. 목표의 의미는 '바람직한 상태'를 뜻한다. 일이 잘 되었을 때 바람직한 모습은 어떤 모습일까에 대한 구체적인 답변이 목표다. 목표가 제대로 설정이 되어야 해결 아이디어도 잘 나올 수 있다. 여기서 목표는 앞 단계에서의 기대사항 가운데 하나를 선택하여 보다 구체적인 내용을 가미하여 정의하면 된다. 가령 앞에서 제시된 기대사항 가운데 팀원들의 의견을 모아 가장 필요하다고 생각하는 것 한 가지를 선택하면 된다. 이 팀에서는 '꼭 필요한 회의를 꼭 필요한 시간만큼'이라는 기대사항이 선택되었다고 해보자. 이를 보다 구체적인 형태로 바꿔준다면 다음과 같이 될 것이다.

목표 : 한 시간 이내의 결론 있는 회의하기

요즘 많은 회사에서 조직 문화를 바꾸고자 하는 노력을 한다. 그런데 내용을 살펴보면 한 가지 안타까운 현상을 발견할 수 있다. 그것은 변화의 목표가 분명하지 않다는 점이다. 화려하게 포장된 액션 아이템Action Item은 많은데 그것을 왜 하는지 알길이 없다. 목표가 없거나 모호하다면 무엇을 하든 결과는 공허해질 수밖에 없다. 목표가 명확할수록 보다 똑똑하고 실질적인 실천 아이디어가 도출될 것이다.

마지막으로 4단계는 목표 달성을 위한 실천 아이디어를 찾는 시간이다. 앞 단계에서 설정한 목표 달성을 위해 팀 내부에 어떤 노력이 필요한가에 대한 구체적인 실천 아이디어를 찾으면 된다.

우리 팀에는 어떤 강점이 있을까?

조직 변화를 만드는 데는 두 가지 접근 방식이 있다고 앞에서 이미 언급한 바 있다. 바로 '문제 중심' 접근 방식과 '강점 중심' 접근 방식이다. 그리고 '문제 중심' 접근 방식으로 팀에서 쉽게 적용할 수 있는 '긍정 관점 문제 해결 워크숍'의 4단계 프로세스에 대해 설명을 하였다. 이제 '강점 중심' 접근 방식에 대해 알아보도록 하자.

'강점 중심' 접근 방식은 다음의 질문으로부터 시작이 된다.

"우리 팀은 어떤 강점을 가지고 있을까?"

팀원들의 팀에 대한 자부심이 매우 약한 팀을 대상으로 만난 적이 있다. 이 팀은 처음 만나는 순간부터 매우 시니컬한 분위기가 느껴졌다. 팀원들의 마음속에는 "우리 팀은 안 돼!"라는 기본 전제가 깔려 있는 듯했다. 그러나 팀원 각자가 생각한 팀의 강점을 이야기하면서 분위기가 서서히 바뀌는 것을 느낄 수 있었다. 처음에는 팀의 강점이 하나도 안 나올 것 같은 분위기였는데, 막상 대화를 나눠보니 무려 열 가지 이상의 팀의 강점을 찾을 수 있었다. 일부 팀원의 얼굴에는 '우리 팀에 이렇게 많은 강점이 있었나?' 하는 놀라움의 표정이 역력했다. 수많은 팀을 만나 팀의 강점을 찾으면서 느꼈던 흥미로운 사실 한 가지가 있다. 그것은 그간 팀의 약점이라고 생각했던 것들이 해석하기에 따라 강점이 될 수 있다는 점이다. 예를 들면 다음과 같다.

- **예산이 부족하다** → 역량 발휘와 성장의 기회가 많다.
- **윗분들의 관심이 부족하다** → 간섭받지 않고 일할 수 있다.
- **새로운 팀원이 많다** → 다른 관점에서 우리의 일을 바라볼 수 있다.
- **루틴한 일을 주로 한다** → 자동화/효율화가 필요한 일이 많다.

똑같은 것이라도 부정적인 시각으로 보면 한없이 부정적인 것이 된다. 반면 긍정적인 시각으로 보면 한없이 긍정적인 것이 될 수 있다. 어느 각도에서 보느냐에 따라 부정적인 것이 될 수도 있고, 긍정적인 것이 될 수도 있다. 일단 자신이 속한 팀을 부정적으로 보게 되면 팀에 대한 자부심이 현저히 떨어질 수밖에 없다. 반면에 긍정적인 시각으로 본다면 힘도 날 것이며 발전 가능성도 함께 보일 것이다.

나는 이 팀이 몇 시간 안 되는 워크숍으로 단번에 팀원들의 자부심이 높아졌을 거라고는 생각하지 않는다. 팀원의 마음 속 팀의 이미지는 오랫동안 축적된 것이기에 한 순간에 바뀔 수는 없다. 그러나 자신들의 팀을 바라보는 시각을 전환하는 데에는 분명 도움이 됐을 것이라 믿는다. 중요한 것은 일상적이고 지속적인 노력이 뒤따라야 한다는 점이다. 팀과 자신들이 가진 강점을 상기하고 그것을 계속 키워나가는 노력을 게을리해서는 안된다.

자, 이제 당신의 팀을 생각해 보자. 당신의 팀이 가진 강점에 대해 생각해 본 적이 있는가? 만약 없다면 팀원들과 대화하여 팀의 강점을 찾아 정리해 보자. 한 발 더 나아가 팀의 강점을 가지고 어떤 일을 할 수 있을지 고민해 보자.

빤한 팀 vs.
펀fun한 팀

일을 잊으려는 팀 vs. 일을 해결하려는 팀

나는 팀 분위기가 활성화된 팀과 그렇지 않은 팀을 한 눈에 구분하는 방법을 알고 있다. 그것은 웃음이다. 팀에 한두 가지의 유머를 던져 반응을 살피는 것이다. 물론 내가 던지는 유머의 수준이 그리 높지는 않다. 그러나 활성화된 팀은 가벼운 농담 한마디에도 쉽게 웃음이 터져 나온다. 반면에 그렇지 않은 팀은 갖은 유머를 구사해도 별 반응이 없다. 그저 시니컬해지고 암담해져만 간다. 웃음은 외부의 반응에 의해 나올 수도 안 나올 수도 있다. 하지만 나는 웃음은 일종의 습관에 가깝다고 본다. 늘 자주 웃는 사람은 웃을 준비가 되어 있고, 웃지 않는 사람은 웃을 준비가 되어 있지 않은 것이다. 그래

팀 사기를 높이는 긍정 에너지

서 늘 웃는 사람은 작은 자극에서 쉽게 터지지만, 웃지 않는 사람은 어지간한 자극에도 반응을 하지 않는다.

스트레스가 많은 팀은 웃을 일이 별로 없으며, 웃을 일이 없다 보니 안 웃는 습관을 가진 팀이라 볼 수 있다. 얼굴의 웃음 근육이 굳어 어지간해서는 웃음이 나오지 않는다. 스트레스가 많은 조직에서 일하는 사람들이 귀가해서도 잘 웃지 않는 이유다. 반면 잘 웃는 팀은 평소에 웃을 일이 많다는 것이다. 평소에 많이 웃으니 재미있는 상황에 자연스럽게 반응한다. 분위기가 좋은 팀은 팀원 가운데 누군가가 썰렁한 농담을 건네도 웃는다. 이야기가 웃겨서 웃는 것이 아니라 늘 웃다 보니 웃는 것이다. 웃음의 정도로 팀 분위기를 파악할 수 있다. 현재 팀 분위기가 어떤 수준인지 알고 싶다면 팀원들에게 유머를 던져보라. 팀원들의 반응 수준이 팀 분위기 수준이라고 보면 틀림없다.

이런 의문을 가질 수 있다. 팀이 일에 대한 스트레스로 가득 차 있는데 어떻게 마냥 웃을 수 있냐고? 하지만 그럴수록 더욱 웃음이 필요하다. 나는 언젠가 일 때문에 엄청난 스트레스로 매일 같이 폭음을 하는 동료에게 술을 많이 마시는 이유를 물었다. 그의 대답은 이랬다.

"일을 잊고 싶어서."

그는 자신을 괴롭히는 일로부터 자유로워지고 싶은 것이었다. 하지만 일은 잊는다고 해서 사라지는 것은 아니다. 술이 깨고 나면 어디 안 가고 그대로 존재하는 일에 더욱 큰 고통을 느끼게 될 것이다. 일은 오히려 더 선명하게 바라보고 고민할 때 더 잘 해결이 된다. 결과적으로 일에서 오는 스트레스에서 벗어날 수 있다. 스트레스가 많은 팀은 일을 잊으려고 한다. 반면 스트레스가 덜한 조직은 일을 보다 잘 기억해서 해결하려고 한다. 웃음은 조직 내 과한 스트레스를 덜어주는 피로회복제와 같다. 웃음은 여유를 찾아주며 힘을 솟게 해주는 최고의 에너지원이다. 일이 안 풀리고 힘든 상황의 팀일수록 웃음이 더욱 필요하다.

빤한 팀에서 편한 팀으로

'펀Fun'이라는 말이 조직 경영의 화두가 되면서 우리 사회의 크고 작은 조직에서는 보다 재미있게 일할 수 있는 방법을 찾기 위해 고심하고 있다. 그런데 우리 사회가 아직 준비가 되어 있지 않거나 과도기에 있어서인지는 몰라도 이런 모습들을 보면 무엇을 어떻게 해야 하는지 알지 못하거나 혼란을 느끼는 듯하다. 그 방법들을 보면 상대적으로 직급이 낮거나 젊은 직원들에게 역할을 맡기고 나이 든 직원이나 상사들은 그들이 차려놓은 밥상을 즐기려는 것처럼 보인다.

"그래 기회를 줄 테니 어디 한번 놀아봐라. 나를 한번 즐겁게 해봐."

마치 유치원에 다니는 자녀들의 재롱잔치쯤으로 여기는 듯하다. 회식을 하고 노래방에 가거나 팀 야유회, 연말 송년회 등 팀이 모여 화합을 다지는 모든 자리들이 대체로 이런 식이다. 변화를 추구해야 한다며 평소 하던 것 말고 좀 더 색다른 것을 찾아보라고 업무처럼 지시를 내리는 상사도 있다. 노래방에 가도 최신 곡에 춤을 준비해야 하고 연말 송년회 같은 자리에서는 장기자랑도 선보여야 한다. 평소 개인기가 많은 직원에게는 혹시나 그것을 좋아하는 누군가에게 인정을 받을 수 있는 좋은 기회일지 모른다. 그러나 대부분의 직원에게는 "내가 이런 일 하러 회사에 들어왔나?" 하는 자괴감을 느끼게 한다. 한때 자신에게 장기자랑을 요구한 직장 상사에게 석궁으로 테러를 가했다는 뉴스가 직장인들 사이에서 유행한 적이 있었다. 얼마나 혐오를 느꼈으면 이런 출처 없는 이야기가 그럴싸하게 들리겠는가?

조직의 경쟁력으로 창의력이 중시되는 오늘 날, 재미Fun가 화두가 되고 있는 것은 매우 당연하다. 인간의 두뇌는 즐겁고 이완된 상태에서 최적으로 활성화되기 때문이다. 또한 즐겁게 일하는 직원이 고객을 즐겁게 해줄 가능성이 높다는 측면에서 보았을 때, '펀 경영'은 어쩌면 조직 경쟁력 강화의 핵심적인 접근이라 해도 과언이 아니다.

그렇다면 일터에서의 펀 경영은 어떻게 실천할 수 있을까? 그것은 일터에서 서로 미소지을 수 있는 일을 많이 만드는 것이다. 다시 말하면 팀원 모두가 서로에게 최고의 동료가 되는 길을 선택하는 것이다. 거창한 것이 아니라 일상 생활에서 서로가 서로에게 베풀 수 있는 작은 호의를 베푸는 것이다. 이것이 편한 팀을 만드는 가장 확실한 방법이다. 다음의 내용은 한 회사에서 동료에게 호의를 베풀었던 다양한 사례들을 모아 10가지의 카테고리로 분석하여 정리한 것이다.

동료에게 베푼 호의의 유형 10가지

- 밝고 다정한 모습으로 대해 준 일
- 모르는 것을 친절하게 설명해 준 일
- 내 말을 끝까지 들어준 일
- 칭찬이나 격려를 해준 일
- 커피나 밥을 사준 일
- 필요한 정보를 제때 공유해 준 일
- 힘들 때 잘 도와준 일
- 요청사항을 흔쾌히 들어준 일
- 먼저 다가와 인사해 준 일
- 일을 신속하게 처리해 준 일

서로에게 호의를 베푸는 사람이 많을수록 팀의 즐거움은 더욱 커져갈 것이다. 당신이 동료에게 베풀 수 있는 작은 호의가 있다면 그것은 무엇인가? 잘 모르겠다면 앞에서 제시한 10가지 가운데 적합한 것을 선택하고 지금 이 순간부터 실천해 보기를 바란다. 편한 팀은 팀원 모두의 참여 속에서 만들어진다.

크레이지 데이

어느 날 한 신입사원이 출근 시간을 갓 넘긴 시간에 허겁지겁 사무실로 들어왔다. 그의 모습은 한마디로 아주 가관이었다. 머리는 전날 바른 왁스가 떡이 되어 마치 새집과 같았고, 전날 마신 술이 덜 깬 얼굴은 벌겋게 부어올라 있었다. 면도조차 하지 않은 얼굴을 통해 그가 얼마나 아침에 출근을 서둘렀는지 잘 알 수 있었다. 그런데 지각하여 허둥지둥하고 나타나 안절부절못하는 그를 보는 순간 그의 심정과는 달리 팀원들은 폭소를 터트렸다. 비록 지각은 했지만 팀원들이 가장 피곤함을 느낀다는 아침 시간에 그는 어쨌든 팀에 즐거움을 준 것이다.

그 장면을 보면서 한 달에 한 번쯤은 팀원들이 전체적으로 이런 시간을 가져보는 것도 좋겠다는 생각이 들었다. 예를 들어 한 명씩 순서를 바꿔가며 앞의 신입사원처럼 크레이지 모드로 출근하는 것이다. 아니면 팀원 전체가 크레이지 모드로 출근하는 날을 정하는 것은 어떤가? 일명 크레이지 데이를 정해 가장 큰 웃음을 선사한 팀원에게 작은 선물을 주어도 좋을 것이다.

우리 아이가 다니는 초등학교에는 종종 이러한 행사를 갖는다. 파자마 차림으로 등교를 하는 날도 있고, 녹색이나 빨간 색만 입고 와야 하는 날도 있고, 양말을 짝짝이로 신는 날도 있고, 기상천외한 헤어스타일을 선보이는 날도 있다. 이런 날이면 아이가 몹시 즐거워하며 집에 와서 학교에서 보았던 친구들의 크레이지한 모습을 이야기하며 배꼽을 잡는다. 나는 이런 접근 방식이 매우 효과적이라고 생각한다. 아이가 공부를 열심히 하려면 우선 학교가 즐겁고 가고 싶은 곳이 되어야 한다. 그렇지 않으면 학교는 항상 변화가 없는 지루하고 따분한 곳일 수밖에 없다.

직장도 마찬가지다. 일하는 곳이 심각해야만 한다는 것은 고정관념일 뿐이다. 사무실 내에 웃음이 많아야 팀에 활기가 넘치고, 활기가 넘치는 팀이 아이디어도 많고 팀원들이 더 열정적으로 일한다.

사무실의 한 통로 바닥에 스마일 얼굴 사인을 그려 넣고 '스마일 길'로 지정한 팀을 본 적이 있다. 그 길을 지날 때는 반드시 웃어야 한다. 때로 억지웃음을 만들 때도 있지만 억지 웃음도 웃음이기는 매한가지다.

사무실에 간단한 놀이 도구를 가져다 놓는 것도 매우 효과적이다. 엘리베이터 옆에 다트가 걸려 있는 회사가 있다. 엘리베이터의 대기 시간이 길어 지루함을 덜어주기 위한 목적으로 설치한 것이다. 그러나 이것의 효과는 기대 이상이다. 엘리베이터를 이용할 때나 근처를 걸을 때 팀원들은 습관적으로 다트 몇 개를 툭툭 던진다. 잠시나마 복잡한 생각을 정리하고 기분을 전환할 수 있다. 일분 남짓한 즐거움이지만 이것이 하루, 한 달, 그리고 일 년 내내 지속된다고 생각하면 그것의 팀에 미치는 보이지 않는 기여는 결코 무시할 수 없는 수준이다. 점심 시간에는 종종 즉흥 다트 대회가 열린다. 식사 내기 다트 대회는 순식간에 팀을 열정과 환호로 가득 채우고도 남는다. 사무실 장식용으로도 이만한 것이 없으며 사무실을 방문하는 외부 사람들에게도 상당히 흥미를 갖게 한다. 불과 삼만 원짜리 다트 하나가 팀에 주는 긍정적인 효과는 돈으로 환산할 수 없을 만큼 엄청나다. 골프를 좋아하는 팀원이 많다면 퍼팅 연습 매트를 사무실에 가져다 놓으면 어떨까? 임원들 방에만 이런 것들이 있어야 할 이유는 없다.

기버가 인정받아야
협업 수준이 높아진다

원수는 회사에서 만난다?

아빈저연구소의 〈상자 밖에 있는 사람〉이라는 책이 있다. 이 책에는 사람을 대하는 방식 두 가지가 소개되어 있다. 하나는 '인간'으로 대하는 방식이고 다른 하나는 '대상'으로 대하는 방식이다. 사람을 인간으로 대한다는 것은 상대를 자신과 같은 존재로 인식하고 대하는 관점이다. 즉, 자기 자신만큼 상대도 소중하고 존중 받아야 할 존재로 받아들이는 것이다. 사람을 대상으로 대하는 방식은 상대를 수단으로 보는 관점이다. 상대가 자기 자신에게 도움이 될 것 같으면 받아들이고 그렇지 않으면 귀찮고 성가신 존재로 보는 것이다. 우리가 흔히 말하는 '달면 삼키고 쓰면 뱉는' 방식으로 사람을 대하는 것이다. 매우 단순한 이야기지만 곰곰이 생각해 보면 이것이 이 세상을 살아가는 우리에게 주는 시사점은 엄청나다. 스스로 주변 사람들을 어떤 식으로 대하고 있는지를 살펴보자. 그러면 그에 대한 답이 나올 것이다. 팀원 간의 관계는 신뢰를 기반으로 해야 한다. 그랬을 때 팀이 정상적으로 기능함은 물론 팀의 시너지도 기대할 수 있다. 서로를 인간이 아닌 대상으로 대하는 팀은 비인간적인 경쟁에 지배당할 것이며 서로에 대한 철저한 무관심으로 휩싸이게 될 것이다. 원수는 회사에서 만난다는 말도 있는데 서로를 대상으로 여기는 팀에서 흔히 나타나는 현상일 것이다.

팀원 간에 신뢰 관계를 형성하려면 어떻게 해야 할까? 답은 팀원 개개인이 다른 팀원을 바라보는 관점에 달려 있다. 앞에서 언급했듯이 자신을 둘러싼 모든 팀원을 인간으로 대하기 위해 노력해야 한다. 자기 자신을 대하듯 상대를 귀하게 생각하고 존중해야 한다. 서로를 존중하지 않는 분위기를 가진 조직에는 어떤 조치를 취해도 대개 효과가 없다. 일시적인 분위기는 바뀔 수 있겠지만 결국 원래대로 돌아가고 만다.

팀 빌딩 프로그램을 할 때 내가 항상 빼놓지 않고 시행하는 활동이 한 가지 있다. 그것은 팀원 전체가 한 명씩 돌아가며 팀에서 자신이 도움을 받았다고 생각하는 사람에게 감사를 표현하는 것이다. 나는 이 활동이 팀에 얼마나 도움이 되는 것인지 매번 확인하곤 한다. 감사를 주고받는 과정에서 감동에 젖어 울먹이는 팀원들도 수없이 많이 보아왔다. 이 과정에 참여한 한 팀원이 나에게 이런 말을 건네 왔다.

"그동안 우리가 얼마나 서로에 대해 인색했는지 뼈저리게 느낄 수 있었어요."

이는 이 팀에만 해당되는 이야기는 아닐 것이다. 정도의 차이만 있을 뿐 감사의 표현에 인색한 조직들이 많다. 아담 그랜트Adam M. Grant라는 심리학자가 쓴 〈기브 앤 테이크〉라는 책이 있다. 이 책에는 조직사회에서 존재하는 세 가지 유형의 사람을 소개한다. 첫째는 기버Giver다. 기버는 누군가가 도움을 필요로 할 때 조건 없이 도와주는 사람을 뜻한다. 둘째는 테이커Taker다. 테이커는 기버와는 반대 유형으로 자기 이익만 챙기는 이기적인 사람을 뜻한다. 심지어 남의 공을 가로채서 자신의 성과를 높이는 일도 서슴치 않는다. 마지막으로 매처Matcher는 거래하는 사람이다. 상대에게 도움을 받을 것 같은면 도와주고 도움받지 못할 것 같으면 움직이지 않는 유형이다. 이 책에서는 기버가 성공한다는 결론을 내리고 있다. 나 역시도 기버가 성공한다는 논리에 철저히 동의한다. 왜냐하면 오늘날의 사회는 초연결사회로 사람에 대한 이런저런 이야기가 금세 퍼지고 소문나는 세상이기 때문이다. 누군가에 대해 알고 싶으면 SNS를 잠깐 돌려보면 순식간에 평판조회가 마무리된다. 쉽게 말해 테이커가 발붙이고 살기가 어려운 세상이 된 것이다. 이제는 기버의 길을 과감하게 선택해도 되는 세상이라고 말하고 싶다.

그리고 조직 차원에서는 협력이나 협업을 통한 시너지가 가능한 조직을 만들려면 기버를 반드시 성공시켜야 한다. 기버는 자칫 조직에서 호구가 될 가능성이 있기 때문이다. 남들 좋은 일만 다 해주고 정작 자신은 아무런 혜택을 보지 못한다면 호구이지 뭐란 말인가? 기버가 반드시 성공하는 조직이 되려면 우선 조직 내에서 누가 기버의 역할을 잘 수행하는지를 알아야 한다. 그리고 기버의 행동을 공으로 인정해 주어야 한다. 나아가 조직 내부에 도움을 주고 받았던 일을 공론화하는 일을 빈번하게 수행할 수 있어야 한다. 그래야만 도움을 주는 활동이 많아질 것이며 기버가 비로소 인정받을 수 있을 것이기 때문이다.

자, 이제 감사의 마음을 표현해 보자. 우선 노트를 꺼내어 전체 팀원의 이름을 하나하나 적고 각 팀원에게 감사하는 점을 한 가지씩 적어보자. 각 팀원에게 다가가 직접 표현하면 좋겠지만 이것이 어렵다면 감사할 일이 있을 때마다 카드를 적어 상대의 책상에 슬쩍 올려놓는 것은 어떨까? 필요하다면 팀원 모두가 모인 자리에서 서로에게 감사의 마음을 전하는 시간을 가져보는 것도 좋을 것이다. 일단 한번 실천해 보라! 팀 분위기가 확 달라지는 것을 느낄 것이다.

내가 진행했던 한 워크숍에 참여한 어느 팀원이 전체 팀원들 앞에서 한 명씩 호명하며 전했던 감사 메시지를 소개한다. 이는 지금까지 내가 본 최고의 감사 메시지라 할 만하다. 절로 미소가 나오는 표현으로 가득하다. 혹시 어떤 내용으로 팀원들에게 감사를 해야 할지 잘 모를 때 참고하면 도움이 될 것이다.

감사의 표현이 많아지면 팀원 간의 신뢰가 형성됨은 물론 서로에 대한 긍정적인 관점을 갖게 된다. 이어 자연스럽게 팀 내부에 서로를 돕고 도움을 주고받는 활동이 늘어나게 된다.

♥ 우리 팀원들에 대한 감사 ♥

타고난 유머 감각으로 나에게 늘 웃음을 주어서 감사하고,

나와 다른 아이디어로 나의 시야를 넓혀주는 점에 대해 감사하고,

내 의견에 동조해 주면서 자신감을 높여줘서 감사하고,

늘 새로운 것을 배워 나의 학습 의지를 자극해 줘서 감사하고,

아침마다 웃음 가득한 얼굴로 인사를 건네줘서 감사하고,

엉뚱하고 창의적인 질문으로 내가 익숙하지 않은 세계를 간접적으로나마 경험하게 해줘서 감사하고,

늘 낙천적인 성격으로 스트레스와 압박에 시달리는 나에게 휴식처 같은 역할을 해주어서 감사하고,

나를 볼 때마다 술 사달라고 관심을 보여줘서 감사하고,

후배들 앞에서 솔선수범 해줘서 감사하고,

나의 실수를 놓치지 않고 교정해 줘서 감사하고,

일하다 쌓인 갈등을 털어버릴 수 있도록 회식 자리를 마련해 줘서 감사하고,

나의 무리한 지시에도 내가 미안할 정도로 흔쾌히 따라주어서 감사하고,

내가 한 일에 대해 칭찬해 줘서 감사하고,

지난번 무심코 지나갈 뻔했던 내 생일을 기억하고 챙겨주셔서 감사합니다.

감사 메시지로 시작하는 메일

팀 분위기가 유난히 좋다는 팀이 있어 찾아가 그 비결을 물어보았다. 그 팀에서는 매우 쉽고도 간단한 팀 차원의 약속 행동 한 가지를 실천하고 있었다. 그것은 팀원 누군가에게 이메일이나 문자메시지를 보낼 때 먼저 상대에게 감사한 점을 한 가지 이상 찾아 쓰는 것이다. 즉, 시작 문구를 상대에 대한 감사로 시작하는 일명 '감사 메시지로 시작하는 메일'이다. 이 방식이 팀원 간의 신뢰를 높이고 협업 수준을 높이는 데 효과가 있자 이를 확대하여 팀과 관계된 외부 사람들과 소통을 할 때도 '감사 메시지로 시작하는 메일'를 적용하기로 했다. 팀은 외부의 다양한 이해관계자들과 함께 일을 한다. 이들에게도 감사거리를 찾고자 한다면 수도 없이 찾을 수 있다. 그리고 감사의 대상은 확대할수록 효과가 높다. 이 팀은 다른 부서의 팀원에게 감사 메시지를 보낼 때면 그의 직속 상사도 빼놓지 않는다.

"지난번에 ○○ 프로젝트에서 저희 팀을 도와주셔서 얼마나 큰 도움이 됐는지 모릅니다. 특히 헌신적으로 도와준 ○○○님이 없었다면 아마도 저희가 일을 하는 데 큰 어려움이 있었을 것입니다. ○○○님이 저희 팀을 배려할 수 있게 도와주셔서 진심으로 감사드립니다."

이와 같은 감사 메일에 누가 가장 좋아할지는 굳이 언급하지 않아도 알 것이다. 누군가의 도움을 받았다면 그에게 좀 더 도움이 되는 방식으로 감사를 표현하는 것이 좋다.

'감사 메시지로 시작하는 메일'은 서너 줄의 간단한 메시지로 상대에게 감사의 마음을 전하는 것이다. 나는 이처럼 유익한 방법을 알려준 그 팀이 얼마나 고마운지 모른다. 감사 활동을 일회적인 것이 아닌 팀의 문화로 자리 잡게 하는 데 이만한 방식이 없다는 생각이 들었기 때문이다. 이 팀의 팀원들은 누군가에게 메시지를 보낼 때마다 상대에게 감사하는 점을 떠올리려 할 것이다. 이 과정에서 상대에 대한 우호적인 마음이 생겨날 수밖에 없다. 받는 사람의 입장에서도 좋은 방향으로 함께 일하고 싶은 마음이 자연스레 생길 것이다.

우리는 일상 생활 속에서 늘 누군가의 도움을 받고 산다. 다만 그것을 당연시 여기거나 의식하지 못할 뿐이다. 무심코 넘기는 상황이나 뒤로 미루다 타이밍을 놓치는 상황을 경계해야 한다. 표현되지 않는 마음에 대해 상대가 알 길이 없다. 감사 표현이 처음에는 많이 어색할 것이다. 안하던 행동은 늘 어색할 수밖에 없다. 어색하더라도 반복해서 실천하면서 점차 익숙해져야 한다. 그래서 일상생활에서 감사의 표현이 자연스럽게 표출될 수 있도록 해야 한다. 앞의 팀의 사례와 같이 팀 차원에서 팀원들이 함께 실천하기로 한다면 각 팀원들이 보다 참여하기 쉬울 것이다. '감사 메시지로 시작하는 메일'은 팀원 간 관계 개선이 필요한 팀에 특히 추천하는 방식이다.

회의^{懷疑}적인 회의^{會議}가 되지 않으려면

가장 피로를 느끼는 날 = 월요일

월요일 오전 무표정한 얼굴로 삼삼오오 회의실에 팀원들이 모여든다. 지난주에 한 일을 되돌아보고 이번 주에 할 일들을 논의하기 위해서다. 여느 때처럼 회의실에 가장 늦게 도착하는 사람은 팀장이다(아마도 아주 유명한 리더십 책에 쓰여져 있나 보다. 체통이 떨어질 수 있으니 리더는 회의실에 가장 늦게 들어와야 한다고.). 팀장의 착석과 동시에 회의가 시작된다. 팀장은 시작부터 뭔가 못마땅한 얼굴이다. 마치 주말 동안 풀려 있던 팀원들의 군기를 잡으려는 듯한 분위기다. 시종일관 인상을 구기고 있다. 언제나 그렇듯 이렇게 한 주의 첫 회의가 시작된다. 삭막한 분위기 속에서 한 명씩 돌아가며 각자 했던 일과 앞으로 할 일에 대한 이야기를 한다. 팀원들 표정은 각양각색이다. 터져 나오는 하품을 억지로 참다가 눈물을 찔끔 흘리는 팀원도 있고, 언제 끝날시 언신 시계만 들여다보는 팀원도 있다. 남몰래 휴대폰을 쳐다보며 주가를 확인하는 팀원도 있고, 무슨 일인지는 알 수 없지만 내내 누군가와 카톡을 주고받는 팀원도 있다. 아침부터 팀장에게 한소리 듣고 시무룩한 표정의 팀원도 있고, 팀장의 말에 기계적으로 고개를 끄덕이는 팀원도 있다. 팀장의 말을 조금도 놓치지 않으려는 듯 열심히 받아 적는 팀원도 있고, 수첩에 낙서를 끄적거리며 열심히 듣는 척하는 팀원도 있다. 그렇게 회의가 끝나고 회의실을 떠나는 팀원들이 뒷모습은 무겁고 어둡기만 하다. 모두가 말은 하지 않지만 표정 속에서 확인할 수 있는 것은 있다.

"이번 주도 힘든 한 주가 될 거야!"

시작이 반이라고 했다. 새로운 시작이 어렵다는 말로 알려져 있지만, 나는 시작의 품질이 전체 품질의 절반을 결정한다는 의미로 해석하고 싶다. 삭막하고 따분하게 진행되는 월요일 첫 회의로 한 주 동안의 팀 분위기가 대충 정해졌다고 보면 된다. 이 같은 분위기 속에서 팀원들이 어떻게 일할지는 안봐도 뻔하다. 한번 가라앉은 분위기는 되살리기가 쉽지 않다. 가라앉은 분위기는 더욱 가라앉을 가능성이 높으며 주변 분위기도 감염시킬 것이다.

나는 가능하다면 매주 첫 회의는 사무실 근처 카페 같은 곳에서 할 것을 제안한다. 사무실 밖으로 나갈 수 있는 상황이 아니라면 카페같은 분위기 속에서 회의를 할 것을 권한다. 왜 일을 카페에서 해야 하냐고? 따져 보면 카페만큼 일하기 좋은 곳도 없다. 카페의 분위기를 생각해 보자. 잔잔한 음악이 흐르고 정신을 깨우는 커피 향이 그윽하다. 상석과 하석이 따로 구별돼 있지 않아 자연스레 수평적인 분위기가 형성된다. 옹기종기 앉을 수 있어 자연스레 서로를 바라보며 대화할 수 있다. 특별히 뭘 하지 않아도 이렇게 앉아 있는 것 자체가 서로에 대한 친밀감을 느끼게 한다. 카페의 분위기는 수평적인 참여를 가능하게 한다. 어떤 이야기든 말할 수 있는 편안한 분위기가 만들어진다. 평소에는 입도 뻥긋하지 않은 팀원들도 자연스레 참여하게 된다. 카페 분위기에서는 일방적인 자기주장이나 상대에 대한 질타가 허용되지 않는다. 핏대를 세우며 목청을 높이는 일도 카페에서 쉽지 않은 일이다.

정리하면 카페는 개방적인 소통을 가능하게 한다. 서류를 펴놓고 줄줄 읽을 것도 없고 수첩에 의무적으로 적어야 할 것도 없다. 이렇게 심신이 편하니 자연스레 두뇌의 회전이 빨라지고 아이디어가 많아진다. 생기 넘치는 팀 분위기가 자연스레 형성된다.

'잘한 일'을 공유하라

대개의 회의에서 주고받는 내용들을 따져 보면 하나의 공통적인 패턴을 찾을 수 있다. 그것은 '했던 일Things done', '잘못된 일Things wrong' 그리고 '해야 할 일Things to do'이다. 질문을 구성하면 다음의 세 가지의 질문과 같다.

(했던 일) "어떤 일을 했습니까?"
(잘못된 일) "뭐가 잘못됐죠?"
(해야 할 일) "대책은 무엇입니까?"

이를 좀 더 삭막한 형태로 구성하면 다음과 같다.

(했던 일) "했어? 안했어?"
(잘못된 일) "왜 그렇게 했어?"
(해야 할 일) "앞으로 어떻게 할 건데?"

듣기만 해도 숨이 막히지 않는가? 여기서 한 가지 짚고 넘어갈 것이 있다. 흔히 직장인들에게 회의를 싫어하는 이유를 물어보면 회의 시간이 지나치게 길거나 쓸데없는 회의가 너무 많기 때문이라고 한다. 하지만 이는 반은 맞고 반은 틀린 이야기다. 만약 그렇다면 회의가 끝나고 차를 마시거나 담배를 피면서 끊임없이 이뤄지는 잡담에 대해서는 설명할 방법이 없다. 직장인들이 회의를 싫어하는 가장 큰 이유는 회의가 재미가 없기 때문이다. 사람은 재미있는 것에 몰입을 한다. 그리고 몰입은 곧 높은 생산성과 연결된다.

나는 이제까지 회의에 대한 고민이 없는 팀을 만난 적이 없다. 이들의 고민은 "어떻게 하면 회의의 생산성을 높일 수 있을까?"이다. 하지만 이런 식의 접근으로는 영원히 회의의 문제를 해결하지 못할 것이다. 질문을 이렇게 바꿔보자!

"어떻게 하면 재미있게 회의를 할 수 있을까?"

재미있는 회의를 할 수 있는 방법 두 가지를 소개한다. 특히 회의 주최자나 진행자는 반드시 숙지해야 하는 내용이다. 하나는 '라포Rapport 형성'이고 다른 하나는 '잘한 일Things right의 공유'다.

먼저 라포 형성에 대해 설명한다. 여러 사람이 함께 참여하는 회의 분위기는 참가자로 하여금 항상 긴장감을 느끼게 한다. 저마다 이런저런 일로 머릿속이 복잡해 회의의 바다에 쉽게 뛰어들지 못한다. 즉, 아직 회의 준비 태세가 돼 있지 않는 것이다. 이런 상태에서 회의를 진행하다 보면 서로 경계하여 자신의 생각을 제대로 표현하지 못한다. 또한 자그마한 충돌에도 서로 쉽게 상처받고 대립각을 세우기 십상이다. 이를 예방하기 위한 것이 회의 참가자 간 라포Rapport를 형성하는 것이다. 라포란 사전적 의미로 친밀하고 조화된 관계를 뜻하며, 라포를 형성한다는 것은 서로 마음을 열고 대화할 준비 자세를 갖춘다는 의미이다. 라포 형성은 회의 참석자의 마음을 유기적으로 연결해 주는 윤활유 같은 역할을 한다. 라포 형성을 위해 사용할 수 있는 방법은 아주 다양하다. 서로 인사를 나눈다든지, 생일이나 결혼기념일 같은 축하할 일을 공유한다든지, 가벼운 유머 등의 스몰 토크를 나누는 시간을 갖는 것이다. 처음 참여하는 사람이 있다면 가벼운 소개의 시간을 갖는 것도 좋을 것이다. 다함께 큰 박수로 회의를 시작할 수도 있다. 이처럼 회의를 시작할 때 곧바로 회의 주제로 뛰어들기보다는 라포 형성 활동을 통해 분위기를 말랑말랑한 형태로 바꿔주는 노력을 하는 것이 좋다. 라포 형성은 몸의 경직된 근육을 풀어주는 준비 운동과 같다.

다음으로는 '잘한 일Things right'을 공유하는 것이다. 어찌된 일인지 대다수의 회의는 '잘못한 일Things wrong'에 초점을 맞추는 경향이 있다. 그리고 잘못된 일은 대개 누군가의 책임으로 귀결되기 쉽다. 잘못을 따지는 회의에서는 사람들은 가급적 자신과 관련된 일은 언급하지 않으려 할 것이다. 입에 올려봐야 좋을 일이 별로 없기 때문이다. 이는 대다수의 회의에서 대화가 활발하지 않는 대표적인 원인이다. 이런 유형의 회의는 하면 할수록 길어지면 길어질수록 힘이 빠지고 분위기가 처질 수밖에 없다.

도대체 왜 회의는 정해 놓은 공식처럼 잘못한 일들을 중심으로 진행돼야 하나? 잘못한 일도 있겠지만 그만큼 잘한 일들도 있지 않겠는가? 왜 잘한 일에는 관심을 두려 하지 않는가? 본능적으로 사람들은 자신이 잘한 일을 공유할 때 기쁨과 열정으로 가득 채워진다. 술자리에서 자신의 과거 무용담을 끝없이 반복하는 사람들을 많이 보았을 것이다. 듣는 사람은 지겨울 수 있어도 말하는 사람은 똑같은 얘기지만 절대 지치는 법이 없다. 자아도취 상태에서 에너지가 샘솟는다. 사람들은 본능적으로 즐거운 이야기를 하고 싶어한다. 즐거운 이야기 속에서 자신의 가치를 발견하고 삶의 자신감과 열정을 찾는 것이다. 그리고 이는 새로운 것에 대한 도전도 가능케 한다.

팀에서 각 팀원이 잘한 일을 공유하는 시간을 가져보자. 틀림없이 칭찬받아 마땅한 팀원들이 아주 많다는 사실에 우선 놀라게 될 것이다. 또한 금방 활기 넘치는 모습으로 변모하는 회의 분위기에 놀랄 것이다. '잘한 일'을 공유하는 방식은 매우 간단하다. 팀원들이 모두 모인 가운데 다음 질문을 하면 된다.

"지난 한 주 동안 있었던 일들 가운데 성공적이거나 보람 있었던 일들에 대해 말씀해 주시기 바랍니다."

이 질문과 함께 준비된 사람부터 한 명씩 자신의 성공 경험을 전체 팀원 앞에서 소개한다. 팀원이 많거나 시간이 그리 많지 않은 상황이라면 소요 시간을 고려하여 희망자로 제한하여 시행해도 될 것이다. 하지만 가급적 모든 팀원이 모두 참여하는 형태로 진행하는 것을 권한다. 자칫 쑥스러운 나머지 아무도 나서지 않을 수 있기 때문이다. 포스트잇이나 A4용지를 나눠주고 먼저 노트를 하게 하는 방식도 도움이 된다. 머릿속의 생각보다는 노트한 내용을 이야기하는 것은 훨씬 쉽기 때문이다. 이때 유의점이 한 가지 있다. 팀원들이 뭔가 대단하거나 거창한 일을 이야기해야 할 것 같은 느낌을 주어서는 안된다. 잘한 일을 떠올리는 데에 익숙하지 않은 사람들이 많기 때문이다. 부담을 주어서는 안된다. 일할 때 경험한 사소한 일을 이야기할 수 있는 분위기를 형성하는 것이 중요하다. 진행자가 다음과 같은 예시를 들며 먼저 물꼬를 터주는 발표를 하면 좋을 것이다.

"저는 사무실 복도에 휴지가 떨어져 있어서 주워서 휴지통에 버렸습니다."
"저는 복사기에 용지가 바닥이 나서 충전을 하였습니다."
"저를 도와준 다른 부서의 팀원에게 커피를 사주었습니다."

이와 같이 사소하게 잘한 일로 물꼬를 터준다면 다른 팀원들도 자신들이 잘한 일에 대해 쉽게 떠올릴 수 있을 것이며 자신있게 이야기할 수 있을 것이다.

진행자는 한 사람의 이야기가 끝날 때마다 박수를 유도하면 더욱 좋을 것이다. 어느 팀이든 이러한 시간을 한두 번 거치고 나면 이후에는 잘한 일을 공유하는 활동이 매우 자연스러워질 것이다. 오히려 저마다 너무 하고 싶은 말이 많은 나머지 회의 시간이 길어지는 것을 걱정해야 할지도 모른다.

팀 내 갈등을 치유하는
특효약, 사과

사과는 회복과 성장을 위한 결심이다

사회 생활에서 가장 입이 떨어지지 않는 말을 하나 꼽으라고 한다면 아마도 '사과'가 아닐까. 칭찬도 어렵지만 사회적으로 칭찬의 중요성은 오랫동안 널리 알려져 있어 점차 인색한 수준에서는 벗어나고 있는 듯하다. 미국의 전설적인 팝그룹인 시카고Chicago의 명곡 「Hard to say I'm sorry」라는 노래 제목처럼 사과는 어쩌면 인간 사회에서 가장 하기 어려운 말일지도 모른다. 사과를 하기가 힘든 이유는 무엇일까? 아마도 칭찬은 남에 대한 이야기인 반면, 사과는 자기 자신에 대한 이야기이기 때문일 것이다. 더구나 좋은 이야기도 아니지 않은가? 따라서 사과는 칭찬과는 달리 스스로 밑지는 느낌이 들게 한다. 특히 이기고 지는 승패가 있는 경쟁 환경에서는 사과를 한다는 것은 곧 패배를 자인하는 듯한 루저의 기분이 들게 한다. 하지만 이는 사과의 힘을 제대로 알지 못해서 나타난 결과다.

사과는 인간관계에서 불편한 관계를 치유하고 회복시켜 준다. 나아가 더 나은 길로 나아갈 수 있도록 해주는 자기 성장의 최고의 방법이다. 성숙한 사람일수록 사과를 두려워하지 않으며 신뢰 수준이 높은 조직일수록 사과를 주저하지 않는다. 필자는 야구를 좋아한다. 메이저리그 야구를 보면 투수가 던진 공이 타자의 몸을 맞추는 일이 자주 발생한다. 대개 손에서 공이 빠지는 등 볼 컨트롤이 제대로 되지 않아 나타난 현상이다. 과거에는 투수들이 타자에게 절대 사과를 하지 않았다. 투수 입장에서도 타자의 몸에 맞는 볼로 주자를 늘리는 상황이 짜증나는 것이기 때문이다. 이때 행여라도 타자가 투수에게 따지거나 달려들면 투수 역시 맞서 싸우는 일이 다반사였다. 때로는 사태가 커져 양 팀 선수들이 벤치를 박차고 뛰어나와 집단 패싸움을 하는 벤치클리어링이 일어난다. 이후 분풀이 차원에서 보복구로 복수하는 일도 늘상 발생하는 일이었다. 사과 한마디면 끝날 일인데 누구도 수습할 수 없는 지경에 이르고 마는 것이다. 하지만 최근에는 메이저리그도 분위기가 많이 바뀌고 있다고 한다. 몸에 공을 맞춘 투수가 타자에게 모자를 살짝 벗어보이거나 글러브를 들어올리는 행동으로 미안한 마음을 표현한다. 이런 경우 백퍼센트 확률로 타자 역시 투수의 사과를 기꺼이 받아들인다. 갈등으로 치닫을 수 있는 위험한 상황이 훈훈한 분위기로 마무리되는 것이다. 그 결과로 두 팀 모두 본업인 야구 경기에 보다 집중할 수 있게 되고, 팬들입장에서도 볼썽사나운 모습을 관전하지 않으니 이래저래 모든 사람들이 좋은 모습이 되는 것이다.

사과는 상대를 불편하게 하거나 힘들게 만들었다면 대상이 누구인지 상관없이 반드시 해야 하는 것이다. 팀에서는 팀장과 팀원 사이, 팀원과 팀원 사이, 선배와 후배 사이에서 늘상 주고받아야 하는 것이어야 한다. 어쩌면 조직의 리더는 직원들에게 가장 많이 사과를 해야 하는 숙명을 지닌 사람일지도 모른다. 사안도 많고 함께 일하는 사람도 많기 때문에 사과할 일이 자연스럽게 많이 생기지 않을까? 어느 팀워크 워크숍에서 팀원 간의 사과가 필요한 모든 상황을 참가자들과 함께 정리해 보았다. 내용은 다음과 같다.

팀원 간 사과가 필요한 때

- 제때 처리해야 할 일을 제대로 하지 못했을 때
- 회의 시간에 의견 차이로 인해 논쟁이나 말다툼이 발생했을 때
- 동료를 소홀하게 대했을 때
- 야근하는 동료를 두고 먼저 퇴근할 때
- 도와달라는 동료의 요청을 일이 바빠 들어주지 못했을 때
- 자신을 도와준 동료에게 감사 표현을 미처 하지 못했을 때

- 자신만 혼자 좋은 교육에 다녀왔을 때

- 동료들에게 필요한 정보를 제때 제공해 주지 못했을 때

- 아침에 늦게 출근했을 때

- 팀 회식이나 모임에 늦게 나타나거나 참석하지 못했을 때

- 불필요한 일거리를 만들어 동료들을 수고스럽게 했을 때

- 무심코 한 말과 행동이 동료에게 상처가 됐을 때

- 함께 일한 동료의 고과가 자신보다 좋지 않을 때

- 나의 실수로 동료가 곤경에 빠졌을 때

- 어쩌다가 동료의 뒷담화를 하거나 듣게 됐을 때

어디 이뿐이겠는가? 구체적인 상황을 이야기할 수 있다면 얼마든지 더 찾을 수 있다. 조직마다 또는 일의 성격이나 상황에 따라 매우 다양한 사과의 상황이 나올 것이다.

최근의 여러 통계를 살펴보면 직장인의 두 명 가운데 한 명은 직장에서 불행감을 느낀다고 한다. 그리고 불행감의 상당한 원인은 함께 일하는 상사나 동료들로부터 비롯된 것이라고 한다. 한마디로 불행감과 관련하여 모두가 가해자일 수 있고 동시에 피해자일 수도 있는 것이다. 일하다 보면 불가피하게 서로에게 상처를 주고받는 일이 생길 수밖에 없다. 원래 일이라는 것이 그런 것이다. 일은 늘 문제를 동반하며 문제로 인해 누군가는 항상 힘들고 괴로운 상황에 처하게 된다. 따라서 사과는 일하는 과정에서 반드시 함께 있어야 하는 것

이지만 현실은 그렇지 않은 경우가 많다. 앞에서 언급한 것처럼 사과는 곧 패배라는 공식이 내면 깊숙이 자리 잡고 있기 때문이다. 이 것이 자신의 잘못을 알면서도 사과는 꺼리는 이유다. 오히려 자신을 끊임없이 합리화하거나 그것이 여의치 않으면 상대에 대한 비난도 서슴지 않는다.

조직에서 사람들은 인정받고 싶어한다. 인정받고 싶은 욕구는 모 두가 가장 중시하는 욕구라 해도 과언이 아니다. 자존심 굽히는 일 따위는 하고 싶지 않을 것이다. 하지만 사과는 인정받고자 하는 욕 구와는 관계가 없다. 오히려 스스로의 자존감을 높이는 길이기도 하 다. 주변을 살펴보자. 자신의 잘못을 쿨하게 사과하는 사람이 있을 것이다. 이런 사람의 공통적인 특징 하나는 스스로에 대한 믿음이 아주 강하다는 점이다. 사과가 자신에게 절대 불이익으로 돌아온다 고 생각하지 않는다. 지금보다는 앞으로의, 자기 혼자보다는 동료와 의 관계를 더 중시한다. 경우에 따라 자신의 잘못이나 책임이 아닐 지라도 필요하다면 기꺼이 사과를 한다. 사과는 스스로를 굽히는 태 도도 아니고 패배를 자인하는 태도도 아니다. 사과는 잘못한 일을 솔직하게 인정하는 과정을 통해 같은 실수를 반복하지 않겠다는 성 장을 위한 결심이다. 또한 상처받은 관계를 회복하겠다는 강한 의지 의 표현이다. 누군가의 행동에 화가 났던 경우를 생각해 보자. 상대 로부터 가장 듣고 싶은 말은 "미안해!" 한 마디가 아니었던가? 말 한 마디에 마음 속 앙금이 제거되고 상당 부분 문제가 해결된다. 그리고 새로운 출발이 시작된다.

사과 = 나는 당신을 존중합니다

사과는 상대를 존중하는 대표적인 태도다. 상대가 존중하는 대상
이라면 누가 말려도 사과를 하려고 할 것이다. 하지만 상대가 존중
하는 대상이 아니라면 사과는 많이 어려워질 수 있다. 이는 부모가
자녀에게, 선배가 후배에게, 상사가 부하직원에게 사과를 잘 하지 않
는 이유다. 상대를 자신과 똑같은 인격체로서가 아니라, 자신보다 아
래에 있는 사람으로 취급한다면 사과가 입에서 잘 떨어지지 않을 것
이다. 사과는 "나는 당신을 존중합니다"와 똑같은 말이다. 그렇기에
사과를 하고 나면 상대와의 관계가 극적으로 개선될 수 있다.

앞에서 나는 여러 차례 팀 내부의 갈등은 아주 자연스러운 현상이
라 했다. 이는 갈등을 한없이 내버려둬도 된다는 의미는 아니라 갈
등을 생산적으로 처리할 수 있어야 한다는 말이다. 사과는 갈등을
상처 없이 치유하는 특효약이라 할 수 있다.

누군가에게 사과를 받았던 경험을 생각해 보자. 누군가에게 진심
어린 사과를 받고 나면 오히려 상대에게 미안함이 느껴진다. 그래서
상대에게도 자연스레 사과를 하고 싶은 마음이 생기게 된다. "사실
저도 잘못한 점이 있죠. 저 역시도 미안한 마음입니다"와 같은 식으

로 말이다. 대부분의 상황에서 정도의 차이가 있을 뿐 누군가의 일방적인 잘못은 극히 드물다. 사과를 통해 상대가 자신을 존중한다는 사실을 확인하게 되면 자신 역시 마음이 열려 상대에게 사과할 거리를 찾게 되는 것이다.

사과를 할 때에는 몇 가지 유념할 점이 있다. 먼저 사과에는 진정성이 담겨 있어야 한다. 사과를 받고 더 기분 나빠졌던 경험 역시 있을 것이다. 마지못해 건성으로 하는 사과는 오히려 상대를 더욱 자극하여 상황을 악화시킨다. 사회적 동물인 사람은 말이나 표정 속에서 상대의 진심을 읽어낼 수 있는 고도의 대인민감성을 가지고 있다. 마음에 없는 표현이라면 애초에 하지 않는 것이 차라리 더 낫다. 만약 말로 자신의 진정성을 충분히 담아내기가 어렵다면 편지나 엽서와 같은 글로 적어 전달하는 방법도 유용하다. 본래 글은 정성이 없이는 할 수 없는 행동이다. 그만큼 상대에게 전달되는 마음이 더 클 것이다.

둘째, 자기변명이 담겨 있어서는 안 된다. 예를 들면 다음과 같다.

"나도 충분히 그럴 만한 사정이 있어서 그랬던 건데 그 일로 마음이 상했다면 미안하게 생각합니다."

이 말은 사과라기보다는 변명에 가깝다. 그만큼 상대에게 와닿지 않을 가능성이 높다. 사과를 하는 이유는 상대의 가슴 속에 생긴 상처를 치유하기 위해서다. 바로 상대에게 집중해야 한다. 이러쿵저러쿵 자기변명을 늘어놓는 것은 상대가 아닌 자신을 보호하기 위한 행위라 할 수 있다.

마지막으로 사과 후에는 행동의 변화가 필요하다. 사과를 하고 나서도 후에 개선의 여지가 없거나 똑같은 문제 상황이 되풀이된다면 상대를 기만하는 것과 같다. 사과 전과 사과 후의 행동은 반드시 달라져야 한다.

자, 이제 팀의 일원으로서 당신과 당신의 팀, 그리고 당신의 동료에게 도움이 될 수 있는 실천 과제 하나를 소개한다. 노트를 펴서 팀원들의 이름을 죽 적어보자. 그리고 각 팀원에게 사과할 일 한 가지를 떠올려 이름 옆에 적어보기 바란다. 잘 안 떠오를 것이라고 미리 걱정할 필요는 없다. 곰곰이 생각해 보면 분명히 떠오를 것이다. 수많은 팀을 만나 이와 같은 워크숍을 해 보았다. 사과할 거리가 없어서 사과를 못하는 일은 발생하지 않았다. 각 팀원에게 사과할 일을 떠올려 기록했다면 이제 시간을 두고 한 명씩 만나도록 하자. 공식적인 만남이든 비공식적인 만남이든 상관이 없다. 다만 일대일로 대화할 수 있는 분위기면 된다. 그리고 마음을 담은 사과를 하자. 시간도 얼마 안 걸리는 아주 작은 행동이지만 이로 인해 당신과 그와의 사이는 극적으로 개선될 것이다. 팀원들이 다 같이 한자리에 모여 서로에게 미안한 일들을 서로 이야기하는 시간을 갖는 것도 좋은 방법이다. 가슴이 찡하는 감동의 시간을 가질 수 있을 것이다.

팀을 죽이는 소리 없는 암살자, 팀 에너지 빌런

우리 팀의 에너지 빌런은?

"일주일에 보고 대기 시간만 따져 봐도 족히 하루가 넘더군요."

한 팀원의 푸념이다. 품의를 받기 위해 윗사람을 기다리는 평균적인 대기 시간을 따져봤더니 족히 여덟 시간 이상 걸리더라는 것이다. 대기 시간만 이 정도였으니 보고서를 작성하고 결재를 받는 데 걸린 시간은 말할 것도 없을 것이다. 위로 층층이 존재하는 윗사람들을 한 분 한 분 만나 설득해야 하고, 각기 다른 그들의 의견을 수용하여 보고서를 수정해야 한다. 이러다 보면 한두 주가 훌쩍 지나는 것은 다반사이고 이 과정에서 보고자는 에너지를 소진하고 탈진 상태에 이르게 된다. 그래서 최종 보고가 끝나고 나면 시작도 안 한 일이 마치 다 끝난 것 같은 착각마저 들 정도다. 함께 일하기로 되어 있는 외부 파트너들에게도 면목이 없는 상황이 만들어진다. 일정이 줄줄 밀릴 수밖에 없어 본의 아닌 갑질을 하게 된다. 보고 결재 과정에 과한 에너지가 투입되다 보니 늘 일에 쫓길 수밖에 없고, 그 속에서 일을 수행하는 팀원들의 피로도가 증폭될 수밖에 없다. 이 회사의 에너지 킬러는 바로 '긴 보고 대기 시간'이었다.

한 가지 사례를 더 소개한다. 유난히 술자리가 많은 팀에서 일을 한 적이 있다. 당시 이 팀에서 일했던 팀원들은 모두가 성실하고 꽤 괜찮은 사람들이었다. 더구나 내부 결속력도 여느 팀에 비할 바가 아닐 정도로 훌륭했다. 그러나 하루가 멀다 하고 삼삼오오 이뤄지는 술자리는 다음날 업무에 지속적으로 부정적인 영향을 끼쳤다. 한 조사 결과에 따르면 회식을 하면 평균적으로 다음날 회식에 참여했던 사람의 50% 이상은 오전 업무가 불가능하며 그 가운데 절반은 종일 업무가 불가능할 정도라고 한다. 이를 몸으로 증명하듯 이 팀의 업무 강도는 시간이 갈수록 느슨해져만 갔다. 업무 강도는 느슨해져 가면서 팀원들의 야근이 늘게 되었다. 업무 강도가 느슨해진다고 해서 해야 할 일이 없어지는 것은 아니기 때문이다. 또 이렇게 야근을 자주 하다 보면 팀원들은 일을 열심히 했다는 착각을 하게 되고 이에 대한 위로와 보상 격으로 다시 술자리를 갖는다. 이 팀의 에너지 빌런은 바로 '지나친 회식'이었다.

조직에 불필요한 피로감을 증폭시키는 모든 것을 '팀 에너지 빌런'이라고 정의한다. 마치 팀을 서서히 죽이는 '소리 없는 암살자'와 같다. 팀에 주로 존재하는 에너지 빌런을 정리하면 다음과 같다. 혹시 이 가운데 당신의 팀에 존재하는 에너지 빌런이 있는지 살펴보기 바란다.

팀 에너지 빌런(예시)

- 불필요한 회의
- 결과 없이 끝나는 회의
- 긴 보고 대기 시간
- 화려한 보고서 작성
- 불필요한 보고서 작성
- 잦은 술자리
- 목적을 알 수 없는 관행
- 반복되는 실수
- 모호한 업무
- 업무 중복
- 불명확한 업무 분장
- 애매한 업무 지시
- 일에 집중하기 어려운 업무 환경(소음/냄새/탁한 공기 등)
- 눈치 보는 야근

- 상하 간의 불통
- 항상 얼굴을 구기고 있는 상사 또는 선배
- 동료 간의 험담
- 사적인 업무

팀 에너지 빌런 박멸

팀 에너지 빌런은 대개 팀 문화의 문제로 팀 차원에서 해결하는 노력을 기울여야 한다. 오래 전부터 관행처럼 있어왔던 것이라 "늘 그래왔으니까~"하며 특별한 문제의식을 갖지 못한다. 아무도 문제 의식을 갖지 않고 모두가 외면하는 가운데 에너지 빌런의 힘은 더욱 강력해진다. 그리고 끊임없이 팀원들을 지치게 하고 팀 분위기를 해친다. 마치 집안에 숨어 조용히 번식하며 세를 불려가는 바퀴벌레처럼 말이다. 팀 에너지 빌런은 팀원 모두가 문제의식을 느끼고 근원부터 뿌리 뽑는 박멸 노력을 기울이지 않으면 안 된다. 생명력이 질겨 절대 저절로 소멸되는 법이 없다.

팀 에너지 빌런을 찾아내는 가장 좋은 방법은 외부인의 시각을 활용하는 것이다. 즉, 신입 또는 경력 사원이나 다른 팀에서 이동해 온 팀원 등을 통해서다. 팀장이 바뀔 때 팀의 변화가 많은 것도 이 때문이다. 옛말에 뒷간에 오래 앉아 있으면 뒷간 냄새를 못 맡는다는 말이 있다. 부정적인 것도 일단 익숙해지면 그것을 부정적으로 받아들이지 않는다는 말이다. 그러나 새로 팀에 합류한 멤버는 다르다. 곧바로 코를 찌르는 불쾌한 냄새를 맡게 될 것이다. 선물과도 같은 이들의 의견을 경청한다면 팀 에너지 빌런을 쉽게 찾을 수 있을 것이다.

한편으로는 팀원들은 자체적으로 팀 에너지 빌런에는 어떤 것이 있는지 주기적으로 살펴야 한다. 팀 에너지 빌런을 찾고 이의 박멸 방안을 찾기 위한 다음의 4가지의 단계적 질문을 소개한다.

팀 에너지 빌런 박멸을 위한 4가지 질문

1. 일할 의욕이 떨어지는 상황은 언제인가?
2. 그것으로 인해 무엇이 힘든가?
3. 언제부터 그것이 문제였는가?
4. 그것을 박멸하려면 무엇을 하면 좋은가?

먼저 1단계는 에너지 빌런을 정의하는 단계이다. "일할 의욕이 떨어지는 상황은 언제인가?"에 대한 답변을 찾는다고 생각하면 쉬울 것이다. 각 팀원은 이 질문에 대해 자신의 생각을 말하면 된다. 눈치 보여 직접 언급하기 곤란하다면 각자 종이에 써서 진행자에게 전달하고 진행자가 종합해서 정리하면 된다. 이때 답변으로 유독 자주 나오는 이야기가 있을 것이다. 그것이 바로 팀의 에너지 빌런이다.

2단계는 선택한 에너지 빌런이 팀과 팀원 개개인에게 미치는 부정적인 영향이 무엇인지 생각을 나눌 차례다. 이야기하다 보면 그것의 심각성을 느낄 수 있을 것이다. 이렇게 팀의 에너지 빌런을 정의하고 그것의 부정적인 영향을 따져봤다면 3단계로 넘어가면 된다.

3단계는 제시된 에너지 빌런의 원인을 찾는 단계이다. 좀 더 구체적으로 "왜 그리고 언제부터 이 같은 에너지 빌런이 우리 팀에 자리 잡았을까?"를 따져보는 것이다. 이 과정에서 다소 듣기에 불편한 이야기들이 나올 수 있다. 특히 누군가와 얽힌 이야기 나온다면 마음이 몹시 불편해질 것이다. 혹시 에너지 빌런의 원인이 나 자신과 관련된 것이라면 변명하기보다는 시원하게 사과하는 편이 스스로를 위해서나 팀을 위해서나 바람직하다. 자기 변명을 한다면 자칫 팀 분위기가 냉각될 수 있으며 더이상의 대화가 불가능해질 수 있다. 이렇게 원인을 파악하고 나면 마지막 단계인 원인에 대한 해결 방안도 쉽게 찾을 수 있을 것이다.

이 방법을 적용한 어느 팀의 사례를 소개한다. 이 팀은 논의를 통해 '주례/월례회의 문서 작성'이라는 에너지 빌런을 발견했다. 팀원 모두가 불만을 가질 정도로 꽤 많은 스트레스를 유발하고 있었다. 하지만 이 일은 상위 부서나 인접 부서와의 업무 공유를 위한 목적으로 수행하는 일이어서 하기 싫다고 해서 안 할 수 있는 일은 아니었다. 특히 유독 이 팀에서 '주례/월례회의 문서 작성'이 에너지 빌런이 되는 이유가 있었다. 이 팀은 팀원 수가 평균적인 팀보다 두 배 이상인 큰 팀이어서 다른 팀에 비해 상대적으로 문서에 포함되는 내용들이 많았고 내용을 취합하는 데 오랜 시간이 걸렸다. 따라서 문서 작성 시점에서 모든 팀원들의 적극적인 참여가 필요했지만 실상은 그렇지 못했던 것이다. 이 과정에서 서로 불편한 이야기가 오가면서 감정이 상하는 일이 자주 발생했던 것이다. 그런데 이 문제가 오랫동안 개선되지 않았던 이유는 모두가 불편함을 느끼면서도 그렇게 비중 있는 일은 아니었기 때문이었다. 에너지 빌런에 대한 대화를 시작하자 일부 팀원들은 기다렸다는 듯이 이로 인해 불편했던 감정들을 토로했다. 특히 문서 취합 담당자는 자신이 겪는 어려움을 호소했고 팀원 모두가 이를 다 같이 공감할 수 있었다. 일단 문제에 대한 공감대가 형성되자 해결책은 매우 쉽게 도출되었다. 개인별로 따로따로 내용을 작성하여 전체 문서를 정리하는 기존의 방식이 문제의 원인이었다. 그래서 앞으로는 따로따로 작성하던 형식이 아니라 다 같이 한자리에 모여 해당 문서를 함께 작성하는 형식으로 바꾸기로 했다. 어차피 팀은 매주 한 번씩은 모여야 하고 그 시간에 짬을 내어 서로 해야 할 업무를 공유하면서 문서 작성을 완료하는 것이다. 이후로 이 팀에서 이 일로 인해 스트레스를 받는 일은 없어졌다.

팀 에너지 빌런은 모두가 고통받고 있음에도 불구하고 아무도 신경 쓰지 않는 곳에서 존재하는 경향이 있다. 너무 오랫동안 익숙해져서 둔감해졌다는 표현이 더 적절할 것이다. 그렇기에 팀 에너지 빌런은 종종 아무것도 아닌 일로 또는 당연히 존재하는 일로 여겨지기도 하다.

에너지 빌런의 박멸은 팀원들이 모두 열린 마음으로 참여했을 때 가능하다. 어떤 이야기든 자유롭게 할 수 있는 분위기가 돼야 한다. 팀 내부의 문제는 팀원들이 가장 잘 알고 있다. 팀원들이 함께 모여 논의하고 답을 찾아가는 여행을 시작해 보자. 그리고 이 같은 여행을 많이 할수록 보다 에너지 넘치는 건강한 팀이 될 것이다.

마음을 움직이는
마법의 비율, 5 대 1

우리 팀의 긍정과 부정의 비율은?

마샬 로사다Marcial Losada와 에밀리 히피Emily Heaphy는 '팀의 성과Perfor-mance'와 '대화Conversations의 질'과의 연관성을 조사했다. 먼저 고객 만족도, 영업 이익률 등을 고려하여 고성과 팀, 중간 성과 팀, 저성과 팀의 세 그룹으로 팀을 분류하였다. 그리고 각 그룹에서 팀원들이 동료들과의 주고받는 대화 내용을 분석했다. 그 결과는 매우 흥미로웠다. 고성과 팀으로 분류된 팀에서 나타난 긍정과 부정의 대화의 비율은 '5.8 대 1'로 나타났다. 즉, 조직 구성원 간에 주고받은 긍정의 말이 부정의 말보다 무려 5.8배가 많은 것이다. 반면에 중간 성과 팀의 경우에는 긍정과 부정의 대화의 비율이 '1.8 대 1'이었으며 저성과 팀의 경우에는 '1 대 2.7'으로 나타났다. 즉, 저성과 팀은 거꾸로 부정적인 말이 긍정적인 말보다 2.7배가 높게 나타난 것이다.

"근데 솔직히 우리 팀에서는 부정적인 표현들이 많아요. 그럼에도 불구하고 팀 성과는 높은 편입니다. 이것을 어떻게 설명할 수 있나요?"

강의 중에 한 참가자로부터 들었던 질문이다. 고맙게도 나를 대변이라도 하듯이 질문이 떨어지기가 무섭게 다른 한 참가자가 이렇게 말했다.

"그럼, 앞으로 더 높은 성과를 낼 수도 있다는 말이네요."

긍정적인 말의 비율을 높이면 팀의 성과가 앞으로 더 좋아질 수 있다는 의미였다. 매우 적절한 답변이라고 생각한다. 팀원 간의 주고받는 대화에서 긍정적인 말의 비율을 높이면 팀원 간의 신뢰 수준이 높아질 것이며 보다 활기찬 팀 분위기를 갖게 될 것이다. 그리고 팀의 성과에도 분명 긍정적인 영향을 미칠 것이다. 세계적인 커플 관계 전문가인 존 고트맨John Gottman은 이와 엇비슷한 연구결과를 내놓았다. 그는 관계에서 대화의 질이 높아야 긍정적인 관계를 형성할 수 있다고 한다. 그리고 가장 이상적인 대화의 긍정과 부정의 비율로 '5 대 1'의 비율을 제시하였다. 쉽게 말해 긍정적인 말이 부정적인 말보다 다섯 배 이상이 높아야 한다는 말이다. 이를 마법의 비율, 5:1The magic ratio,5:1이라고 한다. 줄여 말하면 '5 대 1의 법칙'이다.

당신이 속한 팀의 대화의 질을 따져보자. 여기서 대화의 질은 긍정과 부정의 비율을 체크해 보는 것이다. 칭찬과 격려 등의 긍정적인 이야기가 많은가? 아니면 누군가에게 상처를 주는 부정적인 이야기가 많은가? 나는 오래전부터 5 대 1의 법칙에 대해 큰 흥미를 느껴왔다. 그래서 각종 교육이나 워크숍에서 내가 만났던 많은 사람들에게 5 대 1의 법칙을 설명한 후, 현재 자신이 몸담고 있는 팀은 어느 정도 비율인지를 물어보았다. 그 결과는 다소 실망스러운 것이었다. 아무리 넉넉하게 잡아도 5 대 1의 비율을 유지하고 있는 팀은 10%를 넘지 않았다. 부정 표현의 비율이 긍정 표현의 비율보다 높다고 말하는 팀이 절반을 넘었다. 사람은 자신에 대한 긍정적인 이야기를 들을 때 기분이 좋아진다. 반면에 부정적인 이야기를 듣게 되면 기분이 나빠지고 일할 의욕도 떨어지게 되고 장기적으로 조직에 대한 소속감도 떨어질 수밖에 없다.

말콤 글래드웰의 저서 〈블링크Blink〉에는 웬디 레빈스Wendy Levins의 매우 흥미로운 연구결과가 소개되어 있다. 그는 미국에서 환자로부터 자주 고소당하는 의사와 그렇지 않는 의사와의 차이점이 무엇인지 매우 궁금했다. 그래서 '두 번 이상 고소당한 적이 있는 의사' 그룹과 '한 번도 고소를 당하지 않는 의사' 그룹을 놓고 이들의 차이점을 분석했다. 그런데 놀랍게도 의료 사고는 이 두 그룹을 갈라놓는 기준이 되지 못했다. 환자로부터 자주 고소당한 의사 그룹에서도 의료 사고가 전혀 없었던 의사들도 많았고, 한 번도 고소당하지 않은 의사 그룹에서도 의료 사고가 있었던 의사들도 많았던 것이다. 이 두 그룹을 갈라놓는 결정적인 차이는 바로 소통의 양과 질의 차이였다. 환자로부터 한 번도 고소당하지 않았던 의사들은 환자와 소통하는 시간이 더 길었다. 이들은 평균 3.3분의 시간을 환자와 더 오랫동안 보내고 있었고, 환자를 존중하고 배려심이 묻어나는 말을 자주 사용했다. 반면 두 번 이상 고소를 당한 의사들은 환자를 무시하거나 고압적인 태도를 보이는 경우가 많았다. 더욱 흥미로운 것은 두 그룹에서 환자에게 건네는 정보의 질이나 양에서는 전혀 차이가 없었다는 점이다. 예로부터 말 한 마디로 천 냥 빚을 갚는다고 하지 않는가? 같은 말이라도 그것의 전달하는 태도나 방식에 따라 상대가 느끼는 감정과 반응은 완전히 달라질 수 있는 것이다.

긍정 표현의 여섯 가지

그렇다면 팀에서 나타날 수 있는 긍정 표현들은 어떤 것들이 있을까? 그것은 크게 다음의 여섯 가지이다.

칭찬　격려　사과　감사　미소　인사

앞에서 팀 차원에서 긍정과 부정의 비율을 따져 보았다면, 이제는 팀의 일원으로서 자신이 어떤 모습인지를 되돌아볼 차례다. 당신의 평상시 대화를 떠올려보고 긍정과 부정의 비율을 몇 대 몇으로 사용하고 있는지 따져보라. 좀 더 구체적으로 파악하고 싶다면 지난 한 주 동안 이 여섯 가지의 긍정 표현과 관련하여 누구에게 어떤 표현을 했는지 떠올려보고 기록해 보라. 이런 일을 하는 이유는 당신의 동료들이 당신을 어떻게 생각하고 있는지 쉽게 파악할 수 있는 방법이기 때문이다.

떠오르는 내용이 많다면 당신의 동료들은 당신에 대해 틀림없이 상당히 호의를 갖고 있을 것이다. 반대로 떠오르는 내용이 별로 없다면 당신은 이제부터라도 달라질 필요가 있다. 의도적으로 긍정성을 높이기 위한 노력을 해야 한다. 이는 누구를 위해서도 아니다. 바로 당신 자신을 위해서다. 당신에 대한 이미지가 나쁘다면 결국 그 손해는 고스란히 당신 자신에게 돌아올 것이기 때문이다. 아무리 역량이 높다 해도 평소 부정적인 표현을 일삼는 사람이라면 팀에 도움이 되지 않는 사람일 가능성이 높다. 왜냐하면 동료의 사기와 일할 맛을 떨어뜨릴 것이기 때문이다.

내가 주니어였을 때 우리 팀에는 매우 유능한 선배가 한 명이 있었다. 업무 역량으로는 부서에서 최고 수준이라 할 수 있었고 팀장의 총애를 받는 사람이었다. 하지만 그로 인해 후배들이 얼마나 큰 고통을 겪었는지는 이루 다 말로 표현할 수가 없다. 그의 표독스러운 눈빛과 빈정거리는 말투는 아직도 선명하다. 그로 인해 팀의 분위기는 늘 암울했고 심지어 그로 인해 팀을 떠나는 사람도 있었다. 팀장을 제외하고는 그 누구도 그가 팀에 도움이 된다는 생각을 해본 적이 없다.

쓴소리도 필요하다

이쯤되면 한 가지 의문을 가질 것이다. "그렇다면 이제부터는 부정 표현은 절대 사용하지 말라는 말인가?"와 같은 의문 말이다. 오해가 없어야 할 것은 5 대 1의 법칙은 부정 표현을 전혀 사용하지 말라는 의미가 아니다. 만약 그랬다면 5 대 0의 법칙이라고 했어야 할 것이다. 5 대 1의 법칙은 달리 말하면 부정 표현도 필요하다는 의미이기도 하다. 누구나 잘한 일도 있지만 잘못한 일도 있다. 잘한 일에 대해서는 칭찬과 격려와 같은 긍정 표현을 해야겠지만, 잘못한 일에 대해서는 분명히 짚고 넘어가야 한다. 잘못된 일이 반복되기를 원하지 않는다면 말이다. 잘못된 일에 대해 그냥 넘어가는 것은 상대를 위해서도 바람직하지 않다. 성장과 발전이 없는 모습이 되어버릴 가능성이 높기 때문이다. 부정 표현의 대표적인 것으로 '충고', '조언', '지적' 등과 같은 것이 있다. 참고로 나는 통칭해서 '쓴소리'라고 표현한다.

5 대 1의 법칙을 따른다는 것은 상대에 대한 자신의 말의 영향력을 높이는 것을 의미하기도 한다. 긍정 표현을 자주 하다 보면 상대와의 관계에서 신뢰가 쌓이게 된다. 그래서 쓴소리를 해도 상대가 기꺼이 받아들일 수 있는 것이다. 예를 들어 평소에 당신에게 긍정 표현을 많이 하는 누군가가 있다고 가정해 보자. 어느 날 그가 당신의 행동에 대해 따끔하게 지적을 한다. 이때 어떤 느낌이 들까? "원래 저런 분이 아닌데 오죽 했으면 저러실까?" 하며 당신의 행동을 되돌아볼 가능성이 높다. 즉 쓴소리도 달게 받아들일 수 있는 것이다. 반면 늘 지적질로 평소에 당신을 못 잡아 먹어 안달인 사람이 있다고 가정해 보자. 어느 날 그가 또 다시 당신의 행동을 지적한다면 어떤 느낌이 들까? 이때는 감정적으로 몹시 불쾌한 상태가 되기 쉽다. 평소 그에 대한 좋은 감정이 거의 없을 것이기 때문이다. 그리고 "저 사람은 원래 저래!"와 같은 반응으로 말을 한 귀로 흘려들을 가능성이 높다. 5 대 1의 법칙은 누군가와 신뢰 관계를 형성하는 가장 효과적인 방법이다. 또한 자신의 말의 영향력을 높일 수 있는 가장 효과적인 방법이기도 하다.

이 세상에는 두 가지 유형의 팀이 있다.
하나는 '실패를 통해 배우는 팀'이고
다른 하나는 '동일한 실패를 반복하는 팀'이다.

5

성과를 촉진하는
wow 아이디어

아이디어를 원한다면
고객 속으로 들어가라!

그라운드를 보지 말고 스탠드를 보라

흔히 고객과 소통을 해야 한다고 한다. 고객과 소통을 해야 하는 이유는 무엇일까? 이는 바로 고객의 니즈를 정확하게 알기 위해서다.

"그라운드를 보지 말고 스탠드를 보라!"

2007년 프로야구팀 SK와이번스 프런트 직원들의 모토다(SK와이번스는 현재는 SSG랜더스로 바뀌었다). 이 모토가 탄생하게 된 배경에 꽤나 흥미로운 이야기가 담겨져 있다. 이전까지 프런트 직원들의 가장 중요한 관심사는 경기의 결과였다. 팀이 자주 승리하면 자연스레 야구장을 찾는 팬들이 늘어날 거라고 생각했다. 그래서 경기 때마다 프런트 직원들은 경기가 진행되는 그라운드를 바라보는 일이 많았다. 사실 프런트 직원들이 경기에 관심을 갖는다고 해서 경기의 결과가 달라지는 것도 아닌데 말이다. 경기의 결과는 프런트 직원이 아닌 선수들과 코칭 스태프가 만든다. 상황이 이렇다 보니 정작 고객이 머무는 스탠드에는 소홀할 수밖에 없었다. 이런 상황에서 관객이 증가할 리가 없었던 것이다. 만원 관중은 언감생심, 일 년에 단 한 번도 스탠드를 채울 수 없었다. 텅 빈 스탠드를 놓고 경기를 하는 선수들 역시 맥빠진 경기를 거듭했다. 성적은 해마다 최하위를 맴돌았고 고객은 점점 야구장을 찾지 않는 악순환이 지속됐다.

어느 날 내부 토론을 통해 프런트 직원들은 더 이상 경기를 보지 않기로 결정했다. 자신들의 존재 이유인 고객에게 관심을 갖기로 한 것이다. 이러한 결정을 상징하는 모토가 "그라운드를 보지 말고 스탠드를 보라!"였던 것이다. 그리고 이것은 당시 SK와이번스가 고객 중심의 야구단으로 성장하는 계기가 되었다. 고객들이 있는 스탠드로 시선을 돌린 프런트 직원들이 가장 먼저 한 일은 고객의 불편함을 찾아내는 일이었다. 어느 날 한 직원이 말했다.

"제가 관찰한 고객들은 휴지나 수건을 가지고 좌석을 닦고 있었어요."

"그게 뭐가 문제죠?"

"고객들이 좌석의 청소 상태를 못 믿는다는 거죠. 좁은 통로 때문에 좌석 위로 신발을 신고 다니는 사람들도 많잖아요?"

"그럼 어떻게 해야 해까요? 청소를 좀 더 자주 해야 하나요?"

"의자를 닦는 고객이 발견되면 다가가 의자를 직접 닦아주는 것이 좋겠어요."

다음날부터 프런트 직원들의 뒷주머니에는 손수건이 하나씩 꽂혀 있었다. 사실 서른 명 안팎의 직원들이 3만 개에 이르는 좌석을 모두 닦는다는 것은 사실상 불가능하다. 하지만 중요한 것은 고객에게 좀 더 나아가고서 하는 이들의 마음가짐이었다. 얼마 후 다시 회의가 열렸다.

"팬들은 선수들의 얼굴을 좀 더 가까이서 보고 싶은데 그러기에는 팬들과 선수들과의 거리가 너무 멀다는 게 문제입니다."

"하지만 팬들을 선수들과 너무 붙여 놓으면 안전상의 문제가 발생할 수 있어요."

"팬들은 선수에게 한발이라도 가깝게 다가가려고 하는데 반대로 선수들은 멀어지려는 모습은 분명 문제가 있습니다."

"보다 안전하게 선수들과 팬들이 만나게 하는 방법은 무엇이 있을까요?"

이 회의에서 응원단석 아래로 고정되어 있는 펜스를 출입이 가능한 문으로 바꾸자는 아이디어가 나왔다. 그래서 경기가 끝나면 선수가 그라운드에서 곧바로 관중석에 들어갈 수 있도록 했다. 그 결과 매 경기가 끝나면 다른 야구장에서는 볼 수 없는 진풍경이 벌어졌다. 그 날의 히어로 선수가 응원석에 올라가 팬들 앞에서 마이크를 잡았다. 팬들이 평소 볼 수 없었던 선수들의 춤과 노래와 같은 다양한 개인기는 덤이었다.

고객은 그들이 경험하는 불편함을 잘 알지 못하는 경향이 있다. 불편함에 익숙해져 버린 상태거나 원래부터 그런 것이라고 생각한다. 때로는 불편함이 뭔지 잘 알지만 굳이 그것을 언급하는 수고를 하지 않는다. 다시 안 찾으면 그만이기 때문이다. 따라서 고객의 니즈를 알려면 고객 속으로 깊숙이 들어가야 한다. 그곳에서 고객을 면밀하게 관찰해야 한다. 관찰을 통해 고객이 무엇을 필요로 하는지, 무엇에 불편함을 느끼는지를 빠르게 찾을 수 있어야 한다.

자기 중심적 고객 지향

"팀 성과 창출에 가장 중요한 것, 한 가지를 말씀해 주신다면 무엇일까요?"

필자의 강의를 듣던 한 청중의 질문이었다. 갑작스런 질문에 순간 나는 무엇을 대답해야 할지 몰랐다. 머릿속에 떠오르는 내용이 너무나도 많았기 때문이었다. 그렇다 보니 뭐가 가장 중요한지 판단하기 어려웠다. 대충 얼버무리며 대답하긴 했지만 이후 마음이 얼마나 찜

찜했는지 모른다. 아무리 생각해도 정답을 말하지 않는 듯 했기 때문이다. 이후 많은 고민 끝에 나는 그 청중의 질문에 대한 확실한 답변을 알 수 있게 되었다. 등잔 밑이 어둡다고 했는가? 정답은 아주 가까운 곳에 있었다. 그것은 바로 '고객'이다. 이 세상에 고객이 없는 팀은 없으며 고객은 팀의 유일한 존재 이유이기 때문이다. 팀원 개개인이 개별적으로 수행하는 일 역시도 그렇다. 고객이 없는 일은 있을 수 없으며 고객을 만족시키지 못한 일은 절대 성공할 수 없다.

특히 내가 고객을 지속적으로 강조하는 이유가 있다. 세상은 이제 고객이 완벽하게 주도하고 있기 때문이다. SNS와 YOUTUBE가 대세가 되어버린 오늘날의 사회에서 고객의 힘은 누구도 대적할 수 없는 크기로 커지고 확장되어 버렸다. 네트워크라는 강력한 힘을 갖게 된 고객의 영향력은 앞으로 무한대로 커져갈 것이다. 데이브 캐롤Dave Carroll이라는 이름의 캐나다 가수가 있다. 그는 북미 지역에서 여기저기를 다니며 가수 활동을 하는 무명의 컨트리송 가수다. 이런 그가 갑자기 유명세를 떨치는 사건이 발생한다. 2010년에 자신의 자작곡인 「United Breaks Guitars(유나이티드 항공사는 기타를 부숩니다)」라는 뮤직 비디오를 유튜브에 공개하면서부터다. 이 노래가 나오게 된 사연이 아주 재미가 있다.

어느 날 그는 여느 때처럼 공연을 위해 이동하는 과정이었다. 차를 타고 갈까 비행기로 이동을 할까 고민하다가 유나이티드 항공을 선택하게 되었다. 공연에 사용할 수제 기타를 항상 휴대하는데, 기타의 부피 때문에 어쩔 수 없이 기내가 아닌 화물칸에 실을 수밖에 없었다. 조심스럽게 다뤄달라고 신신당부를 했건만 항공사의 부주의로 기타의 헤드가 부러져버린 일이 발생했다. 그는 이를 항의하며 변상을 요구했지만, 항공사는 무려 1년 이상을 책임을 미루며 그의 요구를 들어주지 않았다. 화가 난 그는 유나이티드 항공을 이용하면서 자신이 겪은 황당한 일을 뮤직비디오 United Breaks Guitars를 만들어 유튜브에 올렸고 이 곡이 유튜브에서 대히트를 치게 된 것이다. 뮤직비디오의 조회수가 높아질수록 유나이티드 항공사의 주가는 떨어졌고, 마침내 유나이티드 항공사는 그에게 모든 변상을 하고 공식적인 사과를 하게 되었다.

데이브 캐롤의 사례는 오늘날 고객의 힘이 얼마나 강력해졌는지를 알려주는 신호탄적인 사건이라 할 수 있다. 그의 노래는 한 사람의 고객이 세상의 여론을 만들 수 있는 세상이 되었다는 사실을 선포하는 전주곡과도 같았다. 고객의 힘이 막강해진 세상에서 리스크를 피하고, 가장 생산적으로 일하는 방법은 다름 아닌 늘 고객을 염두에 두고 일하는 것이다.

내가 기업의 연수원에서 일하고 있을 때다. 당시 동료들과 함께 연수원을 찾는 고객을 만족시키기 위한 아이디어를 고민한 일이 있었다. 사실 연수원을 찾는 고객들이 원하는 것은 예나 지금이나 별 차이가 없다. 그것은 정신없는 일상에서 빠져 나와 휴식을 취하고 싶어 한다는 것이다. 명목적으로는 교육 프로그램에 참여하는 모습이지만, 마음 속으로는 그저 쉬고 싶은 마음이 크다. 과거에는 이러한 고객의 태도를 문제로 받아들였다.

'감히 공부해야 할 연수원에 와서 놀 궁리를 하다니….'

그들의 잘못된 생각을 바꿔주어야 했다. 그리고 어떻게 하면 교육에 관심이 없는 고객들을 더욱 열심히 공부시킬까를 고민했다. 결과적으로 고객의 니즈에 정반대로 움직이고 있었던 것이다. 연수원 직원들이 낸 아이디어는 곧 고객이 가장 싫어하는 아이디어가 되고 만 셈이다. 이러한 현상을 '자기 중심적 고객 지향'이라 한다. 겉으로는 고객을 위하는 척 하지만 실상은 고객의 니즈와는 상관없이 자기 믿음대로 일하는 현상이다. 쉬운 예로 주말에 자녀들에게 "뭐 하고 싶어?" 하며 의견을 묻지만 속으로는 이미 계획을 다 세워둔 부모와 같다. '고객에 대한 답정녀 현상'이라고 해도 틀린 말이 아닐 것이다.

자기 중심적 고객 지향 겉으로는 고객을 위하는 척 하지만 실상은 고객의 니즈와는 상관없이 자기 믿음대로 일하는 현상

고객으로부터 욕을 먹는 팀은 항상 욕을 먹는 경향이 있다. 대표적인 이유는 '자기 중심적 고객 지향'을 하기 때문이다. 고객의 니즈를 매우 잘 알면서도 그것을 부정하거나 따르지 않는다. 그리고 오랫동안 믿어온, 고객은 아무도 동의하지 않는 신념(?)을 가지고 오랫동안 해왔던 대로 고집스레 과업을 수행한다. 앞에서 소개한 연수원

은 고객들이 점차 외면하는 문제에 봉착하게 되었다. 고객들이 자신들을 괴롭히는 연수원을 굳이 찾을 이유가 없는 것이다. 점차 연수원을 찾는 고객들의 숫자가 줄어들게 되었고 급기야 연수원의 존폐 문제까지 거론되는 상황에 이르렀다. 그래도 다행이었던 것은 이 같은 위기 속에서 뒤늦게나마 고객의 진짜 니즈를 받아들였다는 점이다. 기존의 '자기 중심적인 고객 지향'이 아닌 '진정한 고객 지향'을 하게 된 것이다. 쉬고 싶어하는 고객들의 니즈를 수용하면서 기존과는 완전히 다른 차원의 아이디어들이 쏟아져나왔다. 연수원에 카페를 만들자는 아이디어도 나왔고, 연수원 주변으로 둘레길과 같은 산책 코스를 마련하자는 아이디어도 나왔고, 군데군데 앉아 쉴 수 있는 휴게 공간이나 벤치를 더 늘리자는 아이디어도 나왔다. 가족과 함께 참여하는 가족 놀이 프로그램을 시행하자는 아이디어도 나왔고, 고객의 관심사인 자녀 교육이나 재테크, 또는 건강을 증진시킬 수 있는 프로그램을 마련하자는 의견도 나왔다. 기존의 관점으로는 상상도 할 수 없는 아이디어들이었다. 고객의 니즈는 있는 그대로 받아들여야 한다. 오로지 자신들만의 믿음으로 고객을 설득하는 일이 없어야 한다.

고객은 항상 옳다

미국의 북동부 지역에는 '스튜 레오나즈Stew Leonard's'라는 이름의 전통 있는 식료품점 체인이 있다. 이 회사 입구에는 3톤짜리 화강암에 다음과 같은 문구가 새겨져 있다.

우리의 정책Our Policy

규칙 1 : 고객은 항상 옳다!

(Rule 1 : The customer is always right!)

규칙 2 : 만약 고객이 틀렸다는 생각이 들면 '규칙 1'을 다시 읽어라!

(Rule 2 : If the customer is ever wrong, reread Rule 1!)

스튜 레오나즈의 정책은 내가 사업을 하면서 가장 도움이 되는 문구이기도 하다. 고객에 대한 나의 생각이 흔들릴 때마다, 어떤 일에 우선순위를 두어야 할지 고민이 될 때마다, 새로운 아이디어가 잘 떠올르지 않을 때마다 이 두 개의 문장을 머릿속에 떠올리는 시간을 갖는다. 그때마다 다시 나의 편의적인 방식이 아닌 고객의 니즈에 좀 더 관심을 갖게 되고 고객 니즈에 기반하여 일을 수행하게 된다. 그리고 그렇게 수행하는 일은 거의 실패한 적이 없다. 내가 실패하는 대부분의 일은 고객을 덜 생각하거나 외면하면서 일할 때라고 해도 결코 과언이 아닐 것이다.

고객의 니즈는 가감 없이, 자의적 해석 없이 있는 그대로 받아들여야 한다. 고객의 말 같지 않게 느껴지는 황당한 니즈도 마음을 열고 들을 수 있어야 한다. 어쩌면 황당하게 느껴지는 것일수록 더 잘 들어야 하는 것일지도 모른다. 그 속에는 아무도 생각할 수 없는 미래지향적인 아이디어가 숨어 있을 가능성이 높기 때문이다. 세상은 결국 고객이 원하는 방향으로 발전할 수밖에 없다. 그리고 고객이 필요로 하는 것을 먼저 세상에 내놓은 사람이나 조직일수록 더 큰 경쟁력을 갖게 될 것이다. 팀원들과 함께 수시로 최근에 경험한 까다로운 고객들의 의견들을 함께 공유해 보자. 그리고 그들의 의견을 백퍼센트 수용한다는 전제 하에 할 수 있는 아이디어를 모아보자.

탁상공론하지 말고
애자일^{Agile} 하라!

중요한 것은 속도가 아니다

최근 들어 우리나라 조직 사회에서 '애자일_{Agile}'이라는 말이 유행어처럼 사용되고 있다. 이유는 경영환경의 변화 속도가 그만큼 빨라지고 있다는 방증이기도 하다. 그런데 애자일의 의미를 보다 정확히 알고 쓸 필요가 있다. 주변에 애자일을 단순히 '스피디_{Speedy}'라는 말과 동일한 의미로 이해하는 사람들이 의외로 많다. 즉, 애자일을 속도의 관점에서만 보는 것이다. 하지만 애자일은 단순히 어떤 일을 빠르고 신속하게 처리하자는 의미를 뜻하지 않는다. 무작정 빠르고 신속한 일처리는 자칫 경솔한 일처리로 이어질 수 있어 일과 조직의 실패로 이어지기 쉽다. 애자일의 의미는 엄밀히 따지면 다음과 같다.

애자일은 스피디의 의미도 담고 있지만 동시에 스마트의 의미도 함께 담고 있다. 비중을 따져 본다면 스피디보다는 스마트 쪽에 더 큰 비중을 두는 편이 애자일의 본래 의미와 가깝다 하겠다. 그렇다면 애자일하게 일한다는 것은 무엇을 의미할까? 스마트하게 일한다는 것은 바로 고객을 중심에 두고 일하는 것이다. 다시 말하면 고객의 니즈에 보다 정확하게 초점을 맞추는 것이다. 고객의 중요성에 대해서는 이미 앞 단에서 충분히 설명한 바 있다. 과거에는 상품과 서비스를 개발할 때 대개 개발 초기 단계에서 고객 니즈를 조사하는 일이 많았다. 그런데 이 같은 방식에 결정적인 문제가 생기게 된다. 세상의 변화가 빠르다 보니 상품과 서비스 개발을 완료할 때쯤이면 고객의 니즈가 다른 형태로 바뀌는 경우가 많다는 점이다. 기껏 자원을 대거 투입하여 공들여 완성을 해놓았는데 고객에게 필요 없는 물건이 되어버린다면 이만큼 허망한 일은 없을 것이다. 따져 보면 초기 조사한 고객 니즈가 정답이라는 보장도 없다. 이런 문제를 해소하기 위해 등장한 것이 애자일이다.

애자일은 고객과 함께 일하는 것이다. 상품과 서비스 개발의 착수

단계부터 완료 단계의 전 과정에서 고객의 생각을 듣는 것이다. 이 랬을 때 시시각각 변화하는 고객 니즈를 반영할 수 있기 때문에 상품 및 서비스의 실패 확률을 줄이고 성공 확률을 높일 수 있다.

따라서 애자일에서 무엇보다도 중요한 것은 프로토타이핑Prototyping 이다. 프로토타입을 만들어 점점 더 정교하게 상품을 완성해 가는 반복 과정을 프로토티이핑이라고 한다. 프로토타입은 고객에게 소구하구자 하는 핵심 기능을 중심으로 개발한 시제품을 뜻한다. 프로토타이핑이 중요한 이유는 이것이 고객의 피드백을 가장 잘 들을 수 있는 방법이기 때문이다. 직접 물건을 보여주고 사용해 보게 하고 그 경험을 듣는 것만큼 가장 확실한 방법은 없다. 실제 고객은 뭔가를 보여주기 전까지는 실제 자신이 무엇을 필요로 하는지 모르는 경향이 있다. 2009년도 애플의 아이패드가 탄생하기 전까지는 이전에 아무도 아이패드와 같은 태블릿 PC를 요구한 사람들이 없었다. 아이패드를 사용해 보고 나서야 고객은 아이패드와 같은 태블릿PC가 자신에게 필요한 것임을 비로소 깨달을 수 있었던 것이다.

처음부터 완벽한 상품을 만들어 고객에게 선보이겠다는 것은 오늘날과 같은 변덕스러운 환경에서는 도박에 가까운 행위라 해도 과언이 아닐 것이다. 무엇을 만들 것인가도 고민해야 하지만 그만큼 어떻게 고객의 피드백을 잘 받아들이고 반영할 수 있을까도 함께 고민해야 한다. 그리고 앞으로 점점 더 그러할 것이다.

이를 위해 팀 차원에서 수행할 수 있는 방법 한 가지를 소개한다.

그것은 '리틀벳Little Bets'을 많이 시도하는 것이다. 리틀벳은 경영 컨설턴트인 피터 심스Peter Sims가 그의 저서 〈리틀 벳〉에서 소개한 개념으로 '어떤 아이디어를 찾아내고 발전시키고 시험하기 위해 부담없이 해봄직한 시도'를 의미한다. 줄여 말하면 '위험부담없는 작은 시도'라고 표현할 수 있겠다. 이 책에는 '실험적 혁신가'라는 개념이 등장하는데, 다수의 작은 실험을 통해 성공 가능성을 감지하여 탁월한 성과를 창출하는 유형의 사람을 뜻한다. 나는 오늘날 팀 조직에서도 이 같은 접근이 통한다고 믿는다. 처음부터 자원이 많이 투입되는 일을 시도를 할 경우 성공한다면 문제가 없겠지만, 실패했을 때 뒷감당을 못하는 일이 발생할 수 있다. 실제 팀 단위 조직에서는 투입할 수 있는 자원도 많지 않기에 사실 '빅벳Big Bets'을 추구할 여력 자체도 없지만, 자원 투입이 많을수록 실패의 리스크는 더욱 커지게 되고 자칫 조직을 존폐의 위기에 빠뜨릴 수도 있다. 팀이 리틀벳을 시도했을 때 얻을 수 있는 기대 효과는 크게 다음의 일곱 가지이다.

리틀벳의 일곱 가지 효과

- 부담 없이 추진할 수 있다.
- 자신감 있게 추진할 수 있다.
- 다양한 시도를 할 수 있어 구성원의 역량이 향상된다.
- 자원 투입이 적어 이해관계자들을 쉽게 참여시킬 수 있다.

- 실패하더라도 후유증이 없으며 재빨리 새로운 시도를 할 수 있다.
- 실행 절차가 복잡하지 않아 강한 추진력을 갖는다.
- 빠른 피드백과 교정이 가능해 성공 가능성을 높일 수 있다.

탁상공론 하지 말고 리틀벳!

리틀벳은 새로운 시도에 대한 실패의 부담을 줄이는 접근이다. 동시에 성공확률을 높이는 접근이기도 하다. 그래서 애자일이라는 용어와 가장 어울리는 말이 아닌가 싶다.

요즘 운전을 하다 보면 도로에서 '컬러 주행 유도선'을 흔하게 볼 수 있다. '컬러 주행 유도선'을 도입한 이후 분기점이나 나들목 등에서 교통사고가 많게는 40%가 줄어들었다고 한다. 그런데 이 시도가 처음부터 전국의 모든 도로에 적용된 것은 아니다. 유난히 사고가 잦았던 도로에서 사고를 줄이기 위해 시험적으로 적용해 본 시도였다. 심지어 당시에는 차선에 색깔을 입히는 것이 불법이었다고 한다. 하지만 '컬러 주행 유도선'이 교통 사고 예방에 탁월한 효과가 있다는 것으로 판명되었고 이후 전국 도로에 적극적으로 도입되었다.

강연을 업으로 하는 필자 역시 리틀벳을 많이 시도하는 사람 중의 하나일 것이다. 평소 강연에 사용할 아이디어가 떠오르면 곧바로 강연 슬라이드를 만든다. 이렇게 만든 강연 슬라이드는 절대 고객을 만나는 강연 현장에서 처음부터 사용하지 않는다. 고객과 비슷한 경험을 가진 주변 지인들에게 툭툭 던져보고 반응을 구하는 작업을 거친다. 반응이 시큰둥할 때는 어떤 점이 그런지를 다시 확인하고 교정 작업을 수행한다. 이 과정에서 용도 폐기된 내용들도 상당히 많지만 그리 크게 공들인 일이 아니기에 부담은 없다. 이렇게 서너 번의 수정 과정을 반복적으로 거친 내용들은 강연 현장에서 사용할 수 있는 수준으로 발전하는데, 흥미로운 것은 수정 작업을 많이 거친 것일수록 현장에서 강력하게 통한다는 점이다.

리틀벳은 탁상공론과 반대되는 말이다. 일선 경영 현장을 관찰해 보면 일의 실패를 방지하기 위해 또는 성공 확률을 높이기 위해 의사결정을 신속히 하지 못하고 지연시키는 경우를 자주 목격하게 된다. 쉽게 말해 다 준비가 되어 있는데 결재가 나지 않은 상황이다. 큰 기업일수록 이런 경향성은 더욱 커진다. 필자 역시 지난 20여 년의 조직 생활 속에서 숱하게 이런 일을 겪어왔다. 실무자의 입장에서는 속이 터지고 문들어진다. 정답이 없는 세상에서는 심사숙고 한다고 해서 정답이 나오는 것이 아니다. 정답은 찾는 것이 아니라, 일을 하면서 찾아가는 것이 맞다. 책상에서 고민하는 아이디어는 결코 현장성을 가질 수 없다. 복싱의 제왕인 마이크 타이슨이 한 유명한 말이 있다.

"누구나 계획은 있다. 한 대 처맞기 전까지는."

계획은 계획으로 끝날 때가 많다. 고객은 절대 우리의 계획대로 움직이지 않는다. 심사숙고의 계획보다는 빠르게 리틀벳 또는 현장 적용이 가능한 프로토타입을 만드는 것이 중요하다. 그리고 고객과 시장의 반응을 체크해야 합니다. '실패는 성공의 어머니'라는 말은 옛말이다. 이런 관점에서 이제는 '작고 빠른 실패가 성공의 어머니'라고 하는 것이 맞을 것이다.

팀의 변화 또는 새로운 먹거리를 찾는데 고민이 많을 것이다. 지나친 심사숙고는 조직의 실행력을 떨어뜨려 오히려 해가 되는 일이 많다. 리틀벳거리를 많이 찾는 것이 중요하다. 부담이 없는 수준에서 이런 일, 저런 일을 자꾸 시도해 봐야 한다. 자꾸 두드리고 고객의 피드백을 받아 고쳐가다 보면 보다 완성된 형태의 상품과 서비스를 만날 수 있을 것이다. 이것이 변화하는 환경에서 조직이 리스크를 줄이며 성공 가능성을 높이는 가장 스마트한 대응 방법일 것이다.

동종이 아닌 이종을 벤치마킹하라!

모방적 벤치마킹 vs. 창조적 벤치마킹

과거 벤치마킹Benchmarking이 새로운 경영기법으로 우리 사회에서 한창 유행한 적이 있었다. 이미 앞서가는 것을 기준 삼아 부족한 점을 찾아 채워나가는 방식이다. 과거 벤치마킹은 무엇을 해야 할지 몰랐고 부족한 것이 많아 앞서나가는 것을 따라가야 하는 우리 사회가 한 단계 도약하는 데 큰 기여를 했음에 틀림없다. 그런데 근래 들어서는 벤치마킹에 대한 회의에 찬 시선이 많다. 과거와는 달리 이미 우리 사회는 많은 영역에서 선진화의 대열에 들어섰다. 어디 가서 배울 곳도 마땅치가 않다. 또한 벤치마킹은 조직이 이미 보유하고 있는 강점을 살리는 데에는 분명 맹점이 있다. 남들 좋은 것 따라

가다가 정작 자신이 가진 좋은 것을 인식하지 못할 가능성이 높기 때문이다.

그럼에도 불구하고 벤치마킹은 여전히 매력적인 경영기법이 아닐 수 없다. 아이디어를 찾지 못하고 벽에 부딪혔을 때 돌파구로서 이만큼 손쉬운 접근이 없다. 과거의 벤치마킹은 대개 동종업종의 베스트 프랙티스를 찾아가 배웠다. 예를 들어 제조업은 제조업에서 배웠고 서비스업은 서비스업에서 배웠다. 그러나 이 같은 미투Me Too 전략은 더 이상 통하지 않은 방식인듯 하다. 다 같이 나눠먹는 세상이 아니라 승자가 모든 것을 독식하는 세상이기 때문이다. 남과 다른 차별점을 갖지 못하면 시장에서 버텨낼 수 없기 때문이다.

이 같은 벤치마킹의 한계를 극복하는 방법은 무엇일까? 그것은 바로 '이종 벤치마킹'이다. '이종 벤치마킹'은 동종업계가 아닌 이종업계를 따라하는 방식이다. 이종업계의 베스트 프랙티스를 제대로 받아들일 수 있다면 차별화된 색다른 아이디어를 만날 수 있게 된다. 과거의 '모방적 벤치마킹'이 더이상 효과가 없다는 판단이 든다면 이제는 이종을 따라 배우는 '창조적 벤치마킹'을 받아들여 보면 어떨까?

세상은 넓고 배울 곳은 많다

한때 〈나이키의 경쟁 상대는 닌텐도다〉라는 책이 화제가 된 적이 있었다. 이 책의 논리는 이렇다. 나이키 신발이 팔리지 않는 이유는 아이들이 집안에 콕 틀어박혀 닌텐도 게임에 빠져 있기 때문이라는 것이다. 알고 보니 두 회사는 전혀 다른 영역에서 같은 고객을 놓고 싸우는 경쟁관계에 있었던 것이다. 아주 오랫동안 그 사실을 몰랐을 뿐이다. 두 회사가 서로를 벤치마킹한다면 완전히 새로운 개념의 비즈니스를 수행할 수가 있는 것이다. 되돌아 따지고 보면 닌텐도의 '위Wii'와 '스위치Switch'는 실내 스포츠를 표방하며 나이키를 벤치마킹한 것이 아닌가?

'창조적 벤치마킹'을 설명하는 데 있어 과거 SK와이번스의 사례는 전혀 부족함이 없다. 이 팀은 2008년도까지만 해도 관중 유치에서 8개 구단 중 거의 꼴지 수준의 비인기 구단이었다. 2007년 시즌에 구단 역사상 최초로 우승트로피를 들어 올렸음에도 불구하고 관중 유치는 여전히 부진했다. 당시 평균 입장료가 2천 원 정도로 저렴하다 못해 떨이 수준이었음에도 말이다.

이를 극복하기 위해 SK와이번스 프런트는 먼저 그들의 경쟁상대가 더 이상 다른 7개 구단이 아님을 분명히 했다. 이게 무슨 말인가? 야구단의 경쟁상대가 야구단이 아니라니. 물론 경기적인 측면에서 보면 다른 구단들이 SK와이번스와 경쟁관계에 있음은 틀림없다. 그러나 관중 유치라는 측면을 보면 야구단의 경쟁 상대는 다른 야구단일 수가 없다. 왜냐하면 경기에 승리한다고 해서 타 구단의 팬들이 SK와이번스로 옮겨오는 일 따위는 없기 때문이다. 경쟁 상대가 더 이상 다른 야구단이 아니라고 결론을 내리자 SK와이번스의 행보는 완전히 달라졌다. SK와이번스가 벤치마킹해야 하는 곳은 더 이상 잘 나가는 동종업종의 다른 구단이 아닌 것이다. 그것은 가족이나 연인 등과 같은 잠재 관중들이 야구장 대신에 시간을 보내고 있는 이종업종이었다. 예를 들면 유명 테마 파크, 극장, 유원지, 각종 식당 등 관중들이 야구장에 가는 대신 시간을 보내고 돈을 쓰는 모든 곳들이 해당된다. 그래서 SK와이번스는 구단의 프런트 전 직원들을 이런 곳들로 내보냈다. 그리고 가족이나 연인 고객들이 그곳에서 무엇을 하며 시간을 보내는지를 관찰했다. 그리고 특징적인 점들을 찾아 그것들을 야구장에 접목하기 시작했다. 그 결과로 나온 것이 "야구장으로 소풍 가자!"라는 캐치프레이즈였다. 야구에 피크닉이라는 개념을 곁들인 것이다. 그리고 이를 구현하기 위한 구체적인 아이디어를 찾아 실행에 옮겼다. 일단 눈에 띄는 것만 소개하면 다음과 같다.

〈 인천 문학 구장의 변화 〉

구분	내용	벤치마킹 대상
어린이 놀이방	야구를 좋아하는 부모가 편안하게 야구를 즐길 수 있도록 아이들을 돌보는 곳	패스트푸드점
꼬마 기차	부모와 함께 오는 어린 아이들의 지루함을 덜어 주고 즐길 수 있게 놀이 기구	유명 테마 파크
스카이 박스 패밀리 존	가족이나 단체 고객들이 대화나 행사를 하며 야구를 관람할 수 있게 하는 공간	식당, 영화관
바비큐 존	야구를 보면서 동료들이나 가족과 맛있고 다양한 음식을 즐길 수 있게 공간	식당
새싹 놀이터 피칭 케이지	아이들이 뛰어다니며 놀거나, 야구를 직접 하고 싶은 아이들이 캐치볼을 하는 공간	유원지
그린 존	아이들이 뛰어다니며 놀아도 안전에 문제가 없는 야외 공간	유원지, 테마 파크
지역 내 유명 음식점의 야구장내 입점	패밀리 레스토랑 등 야구장에서 다양한 먹거리를 즐길 수 있게 함	식당

상기의 노력들은 기존에 프로야구가 해왔던 접근과는 완전히 차원이 다른 것들이었다. 그 결과로 해마다 30%가 넘는 관중 증가를 가져왔고 2006년 당시 30만을 겨우 넘었던 관중 수가 만 4년이 지난 2011년에는 100만에 이르게 됐다. 또한 SK와이번스를 다른 구단들이 벤치마킹을 하면서 프로야구가 동반 성장하게 되었고 이는 프로야구가 우리나라에서 최고로 사랑 받는 스포츠로 발돋움하는 데 일조했다. 그리고 SK와이번스는 여기에 그치지 않고 야구장을 환경,

교육, 문화의 장 등과 같은 개념으로 확장하여 변화를 모색하였다. 물론 이렇게 되면 벤치마킹을 해야 할 대상 또한 달라지는 것이다.

2010년도 초반, 홍대 앞에 '제너럴 닥터'라는 병원이 있었다. 이 병원을 처음 찾았을 때 길거리에서 한참 헤맸던 기억이 있다. 녹색의 십자가가 박힌 병원 간판도 없었고 외관이 전혀 병원 건물 같지가 않았기 때문이다. 병원 문을 열고 들어섰을 때 그곳은 분명 밥을 파는 식당이었고 커피를 파는 카페였다. 하긴 이 병원에서 여름철 팥빙수의 매출이 의료 활동 매출보다 크다고 하니 그렇게 불러도 무방할 것이다. 더구나 주말에는 갤러리로 변신한다. 이 글의 취지를 살려 단순하게 정리하면 병원이 병원을 벤치마킹하지 않고 전혀 상관없는 식당, 카페, 갤러리 등의 이종을 벤치마킹한 것이다. 그리고 그것들을 아예 병원 안으로 통째로 들고 들어온 것이다. 제너럴 닥터 이야기는 당시 우리나라의 다양한 비지니스 영역에서 매우 큰 인사이트를 남겼다고 믿는다. 사실상 이곳이 요즘 흔하게 볼 수 있는 '이종 융합'의 효시격인 것이다. 실제 이후 우리나라의 많은 산업 분야에서 이종의 영역을 받아들여 새로운 형태의 서비스를 제공하는 접근들이 곳곳에서 나타나게 되었고 이러한 추세는 점점 확산되는 추세다.

동종을 배우는 것은 모방이다. 모방 전략으로는 절대 1등이 될 수 없다. 하지만 이종 벤치마킹은 모방이 아니라 창조다. 창조는 서로 관계없어 보이는 것들이 연결되는 것이다. 여전히 유효한 경영기법인 벤치마킹을 보다 효과적으로 활용하려면 이종 업종에서 배울 점을 찾아라! 세상은 넓고 배울 곳은 많다. 팀원들이 다 같이 모여 논의해 보자. 우리 팀의 비즈니스에서 가장 아쉬운 점은 무엇인가? 그리고 그것을 가장 잘하는 이종업종은 어디인가? 가장 잘하는 이종업종을 찾아가서 배우라!

팀도 신진대사가 필요하다,
더하기보다는 빼기!

어떤 일을 할까? < 어떤 일을 버릴까?

물리학에서 '열역학 제 2의 법칙'으로 불리는 '엔트로피 증가의 법칙'이라는 것이 있다. 여기서 '엔트로피Entropy'란 쉽게 말해서 '쓸모없는 물질' 또는 '무질서도'를 의미한다. '엔트로피 증가의 법칙'이란 고립된 공간에서는 시간의 흐르면서 자연스럽게 쓸모없는 물질이 많아지고 무질서도가 증가한다는 것이다. 평소 건강에 신경쓰지 않으면 아픈 데가 점점 늘어나게 되고, 집안을 방치하면 온갖 잡동사니와 쓰레기로 뒤덮히는 것과 같은 이치다. 따라서 어떤 시스템의 항상성을 유지하기 위해서는 외부의 의도적인 힘이 작용해야 한다. 외부의 힘을 통해 쓸모없는 물질을 버리고 질서를 잡는 노력을 해야 한다.

조직 또한 엔트로피 증가의 법칙이 작용한다. 팀이 항상성을 유지하기 위해서는 신진대사를 할 수 있어야 한다. 즉 불필요한 일을 버리고 그 자리에 새로운 일을 받아들이는 것이다. 매년 가치가 낮거나 불필요한 일을 10% 정도 추려내어 제거하는 팀을 보았다. 소위 말해서 '10% 룰'이다. 팀 차원에서도 그렇지만 각 팀원 역시 각자 수행하는 일에서 10%의 버릴 일을 찾는다. 쉽게 말해 이 팀의 가장 큰 고민은 "어떤 일을 할까?"가 아니라 "어떤 일을 버릴까?"였다. 결과적으로 이 팀은 꼭 필요한 일과 기능만 남은 최적화된 팀으로 진화해 나가고 있다.

사실 우리는 변화를 추진할 때 기존의 것을 그대로 유지한 상태에서 뭔가 추가로 할 일을 찾는 경향이 있다. 늘 해왔던 일은 쉽게 놓지 못한다. 그것을 놓았을 때 혹시 발생할지 모르는 문제에 대한 두려움을 갖는다. 그래서 있는 그대로의 상태에서 새로운 일을 추진하다 보니 일의 가짓수가 자꾸 늘어나게 된다. 반면 일을 수행하는 물적, 인적 자원은 그대로다. 당연히 일손이 딸리게 되고 자원 부족에 허덕이게 된다. 새롭게 추가된 일에 집중하면서 기존의 일들에서 생각지도 못한 문제가 발생한다. 이렇듯 일거리만 늘고 항상 문제를 야기하는 변화가 팀원들에게는 반가울 리가 없다.

여러 가지의 일이 동시다발적으로 벌어지면 팀원들은 정신을 차릴 수가 없게 된다. 사람의 에너지는 한계 자원이다. 쓰면 쓸수록 고갈되는 자원이다. 신경 써야 하는 일의 가짓수가 많으면 에너지가 분산되어 일의 성과 수준도 고만고만할 수밖에 없다. 팀의 성과를 높이고 일의 생산성을 향상시키기 위해서는 일의 가짓수를 늘리기보다는 불필요한 일을 찾아 제거하거나 효율화하는 노력이 선행되어야 한다.

팀의 변화는 철저한 자기반성으로부터 시작돼야 한다. 현재 수행하는 일이나 방법 가운데 무엇이 더 이상 시장에서 통하지 않는지를 알아야 한다. 그리고 이에 대한 과감한 조치가 있어야 한다. 경우에 따라 현재 지속적으로 수익을 보장해 주는 일이라 할지라도 세상의 변화 트렌드나 팀이 지향하는 변화 방향과 배치되는 것이라면 과감히 접을 수도 있어야 한다.

미국 컬럼비아대 경영대학원 교수인 번트 슈미트Bernd H. Schmitt는 그의 저서 〈빅씽크전략Big Think Strategy〉에서 조직이 변화와 혁신을 위해서는 먼저 그 조직의 '신성한 소Sacred Cow'를 죽여야 한다고 말한다. 여기서 '신성한 소'란 힌두교에서 신성시되는 소를 말하는 것으로 조직이 절대로 반대할 수 없는 조직 통념이나 관행을 말한다. 즉, 신성한 소를 죽인다는 의미는 이제까지 해왔던 일, 기능, 방식 등에 반기를 든다는 것이다. 이와 같을 때 조직은 비로소 새롭고 혁신적인 아이디어를 만날 수 있게 된다고 한다. 세상의 혁신적인 제품들의 공통적인 특징을 살펴보면 당연히 있어야 한다고 믿어왔던 것을 없애면서 탄생한 것들이 많다. 날개 없는 선풍기, 알콜 제로 맥주, 줄이 없는 줄넘기, 발목이 없는 스타킹 등 우리의 일상 생활 속에서도 수많은 사례를 찾을 수 있다. '신성한 소 죽이기' 방식은 매우 간단하다. 다음 두 가지의 질문을 팀 스스로 던져보는 것이다.

"우리가 하는 일(상품, 기능, 방법) 가운데 가장 중요한 것은 무엇인가?"
"만약 그것(상품, 기능, 방법)을 포기한다면 어떤 일을 할 수 있을까?"

ERRC 프레임워크

앞의 '신성한 소 죽이기'의 연장선상에서 팀에서 혁신을 추진하기 위해 활용할 수 있는 방법으로 'ERRC 프레임워크'를 소개한다. ERRC 프레임워크는 김위찬 교수와 르네 마보안 교수의 공저인 〈블루오션 전략〉이라는 책의 핵심적인 내용이기도 하다.

〈ERRC 프레임워크〉

구분	질문
Eliminate	무엇을 제거할 것인가?
Reduce	무엇을 줄일 것인가?
Raise	무엇을 늘릴 것인가?
Create	무엇을 새롭게 더할 것인가?

ERRC의 네 가지 질문은 일의 혁신을 위한 새로운 관점을 갖는 데 도움이 된다. ERRC 프레임워크는 팀 차원에서 적용할 수도 있고, 개별적인 업무나 상품 등에도 적용할 수도 있다.

먼저 팀 차원에서 ERRC 프레임워크를 적용하는 법을 소개한다. 먼저 팀 내에 존재하는 모든 일들을 죽 나열한다. 그리고는 팀원들과 논의하여 각각의 일이 ERRC 박스에서 어디에 해당되는지를 결정한다. 이때 판단 기준은 팀의 미션이 되어야 한다. 팀의 미션은 팀의 존재이유를 말한다. 팀의 존재 이유를 바탕으로 현재 팀에서 수행하는 일들을 따져보는 것이다. 팀의 미션에 대한 공감대가 큰 조직일수록 이 같은 작업이 더 쉬울 것이다. 이렇게 팀의 전체 업무가 ERRC로 정리가 되었다면 이를 바탕으로 팀의 인적/물적 자원의 재조정을 하면 된다. 쉽게 말해 제거하거나 줄일 일에는 물적/인적 자원을 덜 투입하는 방법을 찾고, 늘리거나 새롭게 더할 일에는 물적/인적 자원을 더 투입하는 방법을 찾는 것이다.

다음으로 개별적인 업무나 상품에 대해서도 ERRC 프레임워크를 통해 변화와 혁신 아이디어를 찾을 수 있다. 예를 들어 팀에서 생산하는 A라는 상품이 있다고 가정해 보자. A상품에 대해 ERRC의 네 가지 질문을 던지고 각 질문에 대한 답을 찾는 시간을 갖는다. '에어론Aeron'이라는 이름을 가진 의자가 있다. 이 의자는 굉장히 고가임에도 불구하고 세계에서 가장 많이 팔리는 의자 중의 하나다. 허먼 밀러Herman Miller라는 디자인 회사에서 개발한 의자로 의자의 통념을 깬 의자로 유명하다. 허먼 밀러는 에어론을 개발하는 과정에서 무엇을 더할까가 아니라 무엇을 뺄까를 먼저 고민했던 것이 틀림없다. 이 회사는 사람들이 의자에 오랫동안 앉아 있지 못하고 몸을 자주 뒤척이거나 앉았다 일어섰다 하는 이유가 무엇인가에 관심을 가졌다. 그이유는 인체와 의자의 가죽 시트가 맞닿으면서 열이 발생하기 때문이었다. 그래서 열이 나지 않는 의자를 개발하고자 했던 것이다. 결과적으로 당시까지만 해도 고가 의자의 상징이었던 두툼한 가죽 시트를 제거하고, 바람이 잘 통하는 망사형 시트를 장착한 것이다. 허먼 밀러의 입장에서 보았을 때 전통적인 의자의 신성한 소는 아마도 두툼한 고급 가죽 시트가 아니었을까 싶다.

〈'에어론'의 ERRC 프레임워크〉

구분	질문	아이디어
Eliminate	무엇을 제거할 것인가?	열과 땀이 배는 의자의 가죽 시트
Reduce	무엇을 줄일 것인가?	의자의 부피
Raise	무엇을 늘릴 것인가?	인체에 편안함을 주는 인체공학적 곡면
Create	무엇을 새롭게 더할 것인가?	바람이 잘 통하는 등받이/엉덩이 시트

내가 특히 ERRC 프레임워크를 선호하는 이유가 있다. 그것은 변화와 혁신에서 '더하기'보다는 '빼기'를 우선시하고 있다는 점이다.

ERRC 가운데 앞의 두 글자인 ER은 빼기의 관점이고, 뒤의 두 글자인 RC는 더하기의 관점이다. 순서로 보았을 때 더하기보다는 빼기를 먼저해야 한다는 것이다. 따라서 ERRC 프레임워크는 우리가 변화와 혁신을 추진할 때 손쉽게 저지를 수 있는 더하기 패러다임으로부터 벗어나게 해준다. 동시에 빼기의 패러다임으로의 전환을 도와준다.

아무도 원치 않는
의사결정을 한다?

자존심의 저주

언젠가 팀에서 회의를 하던 중 브레인스토밍을 하게 됐다. 토의 주제에 대한 이런저런 아이디어가 나오고 있었다. 나는 사실 잘 알지 못하는 주제였고 고민도 해본 적이 없던 터라 잠자코 다른 팀원들의 의견을 듣고 있었다. 시간이 꽤 흘렀고 뾰족한 아이디어가 나오지 않았다. 팀원들의 인내심은 서서히 고갈되고 있었다.

"뭔가 한마디 하기는 해야 하는데….."

나는 팀의 고참으로서 후배들의 눈을 의식하지 않을 수 없었다. 어찌하나 고민하다가 일단 머릿속에 대충 맴돌던 아이디어를 툭 던졌다. 그 아이디어가 좋은 것이라고 생각하지 않았다. 가만 있기가 뭐해서 체면치레로 던진 의견에 불과했다. 순간 다른 팀원들의 실망스러운 반응들이 터져 나왔다. 그런데 이상하게도 막상 내 아이디어에 대한 실망스러운 반응을 받자 나도 모르게 오기가 발동했다. 갑자기 목소리에 힘이 들어가기 시작했다. 내 아이디어에 대한 변명이 시작된 것이다. 이런저런 논리를 갖다 붙이며 말이 길어졌다. 직장생활의 연륜이 쌓이다 보면 누구나 갖게 되는 처세술 하나가 있다. 그것은 '후진 생각을 그럴듯하게 포장하는 기술'이다. 그것은 먼저 자기 자신을 속여야 하는 자기 기만 기술이다. 나는 내 스스로를 속이고 있었던 것이다. 내 목소리가 커지고 말이 길어지면서 그만큼 회의 분위기는 싸늘하게 식어만 갔다. 결국 회의 막바지에 뜨거워진 사람은 나밖에 없었다. 모호하기만 했던 그 회의에서 딱 한 가지 분명했던 것은 누가 보기에도 내가 고집을 부리고 있었다는 사실이다. 심지어 이는 분명 내가 원하는 결과가 아니었는데도 말이다. 경사로에서 브레이크가 고장 난 자전거를 탄 것처럼 어쩌다 보니 나는 내 아이디어를 계속 옹호해야 하는 입장이 되어버렸다. 나를 편드는 사람은 아군이 되고 그렇지 않은 사람은 적군이 됐다. 나와 다른 생각을 가진 팀원들에게는 문제 해결을 위해 넘어야 할 산이 하나 더 생겨버린 것이다. 그 후 나는 이를 '자존심의 저주'라고 부르기로 했다. 이를 정의하면 더 나은 아이디어를 찾으려 하기보다는 자신의 자존심을 지키느라 자신이 낸 아이디어에 집착하고 고집을 부리는 현상이다.

생산적인 아이디어를 찾으려 하기보다는 자신의 자존심을
지키느라 자신이 낸 아이디어에 집착하고 고집을 부리는 현상

일을 수행할 때나 회의를 할 때 중요한 일은 성과 창출을 위한 최적의 아이디어를 찾는 것이다. 하지만 팀원들이 각자의 자존심을 먼저 내세우는 '자존심 전쟁'을 치르게 되면 이는 불가능해진다. '자존심의 저주'를 피하는 방법은 딱 한 가지, 자신이 아니라 팀이 이기는 길을 선택하는 것이다. 전 미국 대통령인 빌 클린턴이 선거 구호로 사용해서 유명해진 말이 있다. "바보야! 문제는 경제야!It's the economy. Stupid!"이 말을 빌려 이렇게 표현해 본다.

"바보야! 문제는 너의 자존심이야!"

애빌린 패러독스 Abilene Paradox

'소신'이라는 말의 사전적 정의는 한 사람이 굳게 믿고 있는 바이다. 일반적으로 사람이 소신 있다는 것은 좋은 말이다. 하지만 소신은 '고집'과는 다른 말이다. 고집스럽다는 것은 남의 이야기를 듣지 않는다는 것이며 주변 사람들과 조화도 이뤄내지 못한다는 것이다.

〈애빌린 패러독스〉

자신의 뜻을 굽히지 않는 사람을 보며 소신이 있다고 해야 할지 고집을 부린다고 해야 할지 판단하기 어렵다. 상황에 따라 달리 해석될 여지가 있기 때문이다. 아무리 소신 있는 생각도 어떤 사람에게는 고집을 부리는 것처럼 보일 수가 있고, 고집불통으로 보이는 사람이 남들이 전혀 생각할 수 없는 차별화된 아이디어를 가진 사람일 수도 있다. 소신과 고집을 구별할 수 있는 사람은 오로지 본인 뿐이다. 고집을 소신으로 착각하는 자기 기만을 하지 않기 위해서는 먼저 자신의 생각에 대해 끊임없는 의심을 해야 한다. 자신의 생각이 틀릴 수 있다는 사실을 받아들여야 한다. 그리고 일단 자신의 생각이 틀렸거나 더 나은 아이디어가 있다고 판단이 되면 그것을 쿨하게 내려놓을 수 있어야 한다.

팀 차원에서도 이와 같은 자기 기만 현상이 종종 발생한다. 즉, 팀원 모두가 원하지 않는 일을 아무도 그 이유를 모른 채 울며 겨자 먹기로 하는 현상이다. 일하는 내내 "도대체 누가 이렇게 하자고 한거야?"라며 불만을 터트린다. 분명 어떤 결정에 의해 일이 진행되고 있는데 문제는 아무도 그것을 결정한 사람이 없다는 것이다. 이 같은 현상을 전문용어로 '애빌린 패러독스Abilene Paradox'라고 한다.

미국 텍사스의 무더운 어느 날 '애빌린 패러독스'의 창안자인 제리 하비Jerry B. Harvey 교수의 가족은 오랜만의 가족 식사를 어디로 가야할지를 고민한다. 문득 교수의 장인이 집으로부터 차로 두 시간 거리의 애빌린에 가서 식사를 하면 어떻겠냐고 의견을 말한다. 그런데 가족들 가운데 아무도 이에 대해 이의를 제기하기 않았고 자연스럽게 애빌린이라는 지역으로 이동하여 식사를 하기로 한다. 그런데 이동 중에 하필 차의 에어콘이 고장나는 바람에 무더운 여름날 온 가족이 차안에서 지쳐쓰러질 지경이 된다. 설상가상으로 도착해서 식사한 식당의 음식 맛도 영 시원치 않았다. 맛있는 식사는커녕 온 가족이 하루종일 고생만 실컷 한 최악의 가족 식사 시간을 갖게 된 것이다. 돌아오는 차 안에서 이들은 대화를 통해 애빌린으로 가는 여행이 아무도 원치 않은 것이었음을 깨닫는다. 심지어 이 여행을 제안한 제리 하비 교수의 장인도 마찬가지였다.

"사실 나도 애빌린까지 그렇게 가고 싶은 건 아니었어."

그는 뭔가 말해야 할 것 같은 분위기 속에서 툭 던지듯 제안을 한 것뿐이었던 것이다. 그런데 아무도 이에 대해 거부를 하지 않자 모두가 원하는 것으로 생각한 것이다. '애빌린 패러독스'는 "아무도 원치 않는 의사결정을 하는 현상"을 말한다. 다시 말하면 똑똑한 사람들이 모여 서로 눈치 보느라 아무도 원치 않는 바보 같은 의사결정을 하게 되는 현상이다. 이와 같은 '애빌린 패러독스'는 팀에서 빈번하게 발생하는 현상이다. 주된 원인은 무엇일까?

첫째, 의사결정 과정에서 사회적 지위가 높은 사람의 발언권이 강하기 때문이다. 일반적인 팀 환경에서 같은 말 한마디라 해도 팀장의 한마디와 말단 팀원의 한마디의 영향력은 의사결정시 큰 차이를 보인다. 특히 수직적인 조직 문화를 가진 조직에서는 더더욱 그렇다. 말의 영향력이 차이가 있는 환경에서는 사람들은 누군가의 눈치를 보느라 자신의 생각을 표현하는 것을 주저하는 경향이 있다.

둘째, '애빌린 패러독스'는 팀원들이 의사결정 사안에 대해 관심이 없거나 기대가 낮을 때 발생한다. 특히 자신과 직접적인 관계가 없는 일에서는 더더욱 그렇다. 이래도 그만, 저래도 그만인 것이다. 한마디로 '귀차니즘'이 발동하는 것이다.

회사에 다니던 시절 필자는 팀 동료 몇 명과 함께 해외 출장을 간 적이 있었다. 출장지에서 며칠 동안 거처할 숙소를 찾아야 했다. 다들 바쁘다는 핑계로 동행한 말단 후배 팀원에게 숙소 예약을 일임했다. 누울 수 있으면 아무 곳이나 좋다고 하면서 말이다. 그런데 막상 출장지에 도착해 보니 그가 예약한 숙소는 여간 불편한 것이 아니었다. 일을 봐야 하는 곳과는 너무나 멀었고, 숙소 형태도 여행지 콘도 형식이어서 사무를 보기에도 애로사항이 많았다. 그러나 숙소를 정할 때 관심을 보인 바도 없고 후배에게 일임한지라 속으로는 부글부글 끓었지만 겉으로는 불평 한마디를 토로할 수 없었다.

마지막으로 팀원들 간의 관계가 서먹하거나 내면에 갈등이 있을 때 '애빌린 패러독스'가 발생한다. 눈에 뻔히 문제점이 보이는데도 굳이 관여하지 않고 의견을 내지 않는다. 자기 일도 아닌데다가 남에 일에 참견한다는 말을 듣고 싶지 않기 때문이다.

애빌린 패러독스가 발생하는 세 가지 원인

1. 지위가 높은 사람들의 영향력이 크다.
2. 의사결정 사안에 대해 관심이 없거나 기대가 낮다.
3. 팀원 간 서먹하거나 갈등이 있다.

'애빌린 패러독스'는 팀의 의사결정 수준을 떨어뜨린다. 그리고 수준 낮은 의사결정으로 인해 팀원들은 팀에 대한 강한 불신감을 갖게 된다. 자신의 팀에 '애빌린 패러독스'가 존재하는지 아닌지를 파악할 수 있는 방법은 매우 간단하다. 그것은 다음의 두 가지 질문을 팀 스스로에게 던져보는 것이다.

- 생각을 자유롭게 표현하는가?
- 의견이 다를 때 자유로이 반박할 수 있는가?

조직의 상하간 소통과 관련하여 자주 목격되는 현상 한 가지가 있다. 그것은 팀장은 팀원들에게, 팀원들은 팀장에게 소통과 관련하여 불만을 갖고 있다는 점이다. 팀장은 팀원들이 도대체 의견을 말하지 않아 자신이 말을 많이 할 수밖에 없다고 한다. 반면 팀원들은 팀장이 자신들의 의견을 경청하지 않는다고 한다. 일종의 '소통의 동상이몽 현상'이다. 팀장은 팀원들이 자신들의 생각을 잘 표현할 수 있도록 도와주어야 할 것이며, 팀원은 팀장의 눈치를 보기보다는 소신 있게 자신의 생각을 말할 수 있어야 할 것이다. 요즘 세상은 정답이 없는 세상이다. 이런 세상에서는 위나 아래나 답을 모르기는 매한가지다. 누구는 말하고 누구는 따르는 그런 세상이 아니다. 이제는 지위고하를 막론하고 모두가 머리를 맞대고 함께 아이디어를 찾고 함께 실천하는 모습이 되어야 한다.

명목 그룹 기법 Nominal Group Technique

팀이 '애빌린 패러독스'에 빠져 있는지 아닌지를 판단하는 기준은 명확하다. 팀에 말 잘 듣는 팀원들만 있다면 거의 백퍼센트다. '애빌린 패러독스'를 피하기 위해서 팀장은 팀원들이 자신의 생각을 잘 표현할 수 있는 환경을 만들어주어야 한다. 다음과 같은 말을 자주 한다면 팀원들이 보다 자신의 생각을 말하는 데 어려움을 겪지 않을 것이다.

"사실 저도 잘 모릅니다. 어떻게 하면 좋을까요?"

우리가 팀으로 같이 일하는 이유는 무엇인가? 보다 나은 아이디어를 찾아 보다 높은 성과를 창출하기 위해서다. 팀장이 팀원들과 열린 마음으로 소통하고 팀원들은 거리낌 없이 자유롭게 스스로의 의견개진을 할 수 있는 팀. 모두가 이상적으로 생각하는 팀의 모습이다. 이러한 소통의 팀 문화를 형성하기 위해 활용할 수 있는 방법 하나를 소개한다. 그것은 Nominal Group Technique(명목 그룹 기법)으로, 줄여서 NGT라 한다. NGT는 브레인스토밍의 현실적 문제점을 보완하기 위해 만들어진 것이다. 브레인스토밍시 참가자들이 자유롭게 생각을 표출하기보다는 서로의 눈치를 보는 일이 많아 제대로 이뤄지지 않는다는 점에 착안한 것이다. 실제 브레인스토밍을 해보면 목소리 큰 사람이 주도하는 경향이 있다. 명목 그룹 기법이라는 이름은 명목상으로는 그룹에 속해 있지만 아이디어를 내는 실제 상황에서는 개인 작업이 중심이 된다는 의미로 지어졌다. NGT는 다음의 다섯 단계로 진행된다.

1단계는 '주제 공유' 단계다. 의사결정을 해야 할 회의 주제를 공유하는 단계다. 진행자는 주제를 설명하면서 회의의 목적과 회의를 통해 얻고자 하는 목표를 명확히 설명해 주어야 한다. 목적과 목표가 명확할수록 보다 효과적인 회의를 할 수 있다.

다음으로 2단계는 '아이디어 발산 단계'다. 진행자는 각 팀원에게 포스트잇을 나눠주고 주제에 대한 각자의 아이디어를 있는 대로 적도록 요청한다. 이때 포스트잇 한 장에는 오로지 하나의 아이디어만을 적어야 한다. 이 시간은 회의에 참석한 사람들이 각자 혼자만의 생각을 정리하는 단계로 주변 사람과 절대 의견을 나누어서는 안 된다. 주변의 눈치를 보지 않고 소신껏 의견을 낼 수 있게 하기 위함이다. 적정한 시간은 10분 정도다. 너무 많은 시간을 부여하게 되면 회의 분위기가 느슨해질 수 있다. 이렇게 각자 모든 아이디어를 적었다면 3단계로 넘어간다.

3단계는 '아이디어의 공유' 단계다. 아이디어가 적힌 포스트잇을 모두가 볼 수 있는 벽에 붙인다. 그리고 진행자는 모든 팀원에게 한 명씩 돌아가며 자신의 아이디어를 설명할 수 있는 시간을 준다. 이 시간은 옳고 그름을 따지는 토론은 금물이다. 단지 각자 아이디어를 말하고 서로의 아이디어를 듣고 충분히 이해하는 것이 목적이다. 이렇게 전체 팀원들의 아이디어가 모두 공유하였다면 4단계로 넘어간다.

4단계는 '아이디어 유목화categorization' 단계이다. 유사한 아이디어를 모아서 아이디어군을 만들고 각 아이디어군에 적합한 이름을 붙이는 것이다. 이름은 아이디어군 내에 가장 대표성이 큰 것을 선택해도 되고, 아이디어군 내 전체 아이디어를 대표하는 새로운 이름을 지어도 된다.

마지막 5단계는 '의사결정'의 단계다. 모든 아이디어를 놓고 가장 좋은 아이디어를 선택한다. 아이디어를 평가할 수 있는 판단 기준을 함께 정하고 공유한다면 전체 의견들 중 어떤 의견이 보다 우수한 의견인지를 쉽게 알 수 있을 것이다. 아이디어를 선택하는 방식은 주로 한 사람이 여러 아이디어를 선택하는 멀티 보팅Multi-Voting방식을 사용한다. 최종 의사결정은 가장 많은 득표를 한 아이디어가 될 것이다. 다만 아이디어가 다소 거친 상태이기 때문에 이를 보다 정교화하는 작업이 뒤따라야 한다.

NGT는 팀에서 직급이 높은 사람에 의해 주도되는 회의를 방지하며 모든 팀원들이 의사결정 과정에서 소외되지 않고 참여할 수 있도록 돕는 방법이다. 이와 같은 과정을 통해 팀에서는 보다 민주적인 의사결정을 할 수 있고 그 과정에서 보다 생산적인 아이디어를 만날 수 있게 된다. 더구나 이 같은 과정을 통해 의사결정이 되면 팀원 모두가 함께 참여했다는 느낌을 갖게 되므로, 결정된 사안에 대해 이러쿵저러쿵 뒷말도 사라질 것이며 일의 추진력도 높아지는 효과를 얻게 된다.

〈명목 그룹 기법〉

1단계 | 주제 공유

2단계 | 아이디어 발산
(개인별 포스트잇 활용)

3단계 | 아이디어 공유

4단계 | 아이디어 유목화

5단계 | 의사결정

실패를 통해 배운다, AAR!

성공한 일도 없고 실패한 일도 없다?

〈리더십 에센스〉라는 책에는 미 항공우주국인 나사NASA의 아폴로 11호 우주 비행사 채용 과정이 소개되어 있다. 인상적인 것은 제 아무리 스펙이 좋은 사람이라도 인생에서 중대한 실패 경험이 없는 후보자는 탈락한다는 점이다. 나사의 입장은 분명하다. 실패를 극복한 경험을 가진 사람이 강하다는 것이다. 이는 팀도 마찬가지가 아닐까? 모든 일에 성공을 할 수는 없다. 또한 담대하고 도전적인 목표를 가진 팀은 그만큼 실패를 경험할 가능성이 높아진다. 거듭되는 실패의 과정을 통해 성공의 길을 찾아가는 것이다. 실패는 성공의 길목에서 반드시 넘어야 할 장애물이다.

중요한 것은 실패를 하지 않는 것이 아니라 실패를 깔끔히 인정하는 태도이다. 말로는 그리 어려울 게 없는데 늘 돋보여야 눈에 들 수 있는 조직의 생리상 실패에 대한 인정은 누구에게나 쉽지 않은 일이다. 팀에서 발생하는 실패의 유형은 크게 다음의 네 가지다.

팀에서 발생하는 실패의 4가지 유형

1. 내가 일으킨 실패
2. 동료가 일으킨 실패
3. 윗사람이 일으킨 실패
4. 팀 공동의 실패(경영 환경 변화로 인해 자연스레 발생한 실패)

자, 한 가지씩 따져 보기로 하자. 먼저 '내가 한 실패'는 팀원 자신이 직접 수행하는 일에서 발생하는 실패를 말한다. 일을 하다 보면 잘한 일도 있지만 잘못한 일도 반드시 있다. 그런데 잘한 일에 대해서는 어떻게든 알리고 싶어하지만 잘못한 일에 대해서는 가급적 알리고 싶어하지 않는다. 자칫 무능한 사람으로 낙인찍힐 가능성이 높기 때문이다. 누군가가 알기 전에 자신이 직접 수습하고 싶어한다. 수습이 잘 되면 모르겠지만 그렇지 않을 경우 일이 점점 커지는 문제에 봉착하고 만다.

다음으로 '동료가 한 실패'는 어떠한가? 동료 역시도 자신이 실패한 일에 대해 알리려 하지 않을 것이다. 억하심정이 없는 한 동료의 실패를 자기 입으로 언급하는 사람도 없을 것이다. 마치 고자질하는 느낌이 들지 않겠는가? 굳이 서로 얼굴 붉힐 일을 할 이유는 없다.

다음으로 '윗사람이 한 실패'는 더더욱 드러나지 않는 경향이 있다. 대개 윗사람과 연관된 실패는 다른 일들에 비해 규모가 큰 사고일 가능성이 높다. 지위가 높은만큼 자원이 많이 투입되었을 것이기 때문이다. 윗사람이 한 실패는 모두가 다 알지만 이를 지적하기란 사실상 쉽지 않다. 입에 올렸다가는 자칫 그의 눈밖에 날 가능성이 높기 때문이다. 그렇기에 윗사람이 한 실패는 그가 조직을 떠나기 전까지는 실패로 받아들여지지 않는 경향이 있으며 오히려 성공한 일로 둔갑되어 있는 경우가 많다.

마지막으로 '팀 공동의 실패'의 경우 역시 팀에서 잘 이야기되지 않는다. 이를 입에 올렸다가 자칫 일거리를 하나 더 맡게 될 가능성이 높기 때문이다.

이 세상에는 두 가지 유형의 팀이 있다. 하나는 '실패를 통해서 배우는 팀'이고 다른 하나는 '동일한 실패를 반복하는 팀'이다. 전자의 팀은 실패를 항상 있을 수 있는 일로 받아들인다. 그래서 실패를 솔직하게 인정하고 공유하며 그것을 통해 레슨을 얻어 성공의 자양분으로 삼는다. 결과적으로 실패가 약이 되는 셈이다.

반면 후자의 팀은 실패를 인정하지 않는 팀이다. 이런 팀에는 실패한 일이 없다. 실패한 일을 성공한 일로 위장하고 있거나 아무도 실패를 인정하지 않기 때문이다. 결과적으로 딱히 성공한 일도 없고 실패한 일도 없는 것이다. 실패를 인정하지 않으면 팀은 부담스러운 짐을 안고 살아갈 수밖에 없다. 예를 들면 이렇다. 실패했다고 인정하지 않으니 실패한 일이 실패한 상태로 계속 존치되게 된다. 그 결과로 새로운 일을 추진할 수 있는 여력을 갖지 못한다. 팀의 인적 물적 자원이 여전히 실패한 일에 계속 투입되고 있을 것이기 때문이다. 변화를 도모하기도 어렵다. 실패를 인정하는 셈이 되기 때문이다. 이 과정에서 팀원들의 사기는 갈수록 떨어진다. 누더기 상태의 일을 뒤치닥거리나 하고 있으니 사기가 올라갈 수 있겠는가? 결국 팀 전체가 더 큰 실패를 향해 나아갈 수밖에 없다. 실패한 일은 일단 실패를 인정하게 되면 더 이상 나빠지지 않는다. 어떻게든 변화를 모색할 것이기 때문이다.

일을 멋지게 마무리하는 방법, AAR^{After Action Review}

실패를 통해 레슨을 얻고 성공으로 나아가기 위해 가장 먼저 해야 할 일은 무엇일까? 그것은 실패를 용기 있게 인정하는 일이다. 이를 위해 조직 차원에서는 실패를 솔직하게 공유하고 쿨하게 받아들이는 시간과 장을 마련해야 한다. 이를 위한 방법을 하나 제시한다면 AAR_{After Action Review}이다. AAR은 과업을 수행하고 나서 돌아보는 회고의 시간을 가질 때 유용한 도구이다. AAR은 미 육군에서 최초로 개발되었고, 오늘날 비즈니스 환경에도 널리 활용되고 있다. 사람들은 자신이 추진한 일에 대해 '공은 크게, 과는 작게' 하려는 경향이 강하다. 즉, 일의 공로는 부풀리고 과실은 슬쩍 덮어버린다. 그 결과는 동일한 실패의 반복으로 이어진다. AAR의 목적은 단순히 일의 성공과 실패를 따지자는 데에 있지 않다. 그것은 일의 결과에 대해 솔직하고 냉정하게 되돌아보자는 것이다. 일종의 일의 오답노트와 같다. 그래서 향후 동일한 시행착오를 줄이고 더 현명한 길을 선택하자는 것이다. AAR의 프로세스는 매우 쉽고 단순하다. 일을 마무리한 후 일과 관련된 이해관계자들이 모여 다음의 네 가지 질문을 던지고 함께 답을 구하면 된다.

AAR의 네 개의 질문

첫째, 처음에 기대했던 '목표 수준'은?

둘째, '현재 수준'은?

셋째, '목표와 현재 수준간 차이'가 발생한 원인은?

넷째, 향후 해야 할 일은?

팀에서 이뤄지는 모든 일들에 대해 AAR을 시행하는 팀이 있다. 이 팀은 AAR을 통해 팀원들의 역량이 폭발적으로 신장이 됐다고 말한다. 실패 속에 감춰져 있는 성공의 비밀을 찾아낼 수 있었기 때문이다. 그러나 이 팀이 AAR을 시행하면서 처음부터 순탄했던 것은 아니다. 초기에는 아무도 잘못한 일에 대해 이야기를 하려고 하지 않았다. 잘못한 이야기는커녕 자신의 일을 애써 포장하려고만 했다. AAR이 정상적으로 자리 잡는 데까지 6개월 이상이 걸렸다고 한다. 그리고 이 기간은 팀원들이 AAR의 취지를 확실히 이해하고 스스로에게 도움이 된다는 믿음을 갖는 데 필요한 기간이었다.

AAR에서 가장 중요한 것은 신뢰다. 팀장과 팀원, 팀원 상호 간에 어떤 것도 이야기할 수 있고 받아들일 수 있는 분위기가 형성돼 있어야 한다. 이는 AAR을 사람이나 업적에 대한 평가의 장으로 활용해서는 안되는 이유다. AAR은 오로지 일 자체에만 초점을 맞춰야 한다. AAR의 유일한 목적은 '일을 통해 배우는 것'이다. 그리고 배운 것을 토대로 향후 시행착오를 줄이자는 것이다. 회고가 팀의 문화로 자리 잡은 팀은 유사한 유형의 시행착오가 줄어들 것이니 일의 생산성이 높아지게 된다. 동시에 팀원들은 실패를 통해 배우는 것이 많아지면서 점점 보다 스마트하게 성장하게 된다.

집단지성을 촉진하는
아이디어 보드

편견의 막을 걷어내자

회사에 다니는 한 후배가 나를 찾아왔다. 그는 답답하고 속이 터져 죽을 것 같다고 했다. 사연은 이렇다. 그가 팀에서 오랫동안 주장했던 의견이 있었는데 그간 현실성이 없다는 이유로 일방적으로 묵살을 당해 왔다는 것이다. 그런데 얼마 전 자신과 비슷한 논리를 가진 대학 교수님의 말씀 한마디에 모두들 모세가 홍해를 여는 기적을 본 것과 같은 반응을 보이더라는 것이다. 당장 실행하지 않으면 회사가 망하기라도 할 것처럼 호들갑을 떨며 일이 추진되고 있다고 했다.

참으로 묘한 현상이다. 회사 바깥 전문가들의 생각은 신주 단지 모시듯 하고, 실무 담당자의 생각은 심지어 같은 생각이라도 '네까

짓 게 뭘 알아?'는 식으로 하찮게 여기는 경향이 있다. 물이나 공기처럼 항상 가까이에 있어 너무 익숙해서 그럴까? 아니면 저변에 사람을 믿지 못하는 마음이 깔려 있어서 그럴까? 우리 사회에서 '엄친아(엄마 친구 아들)'라는 신조어가 많이 사용되고 있다. 가정에서 부모가 자신의 자녀보다 남의 자녀를 훨씬 더 좋게 보는 경향성을 의미하는 말이다. 조직에서도 '엄친아 현상'이 없다고 볼 수 없다. 가까이의 자신의 팀원이나 동료보다 다른 팀이나 다른 회사의 멤버들이 훨씬 더 똑똑해 보이고 열심히 일하는 것처럼 보인다.

사람은 기대하는 것만큼 성장한다는 말이 있다. 어떤 식의 기대감을 가지고 있느냐에 따라 사람의 가치가 달라질 수 있다. 사람 자체가 아니라 사람을 보는 나 자신의 시각에 의해 사람이 달라질 수 있는 것이다.

프랑스 문학계에 '로맹 가리Romain Gary'라는 이름의 유명한 소설가가 있다. 1945년에는 비평가상을 수상하였고 1956년에는 프랑스에서 가장 권위 있는 문학상인 공쿠르 상을 받으며 당대 프랑스를 대표하는 스타 소설가로 등극하였다. 하지만 어느 순간부터 발표한 소설마다 이전과 달리 평론가들의 극심한 비판을 받게 되었고 '로맹 가리'의 시대는 끝났다는 평을 듣게 된다. 그러던 어느 날 '에밀 아자르Émile Ajar'라는 이름의 신예가 프랑스 문학계에 혜성처럼 등장한다. 그는 '로맹 가리'의 자리를 대체하듯 이전에 '로맹 가리'가 받았던 상들을 휩쓸며 평론가들로부터 엄청난 찬양을 받게 된다. 바야흐로

'로맹 가리'의 시대는 저물고 '에밀 아자르'의 시대가 열린 것이다. 1980년 겨울 '로맹 가리'는 유서를 남기고 권총 자살을 한다. 이때 그가 남긴 유서는 6개월 뒤 소책자로 발간이 되는데, 그 책은 놀랍게도 '에밀 아자르의 삶과 죽음'이라는 제목을 가지고 있었다. 알고 보니 '로맹 가리'가 그간 '에밀 아자르'라는 필명으로 활동하고 있었던 것이다. 결과적으로 '로맹 가리'라는 이름으로 쓴 글에 대해서는 죽일 듯 비난을 하고, '에밀 아자르'라는 이름으로 쓴 글에 대해서는 찬양을 하는 어처구니없는 일이 일어났던 것이다. '로맹 가리'를 죽인 것은 어쩌면 한 사회가 가진 편견은 아니었을까?

무엇이든 좋게 보면 좋은 것이고 나쁘게 보면 나쁜 것이다. 중요한 것은 내가 어떤 눈을 가지고 있느냐이다. 상대의 생각을 어떤 마음으로 듣느냐에 따라 그것은 세상을 바꾸는 놀라운 아이디어가 될 수도 있고, 들어봐야 시간 낭비이고 짜증만 나는 헛소리가 될 수도 있다.

아이디어가 많은 조직에서는 누가 의견을 말했느냐를 중요하게 생각하지 않는다. 외부 전문가가 말했든, 사장님이 말했든, 자신과 친한 사람이 말했든 간에 이는 전혀 중요하지 않다. 오로지 중요한 것은 어떤 생각이 조직에 도움이 되는 생각이냐는 것이다. 일의 생산성은 높이고 조직에 도움이 되는 의견이라면 갓 입사한 신입사원이 말한 의견이라도 중용하는 것이 아이디어가 많은 조직의 특징이다. 눈에 끼어 있는 편견의 막을 걷어내자. 눈을 외부로 돌리기에 앞서 내부로 돌리자. 외부의 생각은 내부의 생각을 충분히 듣고 나서 들어도 늦지 않다. 조직이 필요로 하는 대부분의 지식은 이미 조직 내부에 존재한다. 그 일을 직접 수행하는 사람만큼 그 일에 대해 많이 아는 사람이 누가 있겠는가?

아이디어 보드

일의 생산성을 높이기 위해서는 무엇보다 팀원들의 집단지성을 활용하는 노력을 해야 한다. 경영 환경의 변화가 극심한 오늘날의 세상에서 경쟁력을 확보하는 유일한 방법은 변화의 방향과 속도에 맞춰 함께 변화하는 것이다. 그러한 변화를 위해서는 무엇보다 기존과는 다른 새롭고 효과적인 아이디어가 필요하다. 혼자보다는 함께 내는 아이디어가 더 나을 것임은 두말할 나위가 없다. 집단지성을 활용하는 팀이 되려면 두 가지의 조건이 필요하다. 하나는 '동료의 고민을 접할 수 있는 기회'이고, 다른 하나는 '기여자의 가치를 인정해 주는 환경'이다. 모두 자기 일만 쳐다보는 상황이라면 집단지성은 요원한 일일 수밖에 없다. 또한 자신의 아이디어가 남 좋은 일만 했다는 느낌이 든다면 두 번 다시 그런 호구짓을 되풀이하려 하지 않을 것이다. 이 두 가지의 조건을 절묘하게 충족시키는 방법을 사용하는 팀의 사례를 소개한다.

집단지성을 일으키는 두 가지 조건

- 동료의 고민을 접할 수 있는 기회
- 기여자의 가치를 인정해 주는 환경

이 팀은 자칭 '아이디어 보드'라는 제도를 운영한다. 팀원들은 매주 금요일 오후에 사무실 한편의 넓은 벽면 앞에 의자를 놓고 옹기종기 모여 앉는다. 사무실 벽면에는 대형 A0 전지가 서너 개 붙어 있다. 팀원들이 다 같이 모인 가운데 혼자서 해결하기에 버거운 고민을 가지고 있거나 동료들의 도움을 받고 싶어하는 팀원들이 나선다. 이들은 발제자로서 전지 상단에 자신이 고민하는 이슈를 기록하고 이를 다른 팀원들에게 자세히 설명한다. 이 과정은 동료들에게 아이디어를 공식적으로 요청하는 과정이라 할 수 있다. 이렇게 두세 가지의 이슈가 전지에 기록되고 팀원들은 다시 흩어진다. 이후 일주일 동안 모든 팀원들은 전지에 적힌 이슈에 대해 아이디어가 떠오를 때마다 수시로 해당 전지로 가서 자신의 아이디어를 기록한다. 아이디어 밑에 자신의 이름도 함께 적어 넣는다. 이렇게 한 주가 지나고 이 팀은 다시 아이디어 보드 앞에 모인다. 지난주와 비교할 때 분명한 변화가 있다. 이슈만 적혀 있던 전지에 이슈 해결을 위한 동료 팀원들의 아이디어가 군데군데 적혀 있다는 점이다. 이슈 발제자는 자신의 이슈에 기록된 동료들의 아이디어를 동료들 앞에서 직접 육성으로 읽는다. 그리고 아이디어를 제안해 준 동료에게 질문을 하여 아이디어 내용을 보다 명확히 이해한다. 물론 감사의 말도 잊지 않는다. 그리고 이렇게 모인 아이디어를 바탕으로 직접 의사결정하여 일을 추진한다.

아이디어 보드를 사용한 이후 이 팀이 경험한 긍정적인 효과는 크게 다음의 네 가지다.

첫째, 팀원들이 자기 일 외에 다른 동료들의 고민이나 어려움에 대해 잘 알게 되었다. 동료의 고민을 알게 되면서 부가적으로 팀 전체의 일에 대한 이해 수준도 높아지게 되었다.

둘째, 팀의 협력 수준이 높아졌다. 서로가 겪는 고민이나 어려움에 대해 알게 되면서 아이디어를 나눌 수 있는 상황으로 이어진 것이다. 팀에서 일하다 보면 사실 동료가 무엇을 고민하는지 몰라서 못 도와주는 경우가 많다. 알게 되면 오지랖 정신이 발동하여 도와주는 일이 자연스러워진다. 더구나 벽에 아이디어를 자신의 이름과 함께 기록하는 형태이기 때문에 자연스레 피어프레셔Peer Pressure가 형성될 수밖에 없다. 가령 다른 동료들은 너나 나나 할 것 없이 아이디어를 더하고 있는데 혼자만 이를 외면하고 있기란 어려운 것이다. 은근히 서로가 비교되는 상황이기 때문이다. 이러한 분위기 속에서 어떤 일의 고민이나 어려움에 대해 팀에서 나올 수 있는 모든 아이디어가 도출된다.

셋째, 일의 생산성이 향상되었다. 스포츠에서 "팀보다 뛰어난 선수는 없다"는 말이 있다. 팀원들은 각자 수행하는 일에서 집단지성의 효과를 더해 보다 생산적인 일을 수행할 수 있게 된 것이다.

마지막으로 팀장은 팀에서 누가 동료를 잘 도와주는 사람인지를 알 수 있게 되었다. 공개적으로 아이디어를 주고받는 과정을 거치는 것이라서 미처 몰랐던 팀원들의 모습을 알 수 있게 된 것이다. 그만큼 평가의 공정성도 높일 수 있게 된다.